启功讲学录

启 功 著
赵仁珪 万光治 张廷银 编

生活·讀書·新知 三联书店

Copyright © 2022 by SDX Joint Publishing Company.
All Rights Reserved.

本作品版权由生活・读书・新知三联书店所有。
未经许可，不得翻印。

图书在版编目（CIP）数据

启功讲学录／启功著；赵仁珪，万光治，张廷银编．—北京：
生活・读书・新知三联书店，2022.9
ISBN 978 − 7 − 108 − 07378 − 5

Ⅰ.①启⋯ Ⅱ.①启⋯ ②赵⋯ ③万⋯ ④张⋯ Ⅲ.①社会科学 − 文集
Ⅳ.① C53

中国版本图书馆 CIP 数据核字（2022）第 046073 号

策划编辑	唐明星
责任编辑	柯琳芳
装帧设计	薛　宇
责任印制	宋　家
出版发行	生活・讀書・新知 三联书店
	（北京市东城区美术馆东街 22 号 100010）
网　　址	www.sdxjpc.com
经　　销	新华书店
印　　刷	鸿博昊天科技有限公司
版　　次	2022 年 9 月北京第 1 版
	2022 年 9 月北京第 1 次印刷
开　　本	635 毫米 × 965 毫米　1/16　印张 19.5
字　　数	228 千字　图 7 幅
印　　数	0,001 - 6,000 册
定　　价	59.00 元

（印装查询：01064002715；邮购查询：01084010542）

启功先生

用典

△ 什么是典故：

典故即书上的旧事（从字面讲法）

其作用：① 词藻的丰富（语言的装饰）
② 语句的调节
③ 语义的压缩
④ 引起联想

杜诗为例： 翠山万壑，荆门明妃村，生台萋苦
于京山郁 画图 省识
匡衡 刘向 五陵 衣马轻肥

今日语言中例：
① 松树的风格
② 女排的精神
② 跑起十万八千里（远无了）牛郎织女
（蒙你语、西望长安）
④ 变成白骨精（白骨精"含三项内容，美女、死骨、妖精。用者可重在一项至三项。）

△ 查典故的书：
辞源等新书。唐代的 佩文韵府、骈字类编、佩文韵府

启功先生讲"用典"提纲手稿

真正好板本，不一定是宋元板。宋板错字也很多，专家当然是比较，所以又有校勘学，又有善本问题。

校勘的问题

书籍从传抄到刻木板到今天的排印，都有错字漏字等问题，所以自古藏书读书都附带一个校勘问题。甚至出现校勘专家未校勘学。

自己写的手稿，似乎没有传抄的问题，其实依然不可靠信。我自己手写的稿，影印出来，曾经印会附加三次勘误表，在第三次勘误表上我还有两个错误。

影印书似乎不存在错误了，但四部丛刊、百衲本廿四史、四库书中都有不同程度的模糊不清，残缺不全的部分。宋元的板本有的误字姑且不谈，因那些模糊残缺处，都要经"描润"，描的人既不认识古字，又不会写。他说张菊生如何优待他，怎样教他去描，根据什麽描。结果这些影印古书，是一种半古半今的本子。

古本当然距离原书出版时比今天近些，但每见到一种古本，里边好的字句，固然有比现在普通本子多。而同时不好的字句，也不少。那麽今本何以还有比古本好的地方，这不奇怪，因为今本也曾经许多校勘改正过。孟子说"尽信书不如无书"，我说今天校书是"尽信古本书，不如无古本书。"

张菊生校史随笔，校了西北出土的汉人写的三国志吴志的残篇，其中最突出的一个字是"大椿托玉"的玉字，今本都错成"本"，古人写本多作"本"，是玉字的古写，后人不认识因而错成本。又翻书中有一"换"字，敦本的考证把出换字，但不识其实是古称给子的换字。像这些我不仅是对校所能简单解决的了。

四部书式之校，最佳通假，最妙的异文，是肥水淝水异里故了，古人铁卷室两乘垂母及衣服忍单实富有不可胜记，比今本通俗又省数十数个字。

陈垣先生校元典章，校完了，得出四条例："一是对校、二是内校、三是外校、四是理校。"对校是据两本对校。内校是本书内也曾作甲，其他处或上下文处都作乙，则甲必为乙之误。外校是别称他校，本书作甲，他书引此文或说此事，都作乙，则须再考查判断。理校是字形如此，而按其理校不通，考之说文篆文隶楷二体。世人尝书繁八会肥，判云必为八之误。

启功先生讲"常识及练习"手稿一页

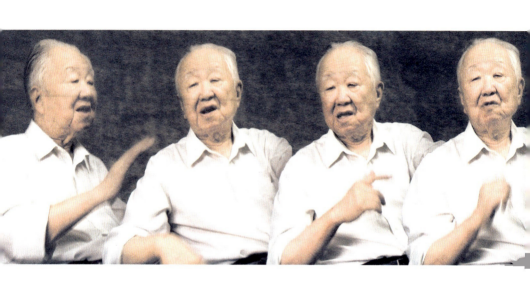

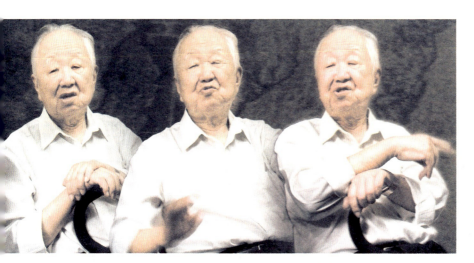

启功先生在书房给博士生上课的神情（2003年）

启功先生和北京师范大学中文系的学生们（2004年）

启功先生（先生左侧为副导师聂石樵先生，右侧为副导师邓魁英先生）和研究生们合影（1998年）

启功先生讲课（1997年）

目 录

编者前言　赵仁珪　　1

第一编　论文学　万光治 整理　　1

  整理者序　　3

  一、唐代文学（1979年4月5日讲）　　5

  二、唐代文学（1979年4月12日讲）　　12

  三、唐代文学（1979年4月19日讲）　　20

  四、唐代文学（1979年4月26日讲）　　26

  五、唐代文学（1979年5月10日讲）　　34

  六、唐代文学（1979年5月17日讲）　　42

  七、八股文（1979年5月24日讲）　　49

  八、古诗词作法（1979年5月31日讲）　　54

  九、明清诗文（1979年10月9日讲）　　57

  十、《书目答问》（1979年10月16日讲）　　61

  十一、明清诗文（1979年10月23日讲）　　64

  十二、明清诗文（1979年11月21日讲）　　67

  十三、《书目答问》（1979年11月24日讲）　　71

  十四、《书目答问》（1979年12月26日讲）　　76

十五、明清诗文（1980年1月9日讲） 82

十六、元代诗文（1982年4月14日讲） 88

十七、元代诗文（1982年4月21日讲） 94

十八、元代诗文（1982年6月2日讲） 101

整理者后记 108

第二编　**论学术思想**　张廷银 整理　113

整理者序　115

一、先秦学术　117

二、汉代经学　135

三、宋明理学　139

四、清代今古文经学　146

第三编　**论古籍整理**　张廷银 整理　157

整理者序　159

引　子　161

一、目录、版本校勘及制度　163

二、文字与音韵　174

三、标点与注释　187

附：据课堂讲授所做作业四篇　202

第四编　**其他**　张廷银、朱玉麟、赵仁珪等　整理　209

一、清代学术问题私见　211

二、汉语诗歌构成的条件　219

三、沈约四声及其与印度文化的关系　232

四、扬州讲演　239

五、乌鲁木齐讲演：少数民族与中华民族文化的关系　246

六、《壬寅消夏录》与尉迟乙僧画　264

七、书法二讲　270

编者前言

赵仁珪

启功先生有很多名头，但他说自己的本职是教师。从1933年进入辅仁附中起，他从教已七十一年，今年他已九十二岁高龄，仍不顾体弱多病坚持亲自指导十余名博士生。可以说仅从所付出的心血和工作量来看，他确实不负这一本职称号。但事情往往是复杂的，从1938年进入辅仁大学国文系后，他教授的主要是大一国文课，即以教授古代文学作品为主；直到解放、院系调整后，他仍是以教授作品选为主。因为那时有明确的规定，像他这样家庭出身不好、本身又不是左派的人，是不能担任文学史史论课程的，因为这些课程涉及唯物史论和唯心史论这一大是大非的问题，只有政治上可靠的人才能讲。众所周知，启先生是一个大杂家，书画创作、书画理论、书画鉴定、诗词创作、诗词理论、经学、小学、语言学、版本目录学无所不晓、无所不通，就是恩准他去讲文学史，也未必能充分发挥他的能力，更何况只让他讲几篇古文呢？所以他从教的时间虽然很长，但前二十年真正能施展自己才能的机会并不多。到了"反右"之后，他连上讲坛的资格都被剥夺了，而"文革"中斯文扫地，被剥夺权利的又何止先生一人。于是中间二十年荒废殆尽，根本找不到施展才能的机会。真正能在这个本职岗位上展示才能的只有这拨乱反正、改革开放后的二十多年。这二十多年他先后招收多届硕士生、博士生，给他们开设了大量的课程，不但有了上讲坛的权利，而且不再受任何条条框框的限制，可以自主选择最适宜、最擅长的课程。于是他先后开设了以唐代文学、明清诗文为主的文学史课，以汉代、宋代、清代为主的历代学术思想史课，以文化常识和文献常识为主的古籍整理基础课，以及其他一些课程。这些就构成了这部书的四部分：第一编：论文学；第二编：论学术思想；第三编：论古籍整理；第四编：其他。

在这些讲授中，启先生总算找到阐发自己学术观点的机会，也确实讲出了很多精辟的观点，笔者早想把它们整理出来与广大读者分享。所幸的是，或得益于有心的学生，在技术条件还不够发达普及的情况下，靠详细的笔记，把先生所讲的主要内容记录下来，第一编就是万光治先生等根据当年的笔记整理的；或得益于先进的技术，如第二、三、四编就是根据当年的录音资料，主要由张廷银先生整理的，于翠玲、朱玉麒、张斌荣等先生也参与了整理工作。全书由赵仁珪负责统筹编辑。不幸的是：一、这部书仅收录了启先生近二十多年的讲课、讲学内容，以前的四十年虽不能随心所欲，但终究有许多精彩的内容，因尚未搜集到较为详细、系统的记录而未能收进；二、仅就近二十多年来看，仍有许多遗漏，有些很重要的讲学内容因种种原因未能记录下来，这不能不说是莫大的遗憾。而更大的遗憾是，先生本可按这些讲学的思路自己写成专著，笔者就多次听到先生发愿要写一部学术思想史和一部古籍整理基础知识的专著，但这二十多年先生实在是太忙了，身不由己，能抽出一些时间写出一些相关的单篇论文已很不容易了。最近眼疾加剧，更难以亲手操觚，不得已，只能先奉献大家这样一些简略的提纲和片段的论述。

即使如此，我们还是向大家推荐这部书。它虽然不是大部头的理论专著，但内容十分丰富，既有讲文学的，也有论学术思想的，还有谈古籍整理的;在每一部分中,既有宏观的总体概括,也有具体的分析释例;尤其可贵的是能拉通各代,从史的角度观照历代学术与文学的发展变化,如在论学术思想时,从初民文化谈起,一直谈到汉学、宋学、清代的今古文经学,充分体现了启先生对中国学术思想的总体观照。启先生在教学中最反对机械死板地分科分段,提倡通识、通才教育。如何才叫通识、通才?如何才能通识、通才?这本《讲学录》为我们做了很好的诠释与示范,这一意义已超出他所讲的具体内容了。这本书也很好地体现了启先生在具体讲授之中的风格:生动,有趣,充满智慧。它虽然仅是一部笔记,不可能有更多、更详尽的论述,但这绝不影响它有很多很新颖的见解。我们能不时地从中发现很多很有趣、很富于启发性的观点,顺着这些思路思考下去,我们可能会对这些问题得出更深刻、更新鲜、更全面的认识。这部《讲学录》如能达到这一目的,也就足够了。

　　作为一部讲学录,还有一些需要补充:因为是在不同的场合、通过不同的手段、经不同人整理的,所以最后呈现出的文字风格各有不同;因为是在不同的时间、针对不同的听众所讲的,所以有些内容难免有交叉;又因整理者条件、水平有限,有些记录可能不够明晰,甚至会有错误,对此整理者应负责任。对于出现的错误,我们欢迎读者提出宝贵的意见;对于出现的其他情况,我们希望能得到读者的谅解。

赵仁珪
2004 年 6 月 20 日

第一编

论文学

——万光治 整理

整理者序

昔愚以"待罪"之身，混迹大学。复因舞文弄墨，任意臧否，一年甫满，即被扫地出门。自后戴盆望天，画地为牢，十载有四。1978年，研究生招生恢复，愚有幸忝列先生门墙，恭聆教诲。其时，"四害"既除，天地回暖。一朝入名校，从名师，其欢喜踊跃，不言可知。其时，弟子九人中，愚学历最浅，且非中文出身。所幸先生讲课，举重若轻，幽默风趣，启人心智。愚坐沐春风，神游万仞。奋笔疾书，恨非有文必录；每有会意，欣然不能自已。课间小憩，先生墨宝，著于黑板。弟子肃立仰瞻，当值不忍遽去。至今诸生，犹忆当时情状，以为美谈。一年之后，所录笔记，居然成册，朝伴夕随，不忍释手。毕业辞别先生，回乡任教，恍惚之间，二十一年过矣。每每翻检旧箧，细味笔录，先生当年风范，依然目前！

昔先生壮盛之时，蒙冤抱屈；"班联右序"，无言著述。"脱帽"之后，一身轻松，不意复为书画所累。愚偶赴京门，谒见先生，每见捷足者比肩立于室，迟到者络绎候乎庭，以致门铃继响，不择晨昏。兼之先生秉性随和，待人宽厚，凡有所求，不忍斥拒，遂使书家之名，掩其学者之实；著述之于先生，又成奢侈。虽然如此，先生《韵》《絮》二语，前唱而后续；《绝句》三论，珠联而璧合；举例明诗文之格律，著文析汉语之现象；序跋以考文物，叙论以辨文章。故诗人之誉，日渐其明；学者之质，日见乎彰。先生每有新著，不忘弟子。愚抚简闻香，又如亲炙于帐下；掩卷而思，复生遗珠之憾恨，何哉？先生昔日之高论，临堂之发挥，皆言犹在耳，今未必尽在楮墨之中。愚乃不辞谫陋，整理昔年笔录，务求原貌，以飨后来学子。先生知我心事，当不以我为冒昧。

是为序。

光治谨识于四川师范大学
2000 年 2 月 14 日

【编者按】

此编共十八讲，大致可分为五部分内容：一、唐代文学（一至六讲）；二、八股与诗词常识（七、八讲）；三、明清诗文（九、十一、十二、十五讲）；四、书目答问（十、十三、十四讲）；五、元代诗文（十六、十七、十八讲）。其中，前十五讲由万光治笔录并整理，十六至十八讲为李修生根据章海生、李卓文听课笔记整理。可以看出，当时讲解的顺序有时是随堂安排的，并没有按专题严格划分。为了更好地保留讲学时的原貌，我们仍以启先生当时讲课的时间排序（每讲的标题都有具体的年月日记录），不再做前后顺序的调整，这一点请读者谅解。

一、唐代文学 　　　　　　（1979年4月5日讲）

怎样去研究唐代文学？谈谈自己不成熟的想法。

（一）文学史为照顾全面，考虑不同程度的人阅读，故颇受局限。我认为文学史不可不读，亦不可太读。全面地阅读和研究作家的作品，是非常必要的。如《唐诗三百首》，所选李白诗都是精华，但如读《李太白全集》，却发现有许多糟糕的诗。所以，了解一个作家，一个流派，一个时代，除文学史外，其余大有可为。

（二）要居高临下，不能被作品吓住，更不能被当代人的议论吓住。要看一个作家与前者有何关系，在当时有何作用，对后世有何影响。"有比较才有鉴别。"研究唐诗，不研究六朝诗、宋元诗，则无法比较。如"初唐四杰"，有人认为不如盛唐，但对比六朝，则可知何以在当时有如此大的影响。

（三）背景与文学艺术成就关联极大，但关系究竟怎样？有些背景是当时生效，有些是经酝酿以后生效的，应该予以注意。现今有些文学史将作品和背景的关系处理得不好。背景对文学，有直接和间接的作用。

（四）背景与题材。题材是当时的，它借助一定的艺术手法表现自己。但题材的酝酿非一夕而成。杜甫写安史之乱的诗，可称作"诗史"，但他所以能如此，亦非一夕之功。这当中不仅有他自己的努力，也得之于汉魏六朝、初唐、盛唐文学之力。正如长期施肥,一朝沐浴阳光雨露,新芽便可破土。故杜甫的成就,除安史之乱的背景,还有另一方面的条件。

(五)一个时期有一个时期的风格、面目,但其间不能一刀切断。如唐分四期,明、清便有人议论,问一个作家历经两个时期,该如何分?唐分初、盛、中、晚,指的是统治阶级的盛衰没落,虽然与文学有关,但并不绝对。如盛唐文学则并非唐文学的高峰。

所以,关系是错综复杂的。一个动乱的社会,作品易于及时反映现实,升平时期则不一样,故有"诗穷而后工"之说。"蜀道难"好写,"大平原"则不好写。李、杜写安史之乱,以已有的写作才能,如鱼得水,故有成就。初唐人的文化教养是隋统一的功劳。唐建国以后,这些人的创作才能已经成熟。其实隋文学已较成熟,初唐是隋酝酿而来的。中唐韩愈、白居易等,颇得盛唐之力。白居易的诗如糖水经过沉淀,毫无渣滓。韩愈诗并不在李、杜之下。人一说韩愈,似乎只有古文运动。其实在安史之乱后,他的诗极有价值,如《石鼓歌》。可以说,韩诗中某些篇章长于他的文。此是个人看法。

韩愈气魄大,飞扬跋扈;白居易则婆婆妈妈。白作诗并未征求过老妪的意见,这是后人的误解。元、白诗相比,元是一锅粥,白诗如过滤沉淀后的糖水。北方曲艺行话有"皮儿厚皮儿薄"之说。皮儿薄者,一听就懂;反之则皮儿厚。元、白诗正有皮儿厚皮儿薄之分。

繁荣昌盛的局面短期难以反映入文艺作品。杜诗中表达快乐的欢愉之辞仅有《闻官军收河南河北》,余皆愁苦之辞。故唐的分期,文学与政治难以平衡。

传统的文学批评卑视唐代中期、晚期,我认为不妥。晚唐诗风细腻,如赵嘏、许浑、司空图,诗的精密度很高,这正是安史之乱再度统一后施肥浇水开出的花。正如二茬茶较第一茬长势弱一点，其味并不弱于前者。

我曾有笔记一条："唐以前的诗是长出来的，唐人诗是嚷出来的，宋人诗是想出来的，宋以后诗是仿出来的。"唐人"嚷"诗，出于无心，实大声宏，肆无忌惮。宋人诗多抽象说理，经过了熟虑深思，富于启发力。当然，以上几句不可理解得太绝对。

唐代四期，诗风也有以上四句话的特点。

赵嘏诗："残星几点雁横塞，长笛一声人倚楼。"两句最后三字平仄为：

　　｜ 一 ｜　　　　一 ｜ 一

唐人擅长律句。到了晚唐，诗人腻于此道，故赵嘏于诗中常熟练地运用拗句。

许浑诗："溪云初起日沉阁，山雨欲来风满楼。"后三字平仄为：

　　｜ 一 ｜　　　　一 ｜ 一

他们的律诗里几乎都有这种拗句，这说明晚唐诗人作诗都经过一番熟虑深思。从中也可看出他们作诗，是何等细腻。

司空图的《诗品》虽曰文艺批评，其实是借此创作二十四首四言诗。

说宋人逻辑思维多，其实晚唐已有萌芽。

宋以后诗以摹拟为主，闹了不少的笑话。郭茂倩《乐府诗集》有"鼓吹铙歌"，其中"衣乌鲁支邪"，本是衬字。但明人前后七子摹拟铙歌，连这几个字也要模仿，难怪要被钱谦益臭骂一通。

关于唐代文学，讲四个问题。

（一）骈体文在汉魏六朝即很盛行，但不定型。汉赋如汪洋大海，语言规格（指格调）仍过分堆砌、大块。后来的抒情小调更澄澈灵巧。唐人的骈体文更成熟，从场面声势到阐发道理，都运用自如，四六体及律赋都定型成熟。《文苑英华》收有大量的唐赋，主题、题材及手法都很丰富。

皇帝为什么喜欢《文苑英华》？他们不一定都能读懂。骈体文何以在唐代很盛行，穷工竭力，争妍斗胜？这个问题值得研究。

六朝以来，散体文曰"笔"，骈体文曰"文"。文者，图案也。推衍之，文当有规整，有装饰。实用品加装饰，是人类文化发展的结果。文章亦如此。实用之外，应有装饰。但"踵事增华"，最后越堆砌越多，便走向极端。骈体文何以发展成四六文？今人有标点，古人则无。汉人之句逗用"𠃊"。汉墓文书无句逗，极少用"𠃊"。骈体文令人一读，可自然找出停顿。骈体文抒情、写景、咏物有其优越性，除表达意思外，还极具美感，也便于阅读。所以骈体文皇帝也喜欢。

宋代官僚用品字笺（亦称"品字封"），十分累赘。见陆游《老学庵笔记》卷三："宣和间，虽风俗已尚诡谀，然犹趣简便。久之，乃有以骈俪笺启与手书俱行者，主于笺启，故谓手书为小简，然犹各为一缄。已而，或厄于书吏不能俱达，于是骈缄之，谓之双书。绍兴初，赵相元镇贵重，时方多故，人恐其不暇尽观双书，乃以爵里，或更作一单纸，直叙所请而并上之，谓之品字封。"即宋代上呈文时，以骈俪体为正文，另附手书小简，叫双书，后又附单纸直述所请内容，三者合成一封，叫品字封。

"笔"，散体文；"文"，骈体文。"文"堆砌愈多，生气愈少。韩愈"文起八代之衰"，是以"笔"救"文"，故"笔"兴盛起来。五四以来，一般人用"笔"写文章，用"语体"写书简。"语体"打磨得很光洁，足见当时人们所爱。

"笔"的起来，发展为韩、柳的古文运动。最初的"笔"有些艰涩，经韩、柳的努力，方才规整起来。明代茅坤选唐宋八大家，即以韩、柳为骨干。清的桐城派和《文选》，被称为"桐城谬种，选学妖孽"，此是"笔"发展到一定程度，历经数代，又逐渐僵化。

唐代还有一类文章，文学史不大谈，我认为对后世也有影响，值得一谈。刘知几《史通》是骈散之折中体，有骈文之规整，而无骈文之堆砌。孙过庭《书谱》讲书法，文体与《史通》一样，有上句必有下句，但又不同于四六文。语言透彻，富于概括力，技巧纯熟。此类文体不纯粹同于骈体，然又有对偶句。唐后期陆贽有《陆宣公奏议》，全为政治论文，文体同《史通》，但句法更灵活，更浅易，亦有上下句的对称。这类文章，应承认它的作用，在明清有影响。明代的八股文就很受它的影响。

此是骈散之间的一种文体，不仅是文学形式的问题。过去一谈形式，便是形式主义，应摆脱这种现象。一种形式的产生，必定有它的道理。

（二）古文运动与前后均有关系。唐前期陈子昂、元结等人为文已带有复古的意图。他们为何要复古？有人说是以复古来革新。我认为他们当中有些人固然是有意识地以复古来革新，有的却出于不自觉。他们读《尚书》《左传》，觉得比骈体文好，便事摹拟。又北朝苏绰奉旨拟《尚书》作《大诰》，读之令人不解。唐人樊宗师被韩愈吹捧为"惟古于辞必己出"，其实语言是交流思想的工具，樊宗师文章的弊病正在于此。他的文章一百卷，于今仅存两篇半。有《樊绍述集》，后人作注，也读不懂。近来出土有其本家樊沇的墓志铭，其文并不艰涩，可以理解。也许这类文章为他所不屑，所以未收入集中。

故复古有真复古者，如苏绰、樊宗师即是真复古。韩、柳不过是摹古，客观上否定了骈体文。韩愈推崇樊宗师，说明他未尝不做此想。不同的是樊宗师是安心不给人看，韩愈却想让人看。有人称他为"谀墓精"（韩愈好作墓志铭），为收稿费，故不敢真复古。这说明韩愈写文章还考虑到读者，所以能读懂。

苏、樊等人想复古，然而又驾驭不了古文，故失败了。韩愈亦未必自觉地想要"文起八代之衰",故韩愈可以说是想复古而胜利了的樊宗师。这正是他的幸运处,否则,没有一篇文章会流传下来。

（三）传奇。近人陈寅恪先生解放前有文章谈唐传奇。鲁迅先生有《唐宋传奇集》。陈先生说唐传奇所以很盛,是因为进士须"温卷",即考试前将自己的文章请宗师看。第一次谓之"行卷",第二次再送同样一篇,谓之"温卷"。如再未看,便用传奇送上去。一般都不用自己最好的文章。但我认为这并非唐传奇兴盛的根本原因,仅仅是其中的一个方面。

唐传奇何以这样流行？我认为：

唐人的正规文章,是碑、传、墓志等,即官样的文章。而真正反映生活,无论是写自己,还是写旁人,总之要能表达思想感情,上述的文章就无法胜任了,传奇因此而产生。如《莺莺传》《李娃传》等,虽然叫"传",却不是上面所说的传,无须对谁负责。传奇内容丰富,表现力强,无碑、传之约束,故大家愿写传奇。

传奇故事来自民间。陈先生还认为传奇有诗,有文,说说唱唱,这更说明了它是来自民间。仅看到古文运动和"温卷"的影响,是不全面的。

传奇文章的继承性。文人"温卷",宗师要看其有无史才、史笔,可见其重史。明清很多有功名的文人大多被分派去修史,为什么？因为作史是为了粉饰统治者,需要文章夸张修饰。陈先生如是说,我认为片面。至于是否有"史才""史笔"之说,当然有。唐人修南北朝史书,都是官样文章。其中的精华部分,后来为《资治通鉴》抽去使用（我认为《资治通鉴》可称"故事汇编"）,这正是故事性强、文艺性强的部分。中国古代小说的精华在史书之中。《通鉴》所写李泌,故事便在《邺侯家传》。《史记》中也有小说的成分。故可以断言,传奇与史书有联系。上溯至《左传》《史记》《汉书》，其间都塑造了许多人物，此便是小说之滥觞。《聊斋》便是有意模仿《史记》。

除鲁迅《唐宋传奇集》之外，还可以搜集到一些属于这类文体的作品。

（四）外来文化的影响。五四以来，有人认为中国文化的精华，都是舶来品，此是自卑感太强。他们还有一个论据，即中国的文学、音乐、美术均受印度佛学、文学、音乐、美术的影响。敦煌发掘出的变文（相对经文而言）是俗文学的一种，为人所重视。有些人便把发掘出的其他俗文学统统归入变文，由此跟经文攀上亲戚，以证明印度文学对中国文学的影响很大。俗文学中有《韩朋赋》《燕子赋》等，显然与佛经无关，是土产（整理者按：1993年连云港市出土的汉简中有《神乌赋》，故事与《燕子赋》相类，足以证明先生所论正确。参见整理者拙作《尹湾汉简〈神乌赋〉研究》，《四川师范大学学报》1997年第3期）。就以变文言之，虽然说的是佛教故事，但形式却是土产的。有人把它们称作翻译文学，却忽视了正是用中国的语言和文学形式翻译佛经，才使它们大放光彩。姚秦的番僧鸠摩罗什曾翻译过若干经，后玄奘又重译过，文字便美得多。原因是唐代宫廷设有润经使，专门润饰经文的译文，故可看作再创作，非直接的翻译。唐太宗《圣教序》碑文后面还刻有润经使的名字，有些润经使，如来济，都是当时出名的人。玄奘译《心经》，最后有咒曰："揭谛揭谛，波罗揭谛，波罗僧揭谛，菩提萨婆诃。"当时不意译，认为要保持咒语的神秘性，只能音译，故成是状。但后来有人意译作："究竟究竟，到彼究竟，到彼齐究竟，菩萨之毕竟。"于是神秘性全无。佛经有偈语，即所谓"我欲重宣此义而说偈语"。其实就音译看，"揭谛揭谛"等，与梵文音并不合辙。

二、唐代文学　　（1979年4月12日讲）

今天讲初唐和盛唐的诗歌，算是一个略论。

何以称唐诗、宋词、元曲？因为唐诗最突出。何以诗到唐便兴盛起来？这也很值得研究。

有人分唐诗为四段，初、盛、中、晚，其中只推崇盛唐而卑视初唐。明人非盛唐诗不摹拟，为什么？

我认为诗歌发展到唐代是壮盛时期。以诗歌广义的概念来说，元曲、宋词何尝不是诗？一篇好的散文，也等于是诗。狭义而言，诗则专指五言、七言、歌行、乐府、古体……就这一范围而言，唐诗正处于壮盛的时期。为什么说唐诗处于中国古代诗歌的壮盛时期？这需要和以前的诗歌状况做比较，才能做出结论。

袁宏道（中郎）是公安派的代表人物，明万历时公安人，谭元春是竟陵人，合称公安竟陵派，小品文盛极一时。袁宏道的诗和关于诗的见解都很好，他说："唐人之诗无论工不工，第取而读之，其色鲜妍，如旦晚脱笔研者。今人之诗即工，然句句字字，拾人饤饾，才离笔研，似旧诗矣！夫唐人千岁而新，今人脱手而旧，岂非流自性灵与出自模拟者，所从来异乎？"（见江盈科《敝箧集序》所引，钱谦益《列朝诗集小传》也有类似转引。）明七子王世贞、李攀龙等专事摹拟唐诗中所谓气势浩大者，便是假古董。我认为袁宏道之言，甚有道理。

汉魏六朝诗有成就，但究竟到了什么样的程度？譬如一枝花，从孕苞到开放、凋谢，应有一个过程。我认为汉魏六朝诗是含苞欲放的花。有人说汉魏六朝的诗好得不得了，古雅得很，其实不对。我认为，《诗经》在诗歌史的长河中与唐诗相比，如童稚语，朴实天真，不是长歌咏叹。传说毛主席曾说过《诗经》"没有诗味"，又说现在的梯形诗除非给我一百块光洋，否则我才不看。此说是否真实，且不管它。我个人是十分赞成这种看法的。现在有人仍用四言诗作挽诗，我感到表达力太差，难以尽兴。"诗三百"是诗的源头，处于不成熟的阶段。"关关雎鸠，在河之洲……"出语朴实，不俗。后人如再重复，便落入俗套。当然，《诗经》中也有比较成熟的，如"昔我往矣，杨柳依依。今我来思，雨雪霏霏"一类，便很有韵味，给人留有余地。

汉魏和西晋的诗比《诗经》大进了一步，能直接地吐露思想感情，这是好事，但未免失之太实。曹植的诗很好，与六朝、初唐诗已经很接近。其他如王粲、左思、陆机等，也大抵如此。左思的诗很像李白，但仔细一看，仅似是而非。如《咏史》诗云："左眄澄江湘，右盼定羌胡。功成不受爵，长揖归田庐"；"著论准《过秦》，作赋拟《子虚》"；"言论准宣尼，辞赋拟相如"。后面两句诗如对联，诗歌中称作"合掌"，意思都一样。这不是左思不行，而是当时对诗的要求就是如此，无须打磨得太光。前所引的第一首是无根底之言，有些像李白的豪语，其实都算不上是好诗。但就那个时期而言，是好的作品，只是与唐诗相比，那就差远了。

汉魏间有无超出一般水平的好诗？以"超脱"论诗虽不贴切，但也不妨借用一下，即写诗要给人留下空隙，留有余地，这就叫"超脱"。反之则为拙劣，把一切都说尽了。一如图画，总得在图画之外留有余地，否则就变成纯图案了。曹操的四言诗已很成熟，诗意跳跃很大。他借用《诗经》，信手拈来，毫不拘束。正因为他的诗跳跃性大,其间留有空当,故很能给人以想象的余地。曹操的诗是在汲取《诗经》和民歌养料的基础上而获得成功的。

诗不能如火车,老在一条轨道上跑,它必须有跳跃。南朝民歌《西洲曲》便富于跳跃性。我认为曹诗的成就比《诗经》要高。

不死不板,谓之超脱。汉魏六朝诗有这个成就,但还相当粗糙,琢磨得太少。陶渊明在诗中消胸臆愤懑,正如鲁迅所说,他并非浑身都是静穆,是一个很有正义感的人。陶渊明的诗表面平淡,其实有许多的愤懑和不平。如写辞官为其妹奔丧一诗,内容与奔丧完全无关,而且他根本就未去武昌奔丧。汉魏重名教,陶渊明表面奔丧,是敷衍名教;但诗中又实写其事,足见其蔑视名教。"嬉笑之怒,甚于裂眦;长歌之哀,过于恸哭。"此便是陶渊明诗歌的写照。他越是写得平淡,内容也就表现得越深。他在诗中不能不顺应当时畅谈玄理的风气,也说一点理,但更多的是避讳它。他在诗中抒写情感,但又留有余地,并不过分。后人将陶渊明和谢灵运并称,其实不妥。清人周济认为陶渊明应与杜甫相提而论,理由是他们都有什么说什么,敢于直抒胸臆。

大家如能将汉魏到唐的诗歌加以比较,则可以看出陶渊明诗歌的特殊性不仅在于其思想方面,在艺术上陶诗也是自有特色的。当然,陶渊明在艺术技巧、音韵和用字方面,不如唐人成熟,这也是符合诗歌艺术发展规律的。

王粲投奔刘表,至武汉,写《七哀诗》,其间有"出门无所见,白骨蔽平原"句,是夸张,但也实在。杜甫诗却不一样。他在成都盼望长安,诗意就很不一样。《秋兴八首》曰:"夔府孤城落日斜,每依北斗望京华。""瞿塘峡口曲江头,万里风烟接素秋。……回首可怜歌舞地,秦中自古帝王州。"诗意比王粲要有余地得多。宋人张舜民被贬到湖南,"何人此路得生还?回首夕阳红尽处,应是长安",诗意又更进了一层。到辛稼轩"西北望长安,可怜无数山",更别有一番气象。同是望长安,几位诗人的处境、思想、感情乃至运用技巧不同,诗意便大不一样。比较起来,王粲的诗显得太实,毫无缝隙可言。

《诗经·硕人》云"领如蝤蛴,齿如瓠犀",其写美女的手法也并不高明。曹植《洛神赋》的"延颈秀项,皓质呈露。芳泽无加,铅华弗御","丹唇外朗,皓齿内鲜",虽写得稍好一些,但仍显得笨。李商隐写冯贵妃:"巧笑知堪敌万几,倾城最在著戎衣。晋阳已陷休回顾,更请君王猎一围。"此是从侧面写美女,但人的容貌、神态、情感、作用都表现出来了。故前者只是如画,后者却如电影,既立体,又能动。六朝诗和唐人诗写离别都写泪,淋漓尽致,李白却不落俗套:"故人西辞黄鹤楼,烟花三月下扬州。孤帆远影碧空尽,惟见长江天际流。"这样的写法,就比王勃的"无为在歧路,儿女共沾巾"要高明得多。王勃的诗较前人已颇有更新,但仍撇不开一个"泪"字。

晚唐诗人许浑"劳歌一曲解行舟,红叶青山水急流。日暮酒醒人已远,满天风雨下西楼",情调虽较李白低沉,但情感已是很深。

可见唐人诗较之前人,已很成熟。只是汉魏六朝诗在唐仍有余波,此不可不察。

张文恭《佳人照镜》诗有"两边俱拭泪,一处有啼声"的描写,貌似巧妙,写镜内外之人都在拭泪,但只有临镜之人这"一处"会有哭声,其实手法极为拙劣、俗气。孟子有"象忧亦忧,象喜亦喜"句,《红楼梦》用作谜语,谜底为"镜",这就高明多了。张诗使我们想起一首民间搞笑的瘸腿诗:"发配到辽阳,见舅如见娘。二人齐落泪——三行。"为什么是"三行"?因为其中有一人为独眼也。这与张诗"两边俱拭泪,一处有啼声"有何区别?张文恭诗本想作得巧妙一些,灵活一些,不想弄巧成拙。

张九龄,唐前期诗人,后半生历唐明皇世。一般人认为他是盛唐时的诗人，但其诗中，不乏初唐货色。如《过王濬墓》诗云："汉王思钜鹿，晋将在弘农。入蜀举长算，平吴成大功。与浑虽不协，归皓实为雄。孤绩沦千载，流名感圣衷。万乘度荒垒，一顾凛生风。古节犹不弃，今人争效忠。"(此诗系"奉和圣制"。)可见盛唐也有这种诗，甚为拙劣，是未能消化题材的产物。刘禹锡是中晚唐诗人，他的《西塞山怀古》"王濬楼船下益州，金陵王气黯然收。千寻铁锁沉江底，一片降幡出石头。人世几回伤往事，山形依旧枕寒流。今逢四海为家日，故垒萧萧芦荻秋"，说的也是晋的统一，但就深沉丰富得多。张九龄和刘禹锡生活的时间相距不远，却有如此的差异。当然，刘禹锡诗也有拙劣的，张九龄诗也有佳作。

就诗这种艺术而言，在汉魏六朝未被完全消化，其间颇有硬块。但到了唐人手中，不仅被消化，还颇为流畅，有生意。尽管其中也有未完全消化者，但属余波。

初唐诗有哪几个方面值得注意？

李商隐说："当时自谓宗师妙，今日惟观对属能。"他认为初唐诗人只会对对联。这说明初唐诗虽然较汉魏六朝有所"消化"，但不如盛唐诗成熟。李商隐这两句仍属有联无篇。杜甫诗云："王杨卢骆当时体，轻薄为文哂未休。尔曹身与名俱灭，不废江河万古流。"盛唐人轻视初唐，杜甫却深知初唐人作诗的甘苦。他熟悉《文选》，自谓"精熟《文选》理"。自己读过"选体诗"，知道初唐人披荆斩棘的艰苦，也知道他们消化汉魏六朝人的功绩。初唐人确有自己的贡献，也有自己的特色。

（一）五言抒情诗

此派源于阮籍。我极反对钟嵘《诗品》硬派诗人渊源，这是勉强的比附，虽然也有符合事实的一面。诗歌的格局、形式是可以有继承性的，人的情感却是无法继承的。

阮籍诗"夜中不能寐，起坐弹鸣琴"，此是好诗。一般地说来，他的诗很难懂。此中固然有政治的原因，作诗有许多苦衷，故模模糊糊。但是，他用五言诗表达思想感情的方法却被后人吸收。东晋玄言诗虽然也说理，写景却有诗意。谢灵运《登池上楼》"池塘生春草，园柳变鸣禽"，尽管末尾仍归于玄言说理，写景还是很好的。阮籍以《咏怀诗》抒写怀抱，于六朝的影响还不甚大。但到初唐陈子昂、张九龄的《感遇》《感兴》诗，则可见其影响，而且他们的诗较阮籍更为成功。

（二）"四杰"之七言律调长古诗

从张若虚《春江花月夜》到卢照邻《长安古意》《行路难》，全用四句小律调堆砌起来，此是元白长庆体的来历（元稹《元氏长庆集》、白居易《白氏长庆集》）。清人吴伟业专作长律调古诗，亦以初唐为渊源。这种体式乃汉魏六朝所无，汉武帝《秋风辞》仅有几句，《柏梁诗》是胡乱联句，毫无意思。皇帝吟"日月星辰和四时"，郭舍人联"啮妃女唇甘如饴"，岂非胡闹！庾信的《春赋》有不少七言律句，然不完整，终不如初唐诗成熟。

初唐律调长古诗仍有不消化的痕迹，还局限于就事写事，只是形式很规整、合辙，眼界也大一些，但仍未脱离宫体诗的束缚。

（三）律诗格调之成熟

此是初唐人的功绩。律诗格调六朝已具雏形，隋朝已有规模，但总有一两字拗，总不协调。隋诗中仅有两三首纯正。初唐完成了格律诗的创体。武则天在石淙游玩，事后将骈体文的序刻于水口处北边墙上，其他文人所作的律诗，刻于水口处南边石壁之上。现《夏日游石淙诗并序》刻石仅存序，诗已泯灭。武则天《石淙》诗尚存，其中仍可见不纯之处。沈佺期和宋之问的七律却很合律，别人的诗，包括武则天，总有一两句不合调。宋之问与沈佺期合称，虽然诗的内容不足称道，但在格律的完成上却是有功劳的。沈宋诗亦非全都属于律调。

杜甫的律诗均合格律，即有拗句，也是有意为之，这是初唐所未曾达到的境界和高度。

有的先生研究杜诗格律，专挑他晚年故意带拗句的诗，认为杜甫到晚年还不会作律诗，本人以为不妥。如杜诗《秋兴八首》第一首的第一句"玉露凋伤枫树林"，后三字为平仄平，就是拗句，而像"强戏为吴体"的诗更是有意作拗体。我们绝不能因此认为律调在杜甫手上仍未完成。其实，早在沈宋手中，律调便已完成。

（四）表达的手法也有进步

骈体文是诗的一个别种。王勃的"落霞与孤鹜齐飞，秋水共长天一色"，有人说他是抄袭庾信《华林园赋》的"落花与芝盖齐飞，杨柳共春旗一色"。我认为即便是"抄袭"，也抄袭得好。后者"落花与芝盖齐飞"，形象便很勉强。试问芝盖如何与落花共飞？王勃则高妙多了。抄得好，是点铁成金，可以超越前代。

（五）宫体诗

宫体诗无疑是腐朽的，但它何以会产生？当时文人多应诏作诗，不仅限题，而且限韵，所以只好瞎写。偶尔也有对上的，却不足为法。六朝以来便有应制、限题、限韵的流习，诗歌创作，颇受其弊。但宫体诗究竟有无一点积极的作用？有些宫体诗不是应制品，何以仍会是那些内容？回答是，无论应制与否，都为的是娱乐皇上。正因如此，当时的诗歌很注重形式，有如图案。

骈体文也是图案，句法有规矩。戏中演古人，得有一定的道具，一定的表演方法，如果抛弃这些，便演不成古人。骈文和散文的关系，便是如此。无论宫体还是骈文，其形式与内容应是统一的。

初唐尚未脱离奉旨、应诏为文，尚未脱离骈体文的影响。

下次讲李白和杜甫，可以先读读他们的作品。阅读中除注意内容的精华与糟粕，也应注意形式的精华与糟粕。

现开列以下书目：胡应麟《诗薮》、胡震亨《唐音统签》、清代大官僚季振宜《唐诗》抄本。后康熙命人加工，成《全唐诗》，交江南织造曹寅刻印。《全唐诗》其实并不全。北京大学王重民先生从敦煌出土的材料中选出《全唐诗》所无者刊登在"文革"前的《中华文史论丛》上，最近又刊登了一部分。

《历代诗话》是何文焕辑的，属丛书性质，丁福保印过，这个版本比较好。诗话一类的书不可不看，却不可多看。应自出手眼，直接看原作。

要研究唐诗，应先看《文选》所选的诗歌与小赋。这些小赋其实就是抒情诗。赋者，古诗之流亚也，本来就是古诗的一部分。陶渊明的诗应该读，《文选》选得不够。《文选》其实是图案选，写意的、有诗情画意的，《文选》都未选。它主要选近"文"的，故陶诗未入其流。谢灵运诗好，读之较难，现在实在读不懂，可以放一放。

杜甫墓系铭（铭属韵语，铭前的序称"系"）和《李太白集》前的序都应该读读。

《杜诗镜铨》较好。《杜臆》《读杜心解》纯属评论，颇多谬语。

三、唐代文学

（1979年4月19日讲）

今天讲李白与杜甫。

唐时就有人争论李杜优劣。郭老著《李白与杜甫》，把这个问题的论争推向了高峰。许多人的文章也谈这个问题。我认为不能简单地分其优劣。李白有他自己的优劣处，杜甫也有他自己的优劣处。元微之曾为杜甫作墓系铭，认为李白不如杜甫。"李尚不能历其藩翰，况堂奥乎？"元稹何以会有这样的感觉，下面再谈。

《李白与杜甫》出版时，我帮别人买了许多，自己却一本也没有。至今未看，观点不清楚，据说主要是"扬李抑杜"。今天我所讲的，如有与郭老观点抵牾处，请批评。

我的基本观点是，评论作家不能一刀切。孰优孰劣，都不能绝对，关键是就作品进行具体分析。

李白诗集共二十五卷，第一至第二卷是古诗，三至四卷是乐府，均用乐府古题，如"将进酒""……歌""……曲"等。六至八卷为歌吟，其实仍属乐府性质，如《梁甫吟》《襄阳歌》。十六至十八卷为赠，十九卷为酬答，二十卷为游宴，二十一卷为登览，二十二卷为行役、怀古，二十三卷为记闲适，二十四卷为感遇、写怀，二十五卷为题咏、杂咏、闺情。这种分类法虽然不科学，仍可看出李白创作的大概。其实乐府至歌吟，可归一类；赠至游宴可入一类；登览至怀古可入一类；记闲适至闺情可入一类。就其诗体（或诗格），包括风格、手法而言，都和以前的乐府古诗一类相似，甚至连题目也沿旧。赠答诗在其创作中占有极大数量，其中也不乏好诗，但杂有不少应酬之作。由于李白名气大，他死后，别人编集，良莠不分，甚至手稿也印出，这就影响了它的质量。就其赠答诗的形式而言，亦如以前的乐府、古诗和歌行。所以，我认为李白诗的体格是以乐府为主要特色。

就思想性而言，李白经历了由全盛到安史之乱的唐代政治，因此感情炽热、充沛。他在抒发感情时，并不直接宣泄，而是借用以前的诗歌形式，借用以前的表达方式来表现自己。他政治上有正义感，想改革现实而无门。他信奉道家。道家过去是黄老之学，东汉时是农民起义的工具，北魏寇谦之将它搞成道教，吸取了佛教的一些内容和形式。李白所崇拜者，便是道教的求仙、求长生、飞升等。李白何以如此？是因为他在现实社会中无出路，便在此中寻求寄托。

对道教的信奉与追求，使李白的诗境有所开拓。苏轼曰："作诗必此诗，定知非诗人。"作诗老死句下，是不行的。诗要有理想，有幻想，意境开阔。李白求仙，不讲求药（非道教金丹派）。信奉道教使李白的诗歌内容单调，不外求仙、飞升、隐居等。所以，李白诗中的确有些糟粕，值得我们注意。

我曾有诗云："千载诗人有谪仙，来从白帝彩云间。长江水挟泥沙下，太白遗章读莫全。"这就是我对李白诗章的看法：有珍珠，也有泥沙。

他诗中的杂乱者，大都在赠答诗。其结尾不外一曰勉励对方，二曰求仙，三曰隐居，四曰勉励对方做官。

诗尾很难作，要有余韵。"人生贵相知，何必金与钱"，倘是我作，人皆摇头，一入《李太白集》，便不同了，因为他是名家。"结期九万里，中道莫先退"，"人间无此乐，此乐世中稀"，此是何辞？"桃花潭水深千尺，不及汪伦送我情"，此与大鼓词何异？不过也看出李白诗好的一面，即敢用民间语言，只是与前面的风格不协调。

《古风》之十："齐有倜傥生，鲁连特高妙。明月出海底，一朝开光曜。却秦振英声，后世仰末照。意轻千金赠，顾向平原笑。吾亦澹荡人，拂衣可同调。"此与左思"左眄""右盼"，同出一调。诗中"倜傥""澹荡"，均为联绵字，同韵同义。前面大说其古之同调者，铺叙一通，最后才归结到自己，偏又十分肤浅。又，《古风》之十九："西上莲花山，迢迢见明星。素手把芙蓉，虚步蹑太清。霓裳曳广带，飘拂升天行。邀我登云台，高揖卫叔卿。恍恍与之去，驾鸿凌紫冥。俯视洛阳川，茫茫走胡兵。流血涂野草，豺狼尽冠缨。"此诗的主题为最后四句。前面一番烘托，并不直接用语，何者？最后四句本可独立成诗，为何偏在前面作如此渲染？何以不直接揭发？这是因为诗要用形象，要用比兴，即陆游所说的"兴象"。这说明李白继承了汉魏六朝以来的诗歌创作特点，不是直接议论，常借助诗中人物形象和事件来寄托情感和思想。

我认为李白诗歌的体格是继承了汉魏之前的传统的。

杜甫又怎样呢？

宋刻杜诗是古体诗、近体诗各一卷。杜诗一至八卷均为古体诗，九至十八卷为近体诗（律诗）。另有补遗一卷，共十九卷。杜甫不作乐府古题，即有也极少，也不作乐府的旧格式。他称自己"熟精《文选》理"，但他的诗既不像二谢，也不像三曹。清末民初王闿运专作选体诗，专事模仿六朝人诗，而杜甫则是"熟精《文选》理"，不作《文选》体。我在《论诗绝句·杜甫》中曾这样评价杜甫："地阔天宽自在行，戏拈吴体发奇声。非惟性癖耽佳句，所欲随心有少陵。"尽管他也有咏物诗，但别有寄托，绝非简单的咏物诗。

就诗的体格而言，他的古体诗任意抒发，不拘六朝一格。其律诗十分精密，其间偶有不合律者，乃故意为之，"强戏为吴体"。其内容也随手而来，既不受格律的束缚，更无思想的束缚。李白则少作律诗。当然，绝不能用作律诗之多少来分别作家之优劣。但杜甫作律诗而不囿于格律，且将格律驾驭得十分纯熟，是甩开脚镣跳舞，这是难能可贵的。

杜诗在其思想内容上很少言幻想，求神效，也不吹大牛。"窃比稷与契"，只是偶然吹一下，且前面还加有一句"许身一何愚"，最终说自己办不到。其"三吏""三别"是借故事批判现实，绝非如李白借鲁仲连和"明星女"咏叹。

《诸将》："多少材官守泾渭，将军且莫破愁颜"，"洛阳宫殿化为烽，休道秦关百二重。……稍喜临边王相国，肯销金甲事春农"，此种议论，态度分明，在杜诗中很多。此是李杜不同者三。

杜甫有无纯咏物诗？有。"黄四娘家花满蹊，千朵万朵压枝低。留连戏蝶时时舞，自在娇莺恰恰（gà gà）啼"（整理者按："恰恰"二字注音为启先生审定的古音），虽然是客观写景，其实中间颇有自己。又，"繁枝容易纷纷落，嫩叶商量细细开"，这是诗人眼中的枝和叶，其间岂无诗人自己的主观感情？姜白石之"数峰清苦，商略黄昏雨"，便是得了杜诗的启发。从咏物中可让人体会到诗人的形象，这是杜甫的高明处。

李白的赠答、送别胜于六朝人。杜甫无论是送别、咏物，其结尾几乎无雷同。信笔所至，即是好结尾。诗中结尾差者，最数陆游。

杜甫《咏怀古迹》"庾信平生最萧瑟，暮年诗赋动江关"，虽言庾信，其实是暗喻自己，较之李白"吾亦澹荡人"便高明得多。

上述对比，绝非扬杜抑李。我想，可以这样说，在风格上，李白是继承的多，杜甫则是开创的多。在思想上、政治上，李白是通过古体曲折的方法来表达自己的爱憎、批判，而杜甫却是直抒胸臆。但在理想的表现方面，李白是直率的、公开的，杜甫却是曲折的。

表面看来，李白是继往开来的，很有创造性。其实他的体格、手法、风格，都是继承来的。所以我认为李白是"继往"，是"往"的总结。由于他自己本领大，能用古人的东西唱出自己的东西来。从唐初往六朝看，李白是峰顶上的明珠。当然，李白虽然继承六朝以来诗歌的体格，但他还没有完全脱离事和物的特点。六朝多玄言诗，也还是由具体的事物（景、人、事）才归入到玄言。他的《蜀道难》虽有对蜀道的生动描写，但毕竟没有脱离一个"难"字。

杜甫的诗歌创作的路子虽然是旧的，但他所走的和李白并不是一条路。以诗人的感情、思想为主，事物均为我用，其咏事咏物均为表达思想感情的材料。"吴楚东南坼，乾坤日夜浮"，有人说炼字好，眼孔却太小。关键在于他把吴楚和乾坤作为自己身世和内心世界的反映，写了一个空旷寂寥的环境和气氛。六朝人的"大江流日夜，客心悲未央"，前句还不错，第二句便显浅露，糟蹋了前一句。李煜的"问君能有几多愁，恰似一江春水向东流"，就比他高明多了。杜甫的最后两句是"戎马关山北，凭轩涕泗流"，虽然潸然泪下，亦不失忧国的本色。

"感时花溅泪，恨别鸟惊心"，此诗历来有两解，争论得很厉害，我认为毫无必要。此时，花、鸟均与诗人一体。雕塑可以面面观，浮雕虽然只能看一面，倘是杰作，亦可使人在想象中面面观。杜诗便有此种境界。庾信《小园赋》："草无忘忧之意，花无长乐之心。鸟何事而逐酒，鱼何情而听琴。"此用草、花、鸟、鱼来概括，便不如杜诗"感时花溅泪"两句。在杜以前，用此手法者不多。

杜诗中有无题诗，以第一句前两个字为题。也有《咏怀》《诸将》等类的诗连续几首，成一整体。

我认为，李白是过去的总结，杜甫是未来的开始。当然，并非说李白对后来没有影响,那是另一个问题了。

比较李杜,不能简单地说优和劣。在元稹、白居易的时代,李白习用的乐府体裁已不能适应需要,而杜甫却能为他们提供手段。故元稹抑李扬杜。但我们不能简单化,应历史地看待李白的诗歌成绩。就思想言之,两人各有特点,各有值得肯定之处。

李白的集子自宋以来无多大变化,许多诗无年月,无法如杜诗那样编年。南宋杨齐贤、元朝萧士赟、清王琦均有注本。萧本收有杨注,王本收有萧、杨注。杜诗有宋版影印本。钱谦益注本称《钱注杜诗》,是依据宋本而来的。

补充:李白集有宋人缪刻本,现仅剩七种,经印证,可见缪本的底本是蜀刻本,《续古逸丛书》收。陶渊明的诗自注有日子,编年还好办。朱鹤龄据宋黄鹤之千家注杜及鲁訔之杜年谱将钱注打散,按年谱编排。但是,有些诗无年代可查,仍勉强排入何年何月。我以为宋刻本较可靠,可参考年谱。须注意杜诗无天宝前的,年谱却勉强排入。如李白《蜀道难》下有注"讽章仇兼琼",其实此诗写作较早,何能讽明皇幸蜀?所以,编年并非全无用处,但须谨慎。闻一多《杜少陵年谱会笺》驳鲁訔、黄鹤之说,值得一看。最近将出版仇兆鳌的《杜诗详注》。钱注不注辞,可参看仇注。

詹锳《李白诗文系年》较好之处是并不强求将有些查无年代的诗归入年谱。

杜诗触了两个霉头:仇兆鳌注杜诗要"无一字无来历",结果割裂了杜诗,歪曲了原意,流弊很大。苏轼称杜甫"每饭不忘君",便太无道理。这哪里是杜甫,简直是林彪!(众笑)

杜诗尚有"九家注杜",武英殿聚珍版有此宋刻本。昔年燕京大学出版的《杜诗引得》不知尚能影印否?

《杜诗镜铨》,清人杨伦注,简单明了,较好。

四、唐代文学 　　　　　　（1979年4月26日讲）

> 行行重行行，与君生别离。
> 相去万余里，各在天一涯。
> 道路阻且长，会面安可知？
> 胡马依北风，越鸟巢南枝。
> 相去日已远，衣带日已缓。
> 浮云蔽白日，游子不顾返。
> 思君令人老，岁月忽已晚。
> 弃捐勿复道，努力加餐饭。
>
> 辞君远行迈，饮此长恨端。
> 已谓道里远，如何中险艰。
> 流水赴大壑，孤云还暮山。
> 无情尚有归，行子何独难？
> 驱车背乡园，朔风卷行迹。
> 严冬霜断肌，日入不遑息。
> 忧欢容发变，寒暑人事易。
> 中心君讵知，冰玉徒贞白。

今天讲中晚唐诗。过去一分初、盛、中、晚，便由此判优劣，我以为不尽然。

初盛唐文学发达的条件是多方面的。隋的准备，诸文人的文化教养，经济的繁荣，外族文化的影响，等等，故而欣欣向荣。加之安史之乱后，诗人遭此荼毒，感情更深挚、沉郁，诗篇愈加动人。

安史之乱后，便是中唐。唐王朝走下坡路由此开始。当时，不听提调的李希烈等藩镇虽然不在一两人，但政治相对稳定。所以，中晚唐的诗既不可能如安史之乱中的诗那样沉痛、愤激、有色彩，也绝无升平气象。诗人们生活比较安定，心境也较为平淡，故诗中多游宴酬答之作。

中晚唐的诗人为寻找诗歌的出路，突破前人的樊篱，进行了一些努力。有人认为科举制刺激了诗人的探索，这也不尽然。

有些诗人跨了两个时期，究竟该判入哪个时期？依我看，不必拘泥于分期说。

中晚唐诗人生活平淡，题材范围小，内容单薄，于是转而在技巧上去求精求细，希冀以此见长。所以，这时诗歌的气概，远不如李杜。李杜的好文章尽兴，不事雕琢。中晚唐则不然，精雕细琢，故而纤细，绝无李杜的气魄宏大，横冲直撞。明人李攀龙的"黄河水绕汉宫墙"，便是学盛唐的"实大声宏"。中晚唐诗就没有这种特色。

前面引的两首诗，第一首为《古诗十九首》中的一首，第二首是拟古之作，从中可看出模仿的痕迹。它的体重、分量，都不如第一首，显得纤细、瘦弱。第一首古朴，甚至有些粗糙，但也更见得壮实、有内容。第二首是中唐韦应物所作。他学陶渊明一派，用五言古诗写作，追求古淡。正如韩愈所称："有琴具徽弦，再鼓听愈淡。"可见他已经看出了其中的弊病。当时的人所理解的"古"，是淡，是细，但不敢粗糙，所以终究"古"不起来。形式上的雕琢、细腻、古淡,这就形成了中晚唐的诗风。

(一)中晚唐的诗歌,没有盛唐诗歌的内容特色。这是社会生活使然。"大历十才子"较之李杜,生活平庸无奇,但也无法强求。他们所生活的社会环境和盛唐相比,很不一样。

诗和驳难说理不一样,是有韵的语言,是形象的手段,是艺术品,有它自己的特点。有些文学史只强调诗歌的思想性,而对其艺术的继承、发展和特色缺乏研究。诗反映生活现实,究竟是照相,还是经过加工、消化,再创作出来?故评论古代诗歌不能单搞题材论、内容论、主题论,也应研究诗人的艺术手段。如杜甫的"三吏""三别"与白居易的《秦中吟》内容相近,但艺术手段究竟有何不同,确实缺乏研究。诗人选题材,并不具有任意性。题材存在于生活。有什么样的生活,才有什么样的题材来源。当然某些题材之外,并非便不能写。

中唐诗歌反映了那一时期的社会现实。诗的题材内容,还不能全面代替它的思想性。思想内容更代替不了艺术性。

(二)中晚唐诗歌反映了些什么内容?

中晚唐的诗歌,写边塞,写人民痛苦,写朝廷平定叛乱,也写贵族生活的糜烂,等等。这些内容,用极为细腻的手法表现出来,冲淡了内容,降低了思想性,但它们的价值是不可抹杀的。

(三)中晚唐诗歌的特点:

无论什么题材,手法都趋于精致。

不知是有意还是无意,中晚唐诗人都各走一道,互相避免雷同。特别是在体裁上,尤其如此。如韦应物好作五言古诗,李贺善用怪字,孟郊基本上写的是五言古诗,但风格与韦应物不同。韦诗古淡,孟郊苦涩。许浑基本上是律诗(五、七言律诗和绝句)。这是什么原因?盛唐诗人中,便没有这种现象。我认为,这是因为中晚唐诗人的力量不够。他们为了在诗坛上有一席之地,只得精琢一门，以一取胜。所以，我认为他们是有意识地互相避开，各专一门。

大历、元和年间，诗坛很繁荣。"十才子"有优劣之分，无非是要凑足十人之数。正如鲁迅先生所说的"十景""八景"病，这是中国封建文人的坏习惯，无非是互相吹捧。当时起名，无非是某贵族常请他们吃饭，便由此称呼了起来。我不承认"十才子"之说，只承认大历时代有自己的风格。其中值得一谈者，如韦应物、孟郊、李贺。唐朝有两个韦应物，可怪者都做过苏州刺史，官司至今没打清楚。有人考证前韦应物是诗人，后者是谁，便不清楚了。此外，卢纶、刘禹锡等，也值得一提。

李杜以后，中晚唐诗人如果不标新自立，是站不住脚的。然而加工愈多，风格便愈脆弱。韩愈是故意装狠，怒目而视，气势远不如老杜。

中晚唐生活的相对安定，决定了诗歌内容的平庸。但无论怎样，当时诗歌的内容还是很丰富的。我认为，中唐的诗人，当推韦应物，其次，要数孟郊。孟郊有些神经质，生平清苦。浙江流传有明人徐文长的故事，此人也是个神经病。我认为诗人有神经病并不奇怪。就孟郊诗来看，他是个爱钻牛角尖的人，故不能不有神经病。如说楼高，他偏要钻进楼去，究其多高。故孟郊的诗苦涩。用一两个字论诗风，虽不完全准确，但用"苦涩"二字论孟郊，却是很准确的。如孟郊写闺怨："妾恨比斑竹，下盘烦冤根。有笋未出土，中已含泪痕。"（《闺怨》）说怨，说恨，说泪，说哭，简直入了骨，钻牛犄角。又有写游子诗："萱草生堂阶，游子行天涯。慈亲倚堂门，不见萱草花。"（《游子》）最后一句，言望游子而不见萱草，真出人意料。又如"试妾与君泪，两处滴池水。看取芙蓉花，今年为谁死？"（《古怨》）以比赛谁流的泪多，已很新奇，而看谁的泪能把芙蓉花淹死，更属新奇。又如"借车载家具，家具少于车"（《借车》），这类诗句，立意也很怪。

卢仝、马异的诗仅字面怪，孟郊的诗意思也很怪，简直像是看悲剧，越看越涩。他的诗字面通达，意思一层深似一层，这便是他的风格。此为盛唐所无，姑且不论其优劣。

李贺的拟古乐府诗多，有些非旧体诗，凭空造出。如韩愈去看他，高兴异常，作《高轩过》，装点许多典故，却并无多少内容。好生造字，色彩鲜艳、华丽，读起来却很艰涩。王琦有李贺诗的注本。李贺和孟郊的诗不太好懂。王琦的注本也不太清楚。孟郊诗如橄榄，苦涩后有甜味。李贺诗亦是橄榄，但裹了一层糖衣。

卢纶《晚次鄂州》诗："云开远见汉阳城，犹是孤帆一日程。估客昼眠知浪静，舟人夜语觉潮生。三湘衰鬓逢秋色，万里归心对月明。旧业已随征战尽，更堪江上鼓鼙声。"又《曲江春望》："菖蒲翻叶柳交枝，暗上莲舟鸟不知。更到无花最深处，玉楼金殿影参差。"又《塞下曲》："林暗草惊风，将军夜引弓。平明寻白羽，没在石棱中。"三首诗风格不同，同出一人之手，写什么，像什么，此是中晚唐诗人的又一特点。

第一首诗写战乱，点题在末二句，前面几句却十分平淡。这也是中晚唐诗人的又一种风格，与老杜的诗很不相同。第二首写景，诗中有画。王维诗中的画属水墨画，这首诗的画却是工笔画。第三首是《塞下曲》的一首，风格与前两首又迥然不同。诗人显然没有塞外征战的生活体验，无非是用了些古代现成的典故。可见中晚唐诗人在不同的题材、不同的体裁和不同的生活中善于装扮出不同的面孔，善于模仿而无独创。

刘禹锡。诗怕议论。有人说唐人诗有形象，宋人诗主说理，形象性不够。唐代的四六文好用典故，辞藻堆砌。唐诗中已开议论的先河。任何一种风格，总有它自己的继承关系。如刘禹锡的"看花诗"："紫陌红尘拂面来，无人不道看花回。玄都观里桃千树，尽是刘郎去后栽。""百亩庭中半是苔,桃花净尽菜花开。种桃道士归何处,前度刘郎今又来。"有人说这是刘禹锡的发牢骚语。《新唐书》本传亦有此言。钱大昕《十驾斋养新录》却不以为然。不过,此诗确实有不加议论的议论,带有讽刺的意味。尤其是第二首,态度十分傲慢。

王播诗。王播先有"饭后钟"的牢骚诗。得官后,志得意满,作诗自吹自擂,与上首诗异曲而同工,实则非常无聊。其一曰:"三十年前此院游,木兰花发院新修。如今再到经行处,树老无花僧白头。"其二曰:"上堂已了各西东,惭愧阇黎饭后钟。三十年来尘扑面,如今始得碧纱笼。"但第一首写得颇为回肠荡气。

"唱得凉州意外声,旧人惟数米嘉荣。近来时世轻先辈,好染髭须事后生。"这是刘禹锡的诗。多发牢骚,好说俏皮话,便是他的风格。赵嘏的《长安晚秋》有一联为:"残星几点雁横塞,长笛一声人倚楼。"此联格调高远,但前后其他各联便难以与它媲美。全诗为:"云物凄凉拂曙流,汉家宫阙动高秋。残星几点雁横塞,长笛一声人倚楼。紫艳半开篱菊静,红衣落尽渚莲愁。鲈鱼正美不归去,空戴南冠学楚囚。"这样的诗,开了陆游诗派的道路。中晚唐的七律诗有一个毛病,那就是有句无篇。中间两联很精,前面是硬加上的。陆游诗也有这个毛病。试看他的"芳草有情皆碍马,好云无处不遮楼"一联,何等工致,但全诗就很难相侔。

温庭筠。《旧唐书》称他"士行尘杂",说他好与妓女相昵。我以为此说不公允。宋代的柳永、晏殊,无不如此。《旧唐书》说温庭筠"能逐弦吹之音,为侧艳之词",即按曲而谱词。温庭筠除词外,也有五古、五律和七律,风格亦像杜诗,冠冕堂皇,只是加工得更为细腻。

李商隐也是如此。韩愈为裴度作碑,成而后废。李商隐以此为题作诗，仿韩愈《石鼓歌》。韩愈专门作"横空盘硬语"，李商隐模仿得很像，也是个学啥像啥的。

李商隐的《无题》诗："飒飒东风细雨来，芙蓉塘外有轻雷。金蟾啮锁烧香入，玉虎牵丝汲井回。贾氏窥帘韩掾少，宓妃留枕魏王才。春心莫共花争发，一寸相思一寸灰。"原武汉大学女教授苏雪林有《玉溪生诗谜》，穿凿附会，说此诗与一个女道士有关。其实唐代女道士中有很多妓女，都以道士的身份为掩饰。女道士鱼玄机便是妓女，写有诗集。李商隐的这首诗不过就写了一个女道士（即妓女）的日常生活以及她的心情，并无什么"谜"可言，无须故作神秘。

"刘郎已恨蓬山远，更隔蓬山一万重。"此手法并不新颖。如《西厢记》中"系春心情短柳丝长，隔花阴人远天涯近"，便是全用的李诗意境，足见并无多少神秘处。但他的《锦瑟》一诗写得确实很有特点，历来人们对此诗的解释很不统一，有的越解释越复杂，离本意越远。我觉得"锦瑟无端五十弦，一弦一柱思华年"，这两句的重点是"五十""年"，言自己的一生；"庄生晓梦迷蝴蝶"，这句的重点是"梦"，言自己的一生如梦；"望帝春心托杜鹃"，这句的重点是"心"，言自己一生的心事；"沧海月明珠有泪"，这句的重点是"泪"，言自己一生生活在泪水之中；"蓝田日暖玉生烟"，这句的重点是"暖"，言自己毕生的热情；"此情可待成追忆，只是当时已惘然"，是说早知是一场悲剧。即全诗的中心是"半辈子、梦、心、泪、暖、早已知道"，如此而已。但这不能成诗，所以要加上很多附带的描写和装饰成分。这一来就把很多人唬住了，使它成为千古诗谜。

温庭筠《题河中紫极宫》："昔年曾伴玉真游，每到仙宫即是秋。曼倩不归花落尽，满丛烟露月当楼。"诗中言秋，收获季节也，寓其会合。曼倩，以东方朔自况。所言无非是和女道士交往之事。

晚唐诗人的生活有颓废的一面，但不能用道学家的眼光诋其"士行尘杂"。

晚唐诗风细腻到可以入曲，这是很大的特点。倘编选本，盛唐诗当然大部分可入流，中晚唐诗也不妨多少选一点。

司空图《诗品》。司空图长于古诗和律诗，绝句也不少，诗风大多像宋人。《诗品》乃文学评论，以雄浑、冲淡、秾纤、沉着……为题，用十二句抽象的比拟来形容诗的境界。境界本佛教用语，即用主观感觉看外物，其总体的效果即为境界。这样的评论，虽然嫌空，但也有成就。其中有些话可以理解，有些则不免太抽象，无法做具体的解释。杜甫《戏为六绝句》虽然开了这类文学评论方式的先河，毕竟还较为具体，司空图的评论便显得太抽象。我认为他是借此题目和手段来写诗，发表他对诗歌的理解。《诗品》实则是二十四首四言诗，故编入司空图的诗集。

为什么《诗品》出现在晚唐？原因在于当时的诗人对诗非常讲究，为此花费了不少的心思。司空图对诗不但深加思考，而且试图进行总结。虽然如此，我仍然认为，《诗品》主要应作诗歌看，不一定要作评论看。

五、唐代文学　　　（1979年5月10日讲）

　　彼时何卒卒，我志何曼曼。
　　犀首空好饮，廉颇尚能饭。
　　学堂日无事，驱马适所愿。
　　茫茫出门路，欲去聊自劝。
　　归还阅书史，文字浩千万。
　　陈迹竟谁寻，贱嗜非贵献。
　　丈夫意有在，女子乃多怨。

（韩愈《秋怀诗》其三）

　　卷卷落地叶，随风走前轩。
　　鸣声若有意，颠倒相追奔。
　　空堂黄昏暮，我坐默不言。
　　童子自外至，吹灯当我前。
　　问我我不应，馈我我不餐。
　　退坐西壁下，读诗尽数编。
　　作者非今士，相去时已千。
　　其言有感触，使我复凄酸。
　　顾谓汝童子，置书且安眠。

丈人属有念，事业无穷年。

（韩愈《秋怀诗》其八）

　　对中晚唐的诗歌，不应一笔抹杀之。就艺术而言，中晚唐诗有十分重要的地位。文学发展到唐代中期，诗歌出现了很精美的形式，散文则另有一番面目。这一时期的代表，当推韩愈和稍后的白居易。对他们两人的集子，应从头到尾翻一遍。

　　安史之乱后，唐帝国再度获得统一。政治虽然有极腐败的一面，藩镇割据的局面并未完全消除，朝廷的大权，落于太监之手，与汉末的形势，颇为相似，但就整个形势而言，矛盾毕竟缓和了许多。由于统治者的利益有一致的方面，所以这时的社会，有一个相对安定的时期，文化艺术又出现一个繁荣的景象。但这时的繁荣与盛唐的繁荣不同。李白和杜甫的文化教养是他们那个时代的产物。假定李、杜的蓬勃景象，有如花的怒放，韩愈和白居易却是有秩序地、慢慢地成长。就质量言之，韩、白精密、细致，李、杜则不免有粗糙的地方。

　　在艺术水平方面，他们和李、杜相比较，并非后退，应该说还有所发展。他们较李、杜提高了一步，更精密了，而且想走自己的路，有意识地绕开李、杜，创造一种风格。李、杜并非有意识地想创新，却出了新。前人的路子既然已很宽广，韩、白想独树一帜，便很困难。韩愈诗："李杜文章在，光焰万丈长。不知群儿愚，那用故谤伤。蚍蜉撼大树，可笑不自量。"可见李、杜成为大宗的地位，已经定型。既然如此，韩、白学习、借鉴李、杜，首先得学习李、杜怎样创造自己的风格，就不能不走自己的新路。因此，我们必须研究韩、白以来文学出现的新局面。

　　人们一说韩愈，极易想到他的"文起八代之衰"，或以"复古"来革新文章。而且还认为他一定是一个板起面孔的老人，实在是古奥得很。人们一说韩愈，更容易想起他的《石鼓歌》，也认为严肃、古奥得很。其实不然。韩愈无论为诗为文，都力求口语化，反对古奥。"八代之衰"，在于骈俪，韩愈反对骈俪，便是提倡一种口语化，他的诗文正是尽力往这个方向发展。他在节奏、用调上看来古奥，但用词却明白易懂。

前引第一首《秋怀诗》，系韩愈自述，造意自然，语言浅近，这是他前后的诗人都没有的风格。

第二首通过生活中的一个小片段，写了他的志趣、感情和生活小景，语意朴实自然。

这种格局和手法，在过去是没有的；以生活小情景来表现自己的生活愿望、思想感情，在过去也是不多见的。

韩愈尊孔，以道统的继承者自居。他的《石鼓歌》开始叙述自己写《石鼓歌》才力不逮，后曰："陋儒编诗不收入，二雅褊迫无委蛇。孔子西行不到秦，掎摭星宿遗羲娥。"《石鼓歌》不但内容大胆，而且语言通俗，较孟郊、李贺明白清楚得多。

文艺作品都必须有自己的特色，而这些特色又往往是作者或作品的不足之处。后来的摹拟者摹拟得非常像的时候，恰恰摹拟的是不足之处。孟郊、贾岛便是如此。

我认为，韩愈的诗开辟了议论的风气。在诗中用逻辑说理，宋人由此大开声势，形成了宋人诗的风格。《石鼓歌》的一段，便不是用形象，而是用逻辑来写诗，故曰"以文为诗"。我还认为，韩愈为文，用了诗的手法，便是"以诗为文"。正因如此，便形成了韩愈的风格。

在古代文学作品中，也有"边缘学科"和"仿生学"。韩愈和苏轼都是"以文为诗"，同时也是"以诗为文"。

有人作诗像词，作词像曲，为什么？我想，文如讲演，目的是说服人。诗是用艺术的语言提供形象，让人去感受和思考。故诗好比交响乐，或"高山流水"。词在当时是小唱，如现在的流行小曲。曲子则是代言，如剧中人物塑造形象，表达感情。有人作诗轻俏，便像词；作词太宽活，则如曲。有人用此话绳姜白石。我不过借用这句话来说明韩愈是"以文为诗"，即以文的手法来写诗。

白居易。白氏较韩愈晚，这时唐的腐败更表面化，故诗中所反映的社会矛盾较韩愈尖锐得多。他提出"文章合为时而著，歌诗合为事而作"，应当给予肯定。就白居易诗的分类看，有讽谕诗、闲适诗……讽谕诗包括《新乐府》《秦中吟》等。白居易为什么要公开称这些诗为讽谕诗？当时的皇帝声称纳谏，白氏据此从之，称"称旨"，手法全都一律。称"讽谕诗"是煞费了苦心，表明是奉谕作诗，并非诽谤诗。杜甫"三吏""三别"是批判诗、揭露诗，仅用标题，并不打上"讽谕诗"的标签。

杜甫和白居易所处的地位、时代不同。杜甫在逃难中无官职，直到抵达灵武，才挂了个小官的头衔，后来为检校工部员外郎。"检校"意即"候补"，尚未正式任职。"员外"即为定额之外的郎官。郎官是中级官员，但属员外，"置同正员"，即待遇和正员一样。白居易却不然。他贬官一次后，竟做过太傅，是统治者上层成员。所以，他岂敢动辄乱写诗，故首先挂出"讽谕"的牌子。这些诗都应该承认其价值。

政治越腐败，讽谕诗越多，皇帝便愈加施以压力。加之白居易政治失意，故弃讽谕而趋闲适。现在文学史将白居易一截为二，认为凡讽谕诗均有积极的意义，闲适诗一定是消极的。其实，讽谕诗中有很多都是"犹抱琵琶半遮面"，躲躲闪闪，时时显其媚态，不如"三吏""三别"痛快淋漓。闲适诗中也有值得肯定的，其中也颇有表现现实的内容。所以，从讽谕诗可看出白居易的软弱面，从闲适诗可看出唐朝政治上的衰落面。白居易关于作诗文的宣言是很不错的，但他自己却无法完全照此办理。

唐诗人中敢于指斥政治的无非杜、白二人，但白居易远不及杜甫。杜甫面向生活，忠于现实，白居易写诗却必须留有余地。杜诗有艺术安排，没有措辞的安排。白居易的诗却做文字功夫。白诗变化不如杜甫，很费经营、考虑，往往一结见意。白居易与元稹比较，也很有趣。元、白是好友，二人风格为"长庆体"，其作集为《长庆集》。二人时常长篇大论，互相唱酬，互相次韵（按韵次唱和），争奇斗胜。白、元诗集都该看看。尤其二人的次韵唱和诗，可见白居易的诗来得全不费力，成就大得多。

如白居易的《勤政楼西老柳》："半朽临风树，多情立马人。开元一株柳，长庆二年春。"《华州西》："每逢人静慵多歇，不计程行困即眠。上得篮舆未能去，春风敷水店门前。"前首四句，谁也不挨谁，仅是并列的四种景色，但组在一起就兴味无穷。后首"上得篮舆未能去"，不等于白说吗？但把那踟蹰的心态表现得淋漓尽致，这都可视为最高境界的诗。

白居易较韩愈作诗文更重口语化。能不用典，便尽量不用典，这在作诗中极不容易。他只在迫不得已时才用，用则极有概括力。王国维称《长恨歌》仅用一典。清吴伟业专学元白长庆体，结果通篇都是典故。白居易用自己的语言写诗，这是很难做到的。白居易的这一特点在他是举重若轻。现在有人称老舍是语言大师，我认为不恰当。他专门找北京土话说，限制了传播范围。白居易的诗既是书面语，又是为大众所了解的口语，这是他的成功之处。

白居易作诗用大众所了解的口语，"求解于老妪"，见于《南部新书》。此说不可靠，并带有讽刺白居易的意味。但作诗令老妪都懂，也是他的成功之处。我认为白居易在处理一些困难问题的时候，是极有办法的。他偶然也有一些毛病，如将人名去掉末字，以求押韵，未免削足适履。

韩愈与古文。我认为"古文运动"的提法太过分。"运动"者,有主张,有纲领,有计划,有行动,以之称韩愈倡导古文,未免失实。"惟古于词必己出,降而不能乃剽贼。后皆指前公相袭,从汉迄今用一律。"(《南阳樊绍述墓志铭》)此话对,也不对。用以恭维樊宗师,尤其不妥。对樊宗师的评价见前,这里不再啰唆。总之,绝对的"词必己出",是做不到的。"从汉迄今用一律",针对唐代专事模仿六朝骈体文的现象,却是十分正确的。

人曰韩愈复古,其实并非如此。他所用的,不过是和生活十分接近的语言罢了。用这种语言表现具体的生活现实,则更感人,也更成功,如《祭十二郎文》。

韩愈之文,破了骈四俪六的旧套子,采用了一种为人所理解的书面语言以表现自己的思想、情感和社会现实。唐代墓志铭很盛行,从现在出土的唐代材料中,经常可以发现互相抄袭的铭文。即使是韩愈,他为大官作的墓志铭,也写得毫无生意。

韩愈为文,并不着意于对偶,但在行文之中,却往往出现偶句,十分自然。

韩愈之文,也好用口语。《汉书·外戚传》写汉成帝突然死去,朝官审判妃子,其口供全部录入,便是当时的口语,读起来很困难。梁人任昉《奏弹刘整》文,记录了审问刘整婢女的口供,用的是南朝的口语,尤其难懂。北周宇文护,其母投一书,全用口语,收入《北周书》,理解也很困难。韩愈《进学解》中称"周诰殷盘,佶屈聱牙"的那一部分,也是口语。

所以,韩愈的"古文运动"并非真正提倡用古文写作,而是采用了较为标准的书面语言进行写作,其中也偶尔用了一些当时的口语。

唐传奇也是用标准的书面语言写故事的。传奇是纪传的小说化,是《战国策》《史记》的延续和发展。这正是韩愈、柳宗元所追求的路子。有人把传奇和古文运动结合起来谈,是有道理的。

继承了传奇特点的是《聊斋志异》。晚明小品如张岱的文章很不错,但一般口语都比较多。桐城派方苞、姚鼐以及后来的阳湖派张惠言、恽敬等,章太炎称其好处在"文从字顺"。桐城学韩、柳,即唐宋八大家(唐宋八大家是明朝人封的)。民初文风突破了古文的格局,有"新民丛报体",由梁启超等人所提倡。后来五四运动振聋发聩,新文化运动于兹开始。

阳湖派与桐城派小有不同,其文章大都经世致用,多有关政治、经济等方面的内容。这些文章不大空谈道理,此是阳湖派的特点,也是他们对韩柳文风的发展。这种文体之所以能够绵延日久,与中国封建社会历史的悠久漫长有密切的关系。

再谈谈口语和书面语的问题。我们现今所说的口语,已经是书面化了的口语,否则便不会具有普遍性,无法作为交流思想的工具。"言之无文,行而不远",此话多年来为人所误解。这里所说的"文",也包括条理、语言的规范化等。

古　音:　　之　　　乎　　　　者　　　　　也
古音读:　　de　　mo　　de、zhe　　　　ya
　　　　　　的　　嘛、吗　的、这　　呀、邪、耶(古字)

从上表可以看出,古代的语言符号变了,语音却没有改变。现在的口语和古代的语言,关系是很密切的。

所以,唐代的古文运动,不如说是唐代的书面语运动。

唐代有没有用大量的口语来写作的文章呢?有,虽然并不纯粹。请看《敦煌变文集》和郑振铎《中国俗文学史》、向达《唐代长安与西域文明》中的《唐代俗讲考》。即使其中有俗话,也是俗化了的书面语言。这个问题,下次再讲。

同是写新乐府诗,同是运用书面化了的口语,元稹的诗尚混沌如小米粥，白居易的诗却纯净如蒸馏水。如此泾渭分明，很大程度上与两人在语言的运用和改造方面的功力有关。

杜甫诗也有极粗糙的，比较起来，韩愈的诗就干净整齐得多。杜甫的《八哀诗》名气很大，其实并不怎么样，可以去看一看。

六、唐代文学

（1979年5月17日讲）

今天讲唐代的民间文学。

过去把民间文学称作俗文学，我以为不妥。"俗"之对称义曰"雅"，"雅"义"宜"。《尔雅》："尔"，"迩""昵"，皆"靠近""符合"之义，即合乎道理，合乎逻辑、语法的意思。（整理者按：从语义来讲，雅文学是合乎道理，合乎逻辑、语法的文学，俗文学岂不就成了不合乎道理，不合乎逻辑、语法的文学了？所以，整理者认为，民间文学是不宜称作俗文学的。——这一段是整理者按先生的意思发挥的，以期易为人所理解，不知准确否？）

俗，本指风俗、习惯，俗文学即民间文学。雅文学本是从民间文学发展来的。统治者自称其合乎正统，故曰雅，是数典忘祖。如搔痒竹称"如意"，原义为"无所不至"，四川俗称"孝顺"，代子搔痒也。《世说新语》有以如意击唾壶者，可见当时使用十分普遍，并不神秘，无非是魏晋名士不喜洗澡，需要搔痒罢了。但到了明清，如意便神圣了起来，以玉为之，号称"吉祥如意"，还互相馈赠。可见雅也是俗发展起来的。如刘禹锡的《竹枝词》，便是吸收了民间文学的养料创作出来的。

郑振铎的《中国俗文学史》何以不用民间文学这个概念？我想可能是因为民间文学须包括说唱文学。

敦煌的民间文学。唐代佛教徒以敦煌石窟为图书文物的储藏室。后石窟被风沙遮住，清代帝国主义者深入该地，偷去不少。清政府知道后，派人去清理，得八千卷。这些人在返回途中，到了长辛店，居然偷偷地将珍本瓜分了，故损失颇大。

敦煌文学并非指当地产生的文学作品，是指其保护、储藏的文学作品。敦煌民间文学内容很多，有些是讲故事的，但不如《水浒传》《三国演义》长，有些故事有头无尾。《唐太宗入冥记》书名系后人所加，《西游记》中的"唐太宗游地府"故事，即本于此。《韩朋赋》是梁祝故事的前身。"秋胡戏妻"的故事对后来文学、戏曲的影响很大（此故事最早大约见于《庄子》）。《晏子赋》写晏子使楚的故事。《燕子赋》是童话故事。另有《伍子胥变文》《孟姜女变文》，顾颉刚先生有长文研究孟姜女，不知引用此材料没有。《捉季布传文》如七言鼓词，长达三百二十韵，四千四百多字。

但敦煌更多的是有关佛教的讲经文，即变文。此外还有曲词，包括民间的曲词。故事、变文、曲词，这就是敦煌民间文学的三大类。

以上三类题材丰富，形式是说与唱相结合，也有说而不唱的，如《唐太宗入冥记》；也有唱而不说的，类似今之大鼓书。

为什么有些故事有一个"赋"字？是因为其体裁类似赋，文中有四六句，其实就是赋的体裁。为什么民间文学有赋体？这正说明在汉代冠冕堂皇的赋体，原本就是民间的说唱文学。无伴奏，可朗诵，大概是其流传的一种方式。汉武帝看了司马相如的《大人赋》，飘飘有凌云之意。司马相如是其同乡、狗监杨得意推荐的，可见汉武帝是先有听赋的欲望，得意才推荐于后，正如今天说想听大鼓书一样。我认为赋一列入《史记》《汉书》《文选》，便堂而皇之了。《文心雕龙》称"赋者，铺也"，是从手法上讲的。其实当时的赋也是一种说唱文学。所以《韩朋赋》等并非民间艺人用赋的形式创作的，而是文人借用民间说唱赋体来进行创作的。

司马相如的赋即是汉代的可供说唱、朗诵的文学。唐人赋当然更多，今所传甚少，是因为失传了。

屈原"行吟泽畔"，何谓"行吟"？有人说是一边走，一边唱。就历史来看，"行吟"谓"乞行"，即乞丐以唱乞讨。《离骚赋》也是利用了民间的说唱文学形式。后来被称作《离骚经》，是把它神圣化了。

敦煌文学中最有趣味的是《燕子赋》。它是一篇童话寓言，反映了当时社会的矛盾、官府的黑暗、人民的无告。"官不容针私容车"，是指当时开后门的严重；"人急烧香，狗急蓦墙"，都是活生生的民间语言。

解放前有沿街卖"唱本看书"者，其中便有《孔子项橐相问书》。我曾把它和敦煌相关的本子一一比勘过，无一字之差，可见它一直从唐代流传到现在。

《捉季布传文》极像弹词。又有《李陵传文》。何以这类故事流传很广？这与唐边将首鼠两端的情况有关。《捉季布传文》的文字有极难懂处，如"恍如大石陌心珍"。"陌"是"蓦"的借字，"蓦"又是"猫"的假借字；"珍"是"镇"的借字。同声假借的现象，在古代十分普遍。又如"潘帝嗔"，冯沅君先生认为"潘"是"拚"的借字，此说非常正确。

以上说的是民间故事，现在说第二类：变文。

变文是相对"经"而言的。经是正规的、正常的，变是其变体、变态。有经才有变。变写成文为变文，画成画为变相。变相即用画的形式表现经的故事，如《楞伽变相》。

还有讲经文，是全讲经，并非只抽出一个故事来讲。《佛本生经》《佛本行经》是讲太子生前事，不是整个经讲，而是讲其中的一些故事。《目连变》纯属从经文中提出的故事。而将《燕子赋》《孟姜女变文》故事列入变文是不妥当的。

何谓变文？和尚用佛教因果报应的故事来宣讲教义，以吸引听众，向听众宣传。此外，和尚每讲唱一次，可得布施，实则是卖唱，此事敦煌文献中有记载。

佛教又叫像教，它在宣传方面很有办法，能把佛教的神秘感、威严感和神圣感渲染得淋漓尽致。它用文、色、香、钟、建筑、音乐、绘画、仪式等，从人的听觉、视觉、嗅觉、触觉等各个方面来加强其影响，其手法之周密与高明，是无与伦比的。韦应物"鸣钟生道心，暮磬空云烟"，讲的就是宗教仪式的作用。苏轼诗有"山水照人迷向背，只凭孤塔认西东"，塔也是佛教徒增加宗教神圣气氛的一种手段。白塔本是和尚的坟，后来越修越大，越修越富于装饰，这就增加了佛教的魅力和神秘感。

变文的《地狱变》是讲小乘因果报应的，老百姓听得懂，便达到了目的。变文的宣传效果当然比佛经高明得多。

变文铺陈、渲染的手法和想象力是值得借鉴的。《西游记》便受了变文的影响。

从现在和尚放焰口（即"瑜珈焰口施食"）唱经的音调旋律和日本人吟唱中国诗歌的风味，大致可以窥见唐代变文演出的风格。

我们研究变文，主要是研究它的文学手法和文学价值。我反对这种说法，即变文的文学手法是从外国来的。

解放前崇洋思想严重，甚至有人说连人种都是从外国来的，岂不荒谬！向达称敦煌绘画有明暗、浓淡、高光（high light），是外国来的"凹凸法"，这样的说法也是不正确的。

应该承认，佛经是从印度传来的。但中华民族值得骄傲的是，她有巨大的融合性。岂但变文，连后期的佛经和前期的佛经相比，都有很大的不同。严复《天演论》虽是译作，其间已有他自己不少的东西。而中国也有自己的经文，如《六祖坛经》。

经在印度，原是口耳相传。日积月累，才著于竹帛。《百喻经》《譬喻经》有许多的小故事，是从印度传来的，可称作印度的变文。至于怎样讲唱，则不可知。

经文较好的是《维摩诘经》。变文有《八相变》《破魔变》，后者是从《维摩诘经》中抽出来的，可以一看。《欢喜国王缘》一卷，很好，是说一个王妃怎样升天为仙，和民间的说唱很相似。《梅花梦》极长，可谓不见首尾，内容却不怎么样。

下面讲敦煌曲子词。

唐有曲子，即当时的流行小曲。它的词写在纸上，无曲谱，只有词，这就叫曲子词。曲子词并不十分固定，它可以有衬字，甚至多衬几个也无妨，较为灵活。

很早就有关于唐人唱五、七言绝句的记载。有一个叫作"旗亭画壁"的故事，说的是高适、王之涣、王昌龄三人在旗亭饮酒，听别人唱流行曲子，看谁的诗被歌女唱得多（事见薛用弱《集异记》）。说明当时就流行唱曲子词，文人作的五、七言绝句也能入曲为词。由于绝句的句法呆板，因此又出现了叠句，如"劝君更尽一杯酒"（《阳关三叠》），便是叠唱。后来文人有意为曲配词，温庭筠便是此中的行家。这也是词产生的一个原因。

曲子词吸收了甘州、凉州一带的地方音乐特色，这是不可否认的。至于甘、凉二州具体吸取了哪些北方民族的音乐风格，这里姑不论及。

《敦煌曲子词集》和《花间集》相比较，前者虽然粗糙，但较有活力。后者属文人创作，虽然较为精致，但终究有些死气。到了宋朝，文人随曲吟词，信口而作，还较顺当，往后就不免板着面孔作词了。

《敦煌变文集》可参看。孙楷第先生也有论及的文章。他的

《沧州集》似乎没有这类论文。周绍良先生有《变文叙录》可参看。最好是与正统文学比较着看。

我认为韩愈既以文为诗，同时也以诗为文。文讲逻辑，说理居多。诗赋抒情、写景、咏物，形象居多。韩愈将文章的手法用于诗，不免导致堆砌字面。韩愈破骈体而成散体，也不免出现这种现象。

韩愈还在诗中说理。其实诗歌说理，主要用的是说理的逻辑性。白居易又何尝不以文入诗？他的《琵琶行》《长恨歌》便是说唱文学，其叙述情节，也有"文"气。苏轼专把难说之理写入诗词，如《水龙吟·次韵章质夫杨花词》，以杨花的遭遇比喻人的一生，其写过程，有逻辑，有形象，也有议论，是典型的以文为词。如云"不恨此花飞尽，恨西园、落红难缀。晓来雨过，遗踪何在？一池萍碎。春色三分，二分尘土，一分流水。细看来，不是杨花，点点是离人泪"，其叙述和议论的成分不是十分明显的吗？南宋的姜夔，以文为词更为厉害。"自胡马窥江去后，废池乔木，犹厌言兵"，难道不是议论？

宋人说苏轼的词"不够调"，是指不够婉约派的"调"。事实上，自苏、辛后，以文、以论入词，正是赋予了诗词以更强的生命力。文和诗词的交融，也是一种"边缘文学"，未可厚非。

韩愈以诗为文，也是他的特点之一。无论其碑铭墓志，都是如此。按常规，墓铭碑传是用四六文开流水账，韩愈则不同。他的墓志铭对死者的生平写得很简略，重点是抓住几件大事来写，文情并茂。观韩愈的碑铭墓志，有评论，有咏叹，有抒情，难道用的不是诗的手法？就连《平淮西碑》写这么重大的事件，韩愈也是不写经过，只写重点，韩愈还因此得罪了李愬的后人。可见韩愈所用的，不是汉魏以来碑铭墓志的正统手法。韩愈的以诗为文，其实是对传统的一种突破。

柳宗元的《永州八记》写了作者心情的冷落，难道用的不是诗的手法？欧阳修的《醉翁亭记》并不细说亭的结构、位置、特点，而是大谈自己的感受、自己和亭的亲密关系，这难道不是诗的手法？所以，单看"以文为诗"是不够的，还应该看到"以诗为文"，这才更为全面。

七、八股文 （1979年5月24日讲）

今天讲八股文，诸君不必谈之色变。八股固然有毒，然而其毒何在，也是应该知道的。且八股也属常识性的东西，故不可不讲。据传毛主席视察陕西，曾向当地索取《制艺丛话》。此书专讲八股作法，可知主席并非不通此道。以上算是开场白。

（一）八股文又称"制艺"，制者，帝命也，也就是把统治阶级的意图、命令写成文章，予以阐发。这便是八股文反动性之所在。

对古文而言，八股文又称"时文"。时文者，当代之文也。其实到了清代桐城派文人手中，古文也有八股笔法。

八股可溯源到宋代的"经义"，即将经中的某句加以阐发，系讲经之文。然而八股与经义的作法不完全一样。经义无固定的程式，只是解经释义与八股相同，写法却不一样。八股特定的形式，成形于明初，其时尚不十分严格，也不太死。明中叶后，八股定型，至清代乃成为一种固定的文体。

（二）八股文章是一个概念，本身包含着许多的现象。正如论人，都是一个完整的、有血有肉的形象，不可以"好"或"坏"二字简单论列之。但须强调一点，八股是为统治阶级选拔人才服务的，故可作为反面的教材看。

文章的形式和内容有一定的关系。内容影响形式，使之成为一个僵死的套子，到最后走向自己的反面。我认为，说"内容决定形式"，绝非指由内容来改造形式，而是指选用什么形式。何种内容选用什么形式，关键在于人怎样去选择。

有的文人故意用八股文来表现其他的内容，且有拂逆统治阶级之意。如尤侗以《西厢记》"怎当他临去秋波那一转"为题写成八股文，便成了讽刺之作。八股文的形式死板、僵硬、公式化，这是它形式本身的坏处，然而更坏的并不止于此，它尤其坏在反动的内容。偶然有人以此为文开玩笑，如尤侗之所为，便不能视为反动。

（三）八股文的三个方面。

1. 形式的公式化，使八股成了套子、框子，这是不可取的。

2. 内容为统治阶级服务，将孔孟的思想作为教条注入人的头脑，束缚、奴役知识分子。以"若曰"的形式代圣人立言，实则是代统治者立言，八股文因此成为知识分子的精神枷锁。

3. 有若干的束缚。如写上段便不能涉及下段，否则就叫"犯下"，如写"学而时习之"可以，涉及"不亦乐乎"便不行。反之则曰"犯上"。总之，必须是在被卡断的文句中作文章。又如"截搭题"，即截取不同句中之某几字搭成一题，如截取句子的头尾，或前一句的尾搭上后一句的头，或截前一章的尾搭后一章的头，更有隔篇截搭的。

俞平伯的曾祖父俞樾在河南出题,用的是《孟子》的文意："王速出令,反其旄倪,止其重器,谋于燕众,置君而后去之。"他截"王速出令，反"为题，结果被革职，永不录用。俞樾还曾出题，把《中庸》中的"鱼鳖生焉"的"鱼"字省去,而以"鳖生焉"为题。有人乃作文嘲之曰："以鳖考生，则生不可测矣。"这个破题有多种含义："以鳖考生"是暗中骂考官是"鳖"；"生不可测矣"，既可以理解为考生对此深不可测的问题不了解，又可以理解为这样乱出题小心发生不测事件。有的还出一字之题，如"妻"。有出"洋洋乎"至于四次者(经文中出现过五次),人问曰:"何以少一次?"答曰:"少则洋洋焉。"(《孟子·万章上》)其末路流弊,一至于斯!

(四)八股文何以能通行流布?

八股是敲门砖,故有人颇甘于被奴役,甚而成瘾。此外,八股本身所具有的特点也能吸引一些人。如:

1. 八股文的逻辑性较强,行文紧凑而严密。文章至少得五百字,不得多于七百字。有如此限制,还要人说得面面俱到,更逼人要把道理说得透彻,这就很有挑战性。

2. 八股文有骈体,有散体,讲究对偶、骈俪,音调铿锵,整体和局部协调,读起来朗朗上口。

3. 文章代圣人立言,有声、有色、有感情、有气派。故有人认为类似于戏剧,具有一定的艺术性。

4. 八股文的义理、词章、考据皆备。桐城派主张写文章要讲义理、词章、考据,这种学问方面的要求,便来自八股。

在八股文内容的评判方面,朱熹的《四书集注》被看作是对经典的标准解释,如不按此解释便不及格。朱熹在政治上该怎样去评价且不管,但他对"四书"的注释却简单明了,能达到这样的程度很不容易。明、清科举考试均以朱注为标准。

八股是廉价的漏斗,逻辑清楚,注释简明,易于灌输。

康熙皇帝曾学习过天文历算,主张废除八股,禁止妇女缠足。但王士禛(渔洋)代表了汉族大地主阶级知识分子的利益,上书反对,称八股"千万不可废"。康熙欲学西洋的科学文明,曾叫几个儿子去加入天主教。经过一番拾掇与折腾,又转而去拜孔庙。他用黄纸亲书"至圣先师"四个字,命人把它覆盖在碑上(因碑上有"文宣王"三字),然后再拜,所谓"拜师不拜王"。

八股之盛衰,有如水锅里的蒸汽,聚集起来既快且猛,但散得也快。以孔孟思想为教条与提倡科学精神是此消彼长的。所以,我们不仅要反对八股文，还要反对党八股，反对帮八股。

（五）八股文的基本结构。

如以《孟子》"鸡鸣狗吠相闻而达乎四境"之句出题，这是说齐国的景象，八股截题为《狗吠》。

1. 破题：用两句。
2. 承题：用三句；继续破题，不得超过四句。
3. 起讲。下分八股。八股又称八比，实则四联，八条。八条为散文，条与条相比，则又为对偶。
4. 结尾。

写八股文的本领尽在于此，其庸俗性亦在于此。如此为文，无异于戴着镣铐跳舞。八股有"四比""八对"，名称各说不一。比，两条为一比。八股的优点在于逻辑细致。由于当前各种八股太多，所以，最好不要强调八股文的优点。

八股所以有这样的优点，在于汉语本身所具有的特点。八股不过是将其绝对化罢了。（整理者按：启先生后有专著《说八股》，发表于《北京师范大学学报》1991年第五、六期。后又单独出版，并收入《汉语现象论丛》，可参考。）

（六）关于试帖诗。

科举考试的科目中，八股文而外，还有试帖诗。如赋"黄河之水天上来"，得"黄"字，即以"黄"字为韵。五言八韵，第一句不可入韵，以凑八韵，两句一韵，共十六句，每句五言。前两句是破题，中间反复吟咏，最后两句"颂圣"。不管写什么，均须以此做结尾。《红楼梦》中的"雪诗"联句，就是拉长的试帖诗。这种试帖诗的影响是广泛的，即以下面这首以嘲讽为能事的《剃头诗》来看，走的也是试帖诗的路子，它规定所用之韵为"头"字韵："闻道头堪剃,何人不剃头。有头皆须剃,无剃不成头。剃自由他剃,头还是我头。请看剃头者,人亦剃其头。"虽然只有八句，但始终围绕"剃头"二字反复吟咏，这正是八股文和试帖诗的基本特征。

《古文观止》一书，康熙年间编选，均为短篇，须熟读后方能为八股。当时编选此书，就是为作八股文打基础。《古文辞类纂》编选者的头脑中，亦隐隐有八股文在作祟。《钦定四书文》系方苞所选，朱鹭（白民）是其后台（朱是明末遗民）。所以说桐城之文，便是八股之文。不了解八股文，也就不了解桐城派。

文人刻诗文集，较少收八股文和试帖诗。周镐（犊山）有《犊山文稿》，其间收有他的八股文，然其文集却无此类文字。

我生在民国元年，未赶上学写八股文。这些知识还是向陈垣先生学习的。陈先生是晚清的秀才。

八、古诗词作法

（1979年5月31日讲）

现在谈诗词中古韵问题。由于各地的方音不同，便有人来规范和确定"四声"。隋朝陆法言著《切韵》，首分韵部，虽然没有照顾到方音，"我辈数人，定则定矣"，未免对人有所约束，好处却是统一了一千多年。对于此书，后人多有补充。

《广韵》和《佩文韵府》，有些字的韵分得太细。如"冬""东"及"支""之""脂"的分别，其实十分微小。依我之见，支、之、脂发音位置是由内到外，如支（zhi）、之（ji）、脂（zi）。又如"东"，德红（dé hóng）切，切出之音为dōng。"那"，奴寡（nú guǎ）切，便只能切出 nǎ 音。古无轻唇音，如"父"今读 fù，古音读 bà，后逐渐演变为 fà，最后演变为 fù。

"福"今读为 fú，古音均读作 ba（轻读），"逼"为什么借助"福"的偏旁？就因为古音声母相通。"眉"，武悲切，按今读当切为 wēi。其实"武"古音读 mǔ，故切 méi。"文"，《广韵》注为"无分切"，同样道理，"无"古音读 mú，所以"文"古音读 mén。

又，古代无舌上音，如"之"今读 zhī，古音读 dē。文字由"之"而"的"，表明舌上音的产生。按字面读音便是"类隔"，知其然而读之，便是"音和"。古代诗韵后面往往注上某些字为"类隔"，某些字为"音和"。这些常识都是应该知道的。

暂，今读 zhǎn（编者按：启先生审定），古读 zàn。现在广播上按古音读，大可不必。建议大家都去买一本《广韵》来读。周祖谟有校订本，商务印书馆印。

女墙，一凸一凹之城垛也。为什么称女墙？这和"睥睨"这一词有关，眼睛从城垛中往外窥视，故曰睥睨。而"女""睨"古音同，现在有些地方的人读这两个音仍相同，故逐渐读作"女"。

《经籍纂诂》是部好工具书，许多字的古音古义都能查出来。《佩文韵府》《渊鉴类函》《古今图书集成》也应翻翻。《说文通训定声》从声、韵的角度谈，值得一看。《书目答问》也应该备有。《四库全书总目提要》不易找，故可买前者，便解决了目录的问题。日人《大汉和辞典》也不错。

关于古诗文的作法。讲这个题目，并非提倡大家写古诗文，在此不能不作声明。不会作古诗文，懂一点常识也好。你们将来当教师，讲古典诗词时也能依原诗的平仄朗读和讲解。"巫山巫峡气萧森"，一个"峡"字，便应按照律诗的平仄要求来读。

自己作一点古体诗也有好处。练习时应注意调（平仄）和对偶。现代汉语依然有调和对偶的讲究。对偶是一种语言的习惯。过去有《声律启蒙》一书，定下了若干的套子，如"云对雨，雪对风，晚照对晴空"等，合辙押韵。这方面的锻炼还是应该有的。

古人曰："诗从胡诌起。"先练胆，逐渐熟练。多吟诗也很重要，高声朗读不仅可增强记忆，还可体味诗的音乐之美，加强对诗歌内容的理解。五、七言诗练熟了，长短句调便有了基础。

按过去诗韵的规定，东、冬不得互押，今天则不必拘泥于此说。

和尚唱经有谱，文人唱诗无谱。

何谓诗歌的"起承转合"？至今未查到出处。我们可以用一首诗来领会它的大意："松下问童子（起），言师采药去（承）。只在此山中（转），云深不知处（合）。"四句诗中，实际上包含有逻辑的发展。

律诗中的"撞声"始于唐代，即第一句和末一句可以用相邻的韵部，前者叫"孤雁入群"，后者叫"飞鸟出林"。

又，侵、覃以 [-m] 收声，文、真以 [-n] 收声。到了元朝，两者便已混淆了，所以《中原音韵》就没有这一区分。

辽国和尚行均的《龙龛手镜》，宋朝为避讳改为《龙龛手鉴》，全书按偏旁分字。《康熙字典》更细、更周密，是根据明朝《西儒耳目资》来的。过去的韵书即有字典的性质，可以按韵查字。

读诗应连同注一起看。王琦注李白诗，仇兆鳌注杜甫诗，都很不错，可以一读。

"诗话"一类的书有利，也有弊。有利是可以启发思维，帮助欣赏；不利在容易被它牵着鼻子走。研究《文心雕龙》不能不读作品，所以应当先读《文选》。

过去有人写诗为了押韵，将人名、地名作一些变化。如《论语·宪问》有"微管仲，吾其被发左衽矣"之句，微者，没有也。后人写诗，居然有这样的句子，"功参微管"，这就文义不通，只是为押韵了。

九、明清诗文 　　　　　　（1979年10月9日讲）

　　吕思勉《章句论》、杨树达《古书句读释例》对于古书的标点，多有裨益，可找来一读。俞樾《古书疑义举例》亦应读。《经传释词》更是必备之书。

　　读古书，标点是第一重要的。没有读懂书，其他都谈不上。如"民可使由之，不可使知之"，竟有四种标点法，另三种为：1."民，可使由之，不可使知之"。2."民可使，由之；不可使，知之"。3."民可，使由之；不可，使知之"。另外稀奇古怪的，还可以点出一些。显然，它们的内容都走了样。《大学》中的有些句子，点不好，也会闹笑话。

　　章为文章的分段，句即句子的句读。此外，古人用句读，也有用来点语义的，也有用来点语气的。古书断句最容易出错的，在于虚字。杨伯峻的《文言虚字》《文言语法》，杨树达的《词诠》，这类书的内容都不离《经传释词》。古书中的人名、地名、职官名，可查工具书。

　　这里选的几篇文章是做例子，并非范文。目的是想说明古文的发展，有它自己的线索，到了明清，已是强弩之末。虽然有人想改良，但毕竟搞不出大的名堂。直至五四，文章才得到真正的解放。当然，文章在获得解放以后，又会遇到新的问题。

　　散文，又称古文，宋人也称"平文"。经书有今、古文，字体有今、古文，文章又有今、古文，故很容易把人搞糊涂。王国维认为春秋战国各国有各国的古文，汉魏六朝各地有各地的古文，这便是通常所说的"原本"。经书的古文即是原本，文章的古文即是散体，字体的古文即是旧体。

今天我们要读的几篇，就是文章中的古文。《梦溪笔谈》称宋人作古文曰"平文"。何谓"平文"？即不加韵律，不配音乐者，故又可称作"平话"。柳敬亭说书用鼓板，可见既要唱，也有音乐伴奏，因此不是平话。说评书即白说，无伴奏。

不讲声律对偶，便是平文。六朝人称骈体曰"文"。散文如《与山巨源绝交书》，可见凡称"书""笔"者，都是散文，又总称"笔"。说话有抑扬顿挫，两两相对，这是自然形成的。骈文的形成有其必然性。散文也并非完全不讲究音韵、对偶。《颜氏家训》说，有博士买驴署券，罄数纸，无一驴字。可见搞文字花头、骈四俪六，已失去了生命力。

宋人论《文苑英华》所选文章千篇一律，可见文章之衰。韩愈"文起八代之衰"，其背景和意义正在于此。古文运动是主张用先秦散文和《史记》语言的表达风格写文章，朴素清新，无典故辞藻的堆砌，并非主张用唐朝的口语作文章。

《汉书·外戚传》中一段与赵飞燕有关的文字，是当时的口语。六朝人任昉《奏弹刘整》所引用的刘家奴婢口供，是一段精彩的六朝口语。《北周书》有宇文护给母亲的一封信，也是口语写成的。唐代的口语可见敦煌出土的文书。唐传奇则用的是加工过的口语。

元、明、清的散文继承了上面的传统，继续向下走，逐渐至于途穷。韩愈曾经提倡过"文以载道"，有人就质疑宋代理学家讲"道统"为什么不提韩愈。宋人苏洵也讲文道关系，但宋代的理学家依然不提他。这里的原因在于，韩愈等人意在改革文体，不谈载道，事实上是"以道撑文"。所以，韩愈所说的"道"和宋代理学家所说的"道"不是一回事。正因如此，《宋元学案》中很少提到韩愈、苏洵等人。

明代的诗文皆继承元人的诗文，故须了解元人文章。明初许多文人都是元人。他们当中，有的是遗民，有的是贰臣。"人还在，文风未死"。请看揭傒斯的《龚先生碑》。

元代的文章家都是道学家。朱熹在清朝被利用得十分到家，考科举须用朱注四书。朱熹的学说被利用，始于元朝。元、明、清都利用了朱熹，元、明、清的文章也就脱离不了朱熹的套路。

揭傒斯是元人，其文可见明代文章的演变。

明代的文章到了归有光，开始有了味道。桐城派方苞、姚鼐等人与其说是学"唐宋八大家"（是茅坤首先提出这个概念的），毋宁说是学归有光。为什么归有光的文章会出名？他的思想虽属正统，但文章有文学性，一唱三叹，不板着面孔说大道理。此人官不大，名气不大，所以明清人写文章暗地里学他，表面上却说学的是"唐宋八大家"。

明代前后七子的改良是复古。按他们的观点，把文章真的作成了三代两汉的样子，那还成什么话！此路不通，这才有了公安派、竟陵派。他们改良的办法是：内容上不排除表达个人的思想感情，语言上吸取日常生活的口语。但这样的改良最终还是失败了，根本的原因在于他们不敢突破文言文的套子。

三十年代，以周作人为首，提倡明人小品，提倡读和写"三袁"、徐渭的文章。然而在当时，学习"三袁"和徐渭，仍是一条死路。明代的台阁体辞藻华丽，用语典重，内容陈腐；"三袁"和徐渭的价值，是在和台阁体的比较中得以确认的。晚明的小品固然轻松，却派不上大的用场，因此被正统派大骂了一通。顾炎武《日知录》有专写李贽和钟惺的段落，认为李贽是妖孽，这是因为李赞的思想要解放得多。尽管如此，李贽仍不能担负起文学革命的责任。

桐城派好讲道理，阳湖派好讲经济，他们的文章都差不多。桐城派对后来的文章影响很大，原因在于桐城文人写文章，用的是古人文章通常使用的词汇和句法，其思想内容又不违背统治者的意图。他们虽不专说周、程、张、朱，但也符合统治者的口味，而文章又有文学性。这样的文章既可用于冠冕堂皇的说教，又可用于抒情写意，所以能绵延二百多年，直至新文化运动，才受到毁灭性的打击。

研究明清的文章，必须注意文章从元代到清代的发展规律。清代后期的龚自珍写文章貌似古涩，据说其初稿原本通俗，但一成定稿，就晦涩古奥起来。魏源亦与此相类。龚自珍有自己的政治见解，与当道多不合，故文章不能不古涩。魏源托古改制，什么都作"古微"，如《诗古微》，也是寄托自己的见解于"经学发微"。

当前文章有两个问题值得注意。一是有人完全主张口语化，这样的见解不妥当。倘若用吴侬软语写文章，怎样普及？就是用北京土语作文章，外地人也很难读懂。二是有人主张要用完全规范的书面语言写作。我认为文章如果全用书面语，恐怕会死气沉沉，没人愿意读。我主张写文章最好用以现代口语为基础的书面语言。

十、《书目答问》 （1979年10月16日讲）

梁启超、胡适均开有青年必读书目。梁启超批评胡适将《九尾龟》之类的书都编入书目，但他自己开列的书目并非就很科学。况且将书目称为"必读"，本身就不科学。张之洞不称"必读"而称"答问"，这正是他的高明之处。

你们的郭预衡先生就是根据《书目答问》所列书目，逐一浏览，这是学习的好办法。梁启超有重要典籍之用法一类的书，此书我没有看见过。

《书目答问》的分类法有它自己的特点，用途极广，十分重要。现有的几种目录学方面的书可借来一阅。余嘉锡先生的《目录学发微》不易看懂，得配合其他的书看。

何谓"四部"？四部之说，始于何时？四部分经、史、子、集，大约始于六朝，定型于唐朝。章学诚《文史通义》称"六经皆史"，其实少说了一个字，应该是"六经皆史料"。清人把六经作史料看。王念孙借古书探索古代音韵；段玉裁以《说文》作线索，研究文字。焦循作《孟子正义》，与其说是作"正义"，不如说是借题发挥。王念孙、戴震、段玉裁已可称作科学家，他们不是为经而诠经，而是以经为史料，做科学研究。

经的概念到了清代，学者虽不敢否定其本意，但在运用上已经有了很大的变化。

《诗经》齐、鲁、韩三家,差异并不大。杨伯峻关于《左传》各家注疏的校订本即将出版。《春秋大事表》及《左传纪事本末》可参考。《尚书》今古文之不同,实则是传抄之不同。有时候传抄者加上一些说明,后人误以为是经文本身。

读古书,有疑义,查注;注不明,查疏;疏不明,查工具书;工具书不明,查《书目答问》,找同类的书籍查阅。

"四书"应该读。唐宋以降,文人引"四书"大都不称篇目。原因有二:一是"四书"已成为经典,进入口碑,无须再说某子曰。二是"四书"在当时已用多用滥,文人有时候不知是"四书"经文,只当着常语使用。故读当时的文章,仍不能离开《书目答问》。

辑佚一类的书亦应注意。如《玉函山房辑佚书》共计五百九十四部,其中经编四百三十三部,子编一百五十三部,史编八部。这类辑佚书都很重要。

《全上古三代秦汉三国六朝文》,严可均辑,唐以前的文章都有。如个别集有缺文,可查此书。

《书目答问补正》应予注意。至于范希曾以后的书目,则只有靠自己了。

此书卷一《尔雅义疏》二十卷下之"孙郝联薇校刻足本",其中郝懿行的夫人只是挂名而已。后有"郝胜于邵"(邵晋涵,字二云,也作过有关《尔雅》的书),事实上是"邵胜于郝",张之洞未之见而下结论,谬矣!余嘉锡先生曾予以指正。

下面谈工具书的使用问题。

字典:《龙龛手鉴》四卷,原名《龙龛手镜》,所以有此更改,避讳也。该书前身为《玉篇》,分部不甚科学。《玉篇》是按偏旁查字的。

但古代有些工具书不是按偏旁,而是按韵部查字的。这类工具书中,《佩文韵府》很重要。《佩文韵府》的底子是《韵府群玉》。《广韵》说两韵可合（《广韵》即字典。周祖谟的《广韵校本》应备一套），《佩文韵府》即是两韵合著一块儿，故两者备其一也就够了。由于两书皆依韵部查字，所以应该掌握一些有关韵部的知识。如果韵部不熟悉，可查《辞海》《辞源》等工具书，它们附有韵部。《经籍篡诂》也是必查的书。

《说文通训定声》十八卷，此书既不用韵部，也不用部首，却用《易经》八卦名分部。故可用而难查。

通检一类的书也很重要，如《十三经索引》《春秋经传引得》《尚书引得》（《尚书引得》参看南岳出版社1977年出版的《十三经引得》。启先生讲课在1979年10月，其时该书已经出版）等，十分有用。

类书：《太平御览》《册府元龟》《古今合璧事类备要前集》《渊鉴类函》《古今图书集成》等，也可作工具书用。

"三通"（杜佑《通典》、郑樵《通志》、马端临《文献通考》）、会要、会典都是工具书。"三通"是基本的资料。我建议大家去借一些书翻翻，大致知道该书有什么用以及怎样用。后来又出现了"十通"，量就太大了，但"三通"是怎么也该翻翻的。《四库全书总目提要》每条都附有说明，至少《四库全书简明目录》应该备一部。

《通鉴》可作历史小说看。中国史书里面有很多篇章可作小说看待。如民间流传的"包公案"，多在《明史·循吏传》中；若干循吏的作为，都附会在包公身上。而且有关循吏的故事，也多半是民间流传的故事，被当时的人附会到了某个循吏的身上。俞樾称《包公案》中只有"割牛舌"是属于包公的。但一查史书，连这一条也不是包公所为。

所以，中国古代史书中是有着丰富的文学资料的。

十一、明清诗文　　（1979年10月23日讲）

明清六百年文章的变化，绝不能用这几篇文章来概括。我选它们的目的，是想说明当时文体的变化及其潮流。

龚先生碑

自周、程、朱、张氏没，天下一資其书以为富贵利达，孔孟之道，暗然不明。宋末科目极弊之余，用周、程、朱、张氏之书以为学。皇元科目复兴之后，能用周、程、朱、张之书以为教，吾郡南昌则有龚先生云。先生没九年，其门人朱志孚、黄希尹三以状谒铭。

……………

先生八岁时，大父成已以户调督输失期，逮至邑，潜往候之。坐当笞，从容进曰："大父耄老，家君适有采薪之忧。幸少贷，当代输。"令大惊，试以《尚书》"禹贡""盘庚"诸篇，诵说如注，令礼而免之。父钧尝得暴疾，气已绝，咸谓宜迁正寝。先生曰："必三日乃可。"时时手注善药口中。翼日忽自苏。又十二年而终。妇翁袁大夫渐治宜黄，有杀人之舅，诬其甥而已证之者，先生至邑，廉得实，白而正之。咸淳初，度宗潜藩，恩试京师，谒陈尚书宜中，坐顷，贾似道至，起避旁舍中。宾退，尚书曰："能一谒此人否？"对曰："不能。"

尚书嗟叹久之。咸淳癸酉，复与计谐而国亡矣。吴先生疾，日往问焉。其没也，无以为哀，已葬焉。其教人也谆谆不倦，不达不止。

呜呼，先生远矣！今之诵周、程、朱、张氏之言者皆是也，而先生远矣。没之日，实至治二年八月五日。以某年月日葬于某原。夫人某氏。子男三：以庄、立信、太初。庄早世。孙男五，名与宝侍郎禹钧之子同，而亡其侃。

揭傒斯是元四大家之一。他作古文一味泥古，往往说半截话。本文所云"三以状谒铭"。谒，求见，在这里作"求"解。唐人到茶馆称"谒茶"，即求一碗茶喝。本句的意思本来是想说"三以状来谒，求铭"，但偏偏不好好说话，这是有意为艰深之辞。正如写"天"字，有意要写作"兲"。又如本文所云"潜往候之"，句前缺主语，是求简而失之粗陋。章学诚、顾炎武曾多次谈到古文中的这个弊病。

本文有云"度宗潜藩"，太子未登基叫作"潜藩"，谓太子潜于藩国也。但说"度宗潜藩，恩试京师"，语意就很不清楚。是度宗与龚先生有旧，恩赐考试，还是度宗潜藩，恩开科举考试？均不可考。

"复与计谐"。汉时管财政的官吏叫"计吏"，每年上缴中央年度收入时，常常带一批应科目人，故曰"计偕"。古者称出钱捐官出身的为"援例"，名字好听得多。汉时的"计偕"何以到了揭傒斯那里便成了"计谐"，这就难懂了。当然，"偕"与"谐"倒是可以通用。

"孙男五，名与……"，此句根本就不通，完全是在造假古董。

宋元之际，道学演变为理学，是因为"理"比"道"听起来客观一些，无压人之嫌。周敦颐、二程、张载、朱熹，宋人并不怎么相信他们。南宋真德秀是理学家，成天讲理学。开始人们还抱有希望，说："要得钱粮贱，须待真知院。"后来他真地上了台，把事情搞得一塌糊涂。后来人们挖苦他说："熬尽西湖水，打成一锅面。"

周、程、张、朱，主要是朱熹。张载虽然在其前，名气却远不如朱熹。由这篇文（指《龚先生碑》）来看，周、程、张、朱是在元代就开始受到重视的。

宋濂《见山楼记》《题郝伯常帛书后》。

宋濂是元末明初人，是朱元璋的谋士。他后来被发配到西南，但命运比刘基好。刘基是被朱元璋毒死的。开国元勋，结局大抵如此。

"行李"，六朝称行人、使者往往叫"行李"。"中使"系皇帝由皇宫里派出的使者，其身份多为太监。"东观"，汉代的藏书楼，后来成为专用的名词。

本文有墨钉，是一时查不出何字，故留下方块，待查出后再补上。《题郝伯常帛书后》作于明初。郝伯常忠于元朝，宋濂仍然歌颂他，说明在明朝的政权巩固以后，需要人们都成为忠臣。文章歌颂郝经，正是取其忠也。

"雄文"，语出《汉书》，谓扬雄之书也。又可指代司马相如之文，因有人称赞扬雄之文如司马相如也。清末有孙师正，原名孙同康，康梁变法失败被通缉后，改名孙雄，即标榜自己的文章如同司马相如。后讹用为有气势的文章。

（按：此节主要讲解三篇文章，故记录较少。）

十二、明清诗文

（1979年11月21日讲）

明人写文章，有意摹仿古人。为文句式不整齐，便自以为高古，如宋濂的《见山楼记》。中国的语言文字有它自己的特点，句式于整中求其变化，已经成为习惯。违反这个习惯去造些假古董，不免现出伧父面目！

明朝初年的人作假古董文章，又怕别人不懂，故只敢在句式上做些变化。归有光则比较高明。前后七子专事抄袭，令人连句子都不好断，是更假的古董。正因如此，才出现了公安派和竟陵派与之相对抗。而到了桐城末流，已不管内容如何了，只是在字句上下功夫，一味地求古。文章一成派，路子定然走绝。其始作俑者，本意并不想结派。但后起之人，将创作风格相同而形成的流派结为宗派，树起门户，结果是将自己围了起来。

文学的创作风格与作家自己的主观条件有关。效颦者只求其皮毛，失去的是其神韵。

唐顺之《答戚南玄书》。明代的士大夫雅好谈禅，他们谈禅的语言简单浅易，是大白话。究其原因，在于禅宗的开创人慧能等就没有多少文化。文人谈禅，既要符合禅宗的语调，又要表现出文人的特点。晚明和清代文人的文章，大都受禅宗思想的影响。也有的人以禅宗入文章，为的是使文章趋于平淡，似可视作"稀释"。这种文风，是韩愈等人所作不出来的。

《考卷帙序》。三十年代提倡晚明小品，是五四运动的逆流。当时，改革者主张文章写口语，反改革者既不想用口语，又不能用纯文言作文章，于是从前人文章中找出些半文不白的东西来加以提倡，强调无聊的小趣味。"公安三袁"即是被其利用者。由于有周作人提倡于前，朱自清的《荷塘月色》、俞平伯的《桨声灯影里的秦淮河》等文章都不同程度地受了影响。《考卷帙序》即属晚明小品。考卷帙即是装考试卷的书包。该文通篇有许多白话，也用了许多禅宗的语言。作者无非是想借此发一通牢骚。

晚明小品是对前后七子的对抗，也是复古途穷的结果。归有光修正了七子派，修正了元末明初的文风。司马迁引《尚书》，用汉时的语言把它翻译过来。从归有光到《聊斋志异》，都是受司马迁的影响。桐城派势力大，影响的时间长。方苞死死摹仿归有光，导致他的文章有不少的硬结。到了姚鼐，文章成熟多了，不但没有疙瘩，而且还有油腔滑调之嫌。章学诚反对桐城派，他说桐城就是"文从字顺"。桐城中人不服，认为自己讲义理。其实这正是桐城派的好处。桐城还有一个特点，就是学八股文章的做法，无话可说，也能写出一篇文章来。桐城发展到后来，已成为应酬的文字，掉弄笔墨，无以复加。这里选的《吴塘别墅记》，便是一篇无话找话说的文章。

清人袁枚为文十分流畅，但论者往往忽视了他的价值。他有些玩世，常为道学先生们叱骂。从文学的角度看，袁枚几乎是个怪杰。在他的笔下，没有不可以表现的东西。姚鼐是袁枚的后辈，为袁枚写墓志铭，还挨了他人的骂。其实姚鼐对袁枚的评价是公道的。清人虽然骂袁枚，但许多人都偷偷地看袁枚的文章。袁枚敢于收女弟子，为章学诚所诟骂。他不屑一顾，公然把女弟子的像画出来，还为女弟子编诗选。可见他是一个蔑视礼教的人。最后有人连他卖文也骂，他卖文得钱，有什么可非议的？

周作人的影响至今还存在，只是不提他的名字罢了，但还是用周遐寿的名字出了两本他的书。袁枚在当时的影响其实比他大得多，可偏偏就无人提及。

龚自珍也是清末的一个怪杰，他对于章太炎深有影响。龚自珍属今文学派，常常借经书发挥他的政治主张，并不重在考据。今文经学派中康有为的议论当然不足道。章太炎属古文经学派，重视考据。龚自珍在当时的政治条件下不能正面地批评时事，只好用一些古奥的形式来曲折发挥他的思想。他的文章对章太炎有影响。我认为，龚自珍的文章就文学角度而言，的确不怎么样。有人看过他的手稿，原文很通顺，但定稿后却不一样了。如此改稿，可见其用心良苦。《江南生橐笔集序》即此类文章。该文借江南生的奏稿，旁刺朝政；借颂扬今之诏令、奏议有生气，实则是指斥言路未开。故其特点不在文章，而在内容及曲折的表达方式。由此可见，文章风格的形成，与时代的关系十分密切。

明初的文章是元朝的继续。中间经前后七子，到归有光、方苞等人，才终于定型。前后七子对元末明初的文章是一个反动，但试验失败。晚明小品对前后七子又是一个反动，想开辟新的道路，寻找新的表现形式，又失败了。到归有光才比较平易近人，再经方望溪、姚鼐等人的加工、发展，终于形成格局，直到五四运动才结束其使命。

事物总是会走向反面的。五四白话运动和现在的文风比较起来，已是大大地落后了。解放后的三十年，文风更有很大的变化。

"文化大革命"十年的文风，是八股文加赋体。追究其原因，是受了封建社会的影响。"念念不忘"，本是禅宗语。文章前加套语，本是八股的破题。文章后面的祝词，本是八股的颂圣。"一句顶一万句"，本是清人称颂孔子的"一句话为圣人"。当时有以"子曰"为题者,有人借苏轼《潮州韩文公庙碑》语"匹夫而为百世师,一言而为天下法"为破题,前一句应"子"字,后一句应"曰"字,这也是"一句顶一万句"的意思。

下面再谈谈《书目答问》。

四部即经、史、子、集。这种分类的方法,是逐步形成的。大约在南北朝才较为定型。这种分类法在今天已经没有实际的用途。

经:有十三种。所谓经,是加了统治者的许多附会。剥开这些外壳,有许多史料可用。经到了明清,已失去了原先的概念,真正起作用的是"四书"。这是朱熹干的事。

有经书便有纬书,它们为汉代人所编。所谓"天生孔子",便是纬书所言。郑康成和公羊学派便是从此说的。

史:《春秋左传》分明是史,却入经。故章学诚说"六经皆史也"。其实准确地说来,应为"六经皆史料也"。史有正史、野史、外史、稗史等,无非属正统与非正统两大阵营。野史中有许多可靠的史料,《通鉴》反倒有许多小说家言。

子:其本意是春秋战国政治家的言论、讲稿、行事集于一体,皆归入子,颇似后来的集。子部分细类,分法并不科学,如医、算等类焉能入子部?

集:有总集、别集。《诗经》也可作总集看。别集为某一个人的集,总集是许多人的合集。按理,集应该以文学为主,但在四部中,集的概念要广泛得多。

懂得四部的分法,便于查找古籍。

十三、《书目答问》 （1979年11月24日讲）

有几种书很重要，其中尤以《十三经注疏》为最重要。研究古代文学，须读"毛诗"、《尚书》、《春秋》；研究古代的制度，须读"三礼"；研究古代的哲学，须读《易经》。

"四书"中，《大学》《中庸》均出自《礼记》《仪礼》。古书的第一次注释称注，疏（即正义）是注的注。"疏不破注"的意思是说，疏的任务，就是将注释讲得明白。到了唐代，朝廷命孔颖达等人讲经，他讲经的文字被称作"正义"。《诗经》有"毛传"，《关雎》下有"美后妃之德也"，是第一次注，曰"传"。郑康成为"毛诗"加笺，是第一次为注释所作的注。又如《春秋公羊传注疏》二十八卷，何休解诂，也是注。《十三经注疏》大都是唐人所注。明清所注《周易》《诗经》《礼记》，大都按朱熹的注，《尚书》大都用朱熹的学生蔡沈（九峰）的注。

在清代的科举考试中，《书传》用蔡九峰的注，是宋人的一套穿凿附会。《易经》用朱熹的《周易正义》。但真正搞研究，还是用《十三经注疏》好。

清人刻《皇清经解》《续皇清经解》，是继承了汉儒的烦琐。清人所注《周易》不好。但清人也有几部书很好，如陈奂注"毛诗"（全称《诗毛氏传疏》）、马瑞辰注《毛诗传笺通释》（未附正文）。《尚书古文疏证》，阎若璩注，三十卷，用起来方便，但并不很理想。

孙星衍《尚书今古文注疏》也并不好。

《礼记》无太好的注本，通常用朱彬的《礼记训纂》、陈澔的《礼记集说》。孙诒让（章太炎师）《周礼正义》以《周礼》为骨架，集中了古代制度及其训诂，对我们读《礼记》和深入了解古代制度很有帮助。孙诒让又是近代讲甲骨文、钟鼎文的始作俑者。

《春秋》清代没有好的注本。今人杨伯峻《春秋左传注》集各注家之大成，其中有译文，有考证，是一个很好的集注本。

刘宝楠的《论语正义》，基本问题都在其间，很有用处。《孟子》的注本，以清人焦循的《孟子正义》为最好。

按王国维的说法，孙星衍著《尚书今古文注疏》，对《尚书》只读懂了一半。《尚书》很难读。《尚书大义定本》，吴闿生著。与配合经书而作的《××备旨》（一种供科举考试用的"高头讲章"）一对照，《尚书大义定本》即抄自《书经备旨》。这类书对搞注释很有用。作为引人入门的书，《定本》固无不可。

下面讲《尚书》今古文的问题。

研究经书，必须涉及今、古文之争。此争论始于《尚书》。汉人称用当时文字书写的《尚书》为今文。古本《尚书》流传至汉中秘阁，即皇家图书馆。此书所以原先藏在夹墙内，是为了躲避秦的焚书。古人讲学，口传心授。《尚书》的今文本系伏生口授（其实也是他自己藏的抄本），即《尚书大传定本》，共二十篇。孔壁古文，多出几篇，内容也略有差别。到了东汉，古文原本散失，故有孔安国为古文《尚书》作注。晋人梅赜献出几篇古文《尚书》，有人便说是东晋人所藏，也有人说是东晋人伪造的。宋朝有人开始怀疑古文《尚书》是伪造的说法。清朝有拥护今文、怀疑古文者，如阎若璩，为今文、古文找出处，以考证今文之真，古文之伪。他还指出古文中某句出自某书，皆见于汉人某书。但他的道理是说不通的。

经学中，用小篆以前的字体抄写的经书谓之古文。经书中的《左传》亦是用古文写的，非汉人重抄。刘歆主张拿到太学去教学生，遭到强烈反对。原因是很多人不认得字。于是刘歆背上了黑锅，被人怀疑是他伪造了经书。其实古文《左传》是真的。故今、古文的概念在历史上是有变化的。古文《尚书》是一个阶段，古文《春秋》是一个阶段，而凡用古文抄写的经卷又是一个阶段。推而广之，古代经书的原本，也是古文。古文家和古文经学派都是据古文本作解释者，今文学派则反之。两家的分歧其实很可笑，只是称呼不同罢了。

清代有今、古文学派。今文派用"春秋公羊"，此派专讲义理，发挥议论。讲"春秋左传"一派为古文学派，专讲字句。故清朝有改良思想的人都打今文学派的旗子，古文学派则比较保守。但情况也不完全如此，如有改良思想的章太炎就是古文学派。古文学派讲训诂，有实事求是的精神。今文学派只是讲义理，龚自珍、王闿运都讲今文。今天当然不必再讲今、古文了，但影响还是有的。如《红楼梦》有程本、脂砚斋本，两者的争论，其实都为了一些词的小区别展开。

韩诗只有外传，是用故事作旁证，注释已经亡佚。

《玉函山房辑佚书》《古经解汇函》，乃至黄奭《汉学堂丛书》等钩沉古经解，考证琐细无聊。可见有些古注失传，有它自身的原因。

《诗经》《论语》分几家，差别都不大，争执却很激烈，十分可笑。今文学派到了康有为，闹了不少的笑话。康有为要变法，是进步的。但他受四川井研县经学大师廖季平的影响（廖是今文学派），作《新学伪经考》，认为伪经书都是刘歆造的。刘歆为王莽服务，所谓"新学"，乃"新朝之学"（王莽所建为新朝），非汉学。康有为还认为孔子是"托古改制"，刘歆为了学孔子，因此造了"三礼",甚至还造了《左传》。所以杨伯峻说康有为的目的是骂倒刘歆,结果却是抬高了刘歆。

康有为连古文也未弄清楚,他著《广艺舟双楫》,亦称钟鼎文系刘歆伪造,并说看出土的鼎彝文字,十分灿烂;刘歆所造钟鼎文,吸取了天下文字的特点。这当然是一个大笑话。所谓"古文",并非指文字,而是以古文书写的经书。

清人复古,如陈启源的《毛诗稽古编》。今文"天"字写作"天",古文"天"字写作"兀"。唐人用古文,为保持字形,依然作"兀"。陈启源等不懂这个道理,自己的文章偏要把"天"写作"兀","帆"写作"𩗴"。

古文《尚书》与今文《尚书》怎样出现的?我认为今文《尚书》非原本,古文《尚书》也非原本。因为后来都已经形之于书,字形不可能不有些变化。而且今、古文究竟有多少差别,现在很难说得清楚。伏生口授时,字句上有无窜入,很难判断;他的学生听后,有无发挥,也很难说。

如现有八种《红楼梦》的脂砚斋本,彼此有很多字句的不同。江青称校订脂砚斋本,是恢复曹雪芹的本来面目,此说非常荒唐。且问:"曹雪芹的本来面目是什么?校订的标准是什么?"这些问题,都很难回答。还有人现在在搞校订,说是要恢复曹雪芹的"战斗锋芒",显然是难以做到的。今、古文《尚书》之争,大致也是这样的。

又如《包公案》,本子很多,最早是《龙图耳录》,是文人听说书的记录稿。后经代代相传,本子就五花八门了。

下面再谈谈诗韵的问题。

调:平上去入,这是汉语所特有的。但某一字规定它入某一声,便是人为的了。各地的四声不一样,编书的人将某一字派入某声,为的是使用时的统一。但无论如何也是包括不尽的。如有些地方方音势力太大，有些字也就定不下来，只好一字两收或三收。如今作诗，还得服从既定的事实。

声调又有古今的不同，如"中兴"，唐人读若"重"。

今韵以普通话为标准，故许多入声都派入三声（中国有一片长斜地带无入声字）。元曲是不讲入声的。京剧、曲艺也是入派三声的。

作古典诗词，应该稍稍考虑一下用韵。十三辙，即韵摄，是用元音来概括的。

《广韵》编于宋朝，意为"增广《唐韵》"。该书是据陆法言《切韵》加工成《唐韵》后，再加工而成的。《切韵序》称，"我辈数人，定则定矣"，可见是人为的。但《序》也说为了"以广文路"，作诗时"支""脂"及"冬""东"也可以通用。但作为研究，还是应该区别对待。《广韵》一书，应该备有。

十四、《书目答问》

（1979年12月26日讲）

前次讲了经的一部分，今天讲史。

史有正史、野史、杂史等。正史有如经，是被统治者承认了的。其实，正史有的是根据官修的书和旧存的档案材料编纂的。所以，除了统治者承认正史有他自己的目的外，正史对研究工作也是很有价值的。此外，野史、杂史、别史等，也应该很好地加以利用。

如《汉书》是正史，但《东观汉记》《后汉记》并不次于《汉书》。裴松之注《三国志》，其注文的价值，并不下于《三国志》的正文。《晋书》有十八家，现在只剩下唐代房玄龄修的《晋书》。该书吸取了其他《晋书》的内容，也吸收了大量的《世说新语》的内容。《世说新语》本是小说家言，《晋书》是正史。可见前者并非完全没有参考的价值，后者也并非全是有据可查的史事。

《魏书》人称"秽史"，说魏收是受了别人的贿赂，给别人说好话。其实这种情况各代都有。清史馆的档案中，至今还保存有这方面的资料。

《旧唐书》修于五代，不符合宋朝政治的观点，于是修《新唐书》。把新旧唐书与《新五代史》对比着研究，是一个有趣的工作。欧阳修认为《新唐书》其事增于前，其文损于后，此话是很难说得清楚的。

《宋史》很拉杂、冗长，但材料很多，使用起来很方便。

总之，正史也是史料，不必因为受到统治者肯定，就轻易地否定了它们。

《宋史》以后，元、金、辽史编得太匆忙。过去有人传说，毛主席说《明史》不好，据说是姚文元传出来的。我认为，在宋、辽、金、元、明诸史中，《明史》最好。《明史稿》现在还在，可以与定本对照着看，能见出编纂者是很认真的。就观点看，它也有好的地方，如《流寇传》写李自成并无诬蔑之词（标题除外），且分析了李自成失败的原因。这反映了《明史》有一定的客观性。《明史》的文章是写得不错的，原因在于有许多明末遗老的文章为材料依据。

欧阳修和宋祁合编的《新唐书》，由欧阳修领衔。宋祁编传，态度不认真，文章质量不高。欧阳修怕自己挨后人的骂，上书皇帝，请求各书其名。

1971年以后，中华书局再次组织专家校点《二十四史》。我认为校点得较好的本子是《宋书》《南齐书》《梁书》《陈书》，它们是山东大学王仲荦先生校点的。最好的要数《魏书》《周书》《北史》，是唐长孺先生组织人校点的，陈仲安写的校记（他是唐长孺先生的助手，有很好的见解）。这几种史书编得也很细致。当然它们并非完全没有错误。

"前四史"是必备的书。倘有余力，《北史》等书是值得买的。《历代帝王年表》（无排印本），其中稍有一点大事记，可作工具书用。李兆洛《历代纪元编》《历代地理志韵编》和杨守敬的《历代舆地沿革图》等书，都是很好的工具书。

《建炎以来系年要录》是很重要的史料，《三朝北盟会编》亦如此，均可与正史相参看。如岳飞死于"莫须有"，这三字是怎么来的，便见于《建炎以来系年要录》。

元明以来杂史很多，宋人笔记中的杂史也很多。如宋人王铚的《默记》，记宋太宗怎样征辽，怎样失败受箭伤，后因箭疮发作而亡，这样的材料不可多得。王铚是南宋人，所以有些事情敢于记录。又如王明清的《挥麈录》，也有许多可贵的材料。

《东京梦华录》记汴京（北宋国都），《梦粱录》记临安（南宋国都）。《万历野获编》记了许多明代的历史故事。明人有些野史，在清朝被列为禁书，原因可以理解。

清人官修的《纲鉴易知录》《通鉴纲目》，均是站在理学家的立场说教，一派胡言。康熙年间，以理学治天下。乾隆时虽利用朱熹，但此人毕竟为世人所腻，于是搞了个《御批历代通鉴辑览》。该书所搜集的史事简而明，可作历史大纲的普及读物看。过去有人提倡重印，不知结果怎样。

有几个专题应该知道。

"三通"。《通志》的原计划是写通史，但内容不全，其中的"二十略"很有用。《文献通考》记的是历代制度的沿革。《通典》记的是历代的典章制度。

"续三通"（即清乾隆年间官修的《续通志》《续通典》《续文献通考》）之后又有《清朝通典》《清朝通志》《清朝文献通考》和《清朝续文献通考》。最好使用"三通"。

"会要"。会要即会典的意思，用于查一朝的制度。历史地名、人名、官名很繁杂，也很重要。可查《万姓统谱》等"谱录"。两唐书中《宰相世系表》也较清楚。

官名的历史变化很大，也极为复杂。可查《历代职官表》。此书既有优点，也有缺点。如"皇帝"下有"三公"，其实掌权的是太监，三公系虚设。又如有清代东阁大学士条，其实清代根本无东阁，大学士在哪里办公？纯属虚设。真正的大权在军机大臣那里。清人修《历代职官表》虽然详细，但未得史实。如大学士，便以清为准的，向上追溯，在各代找出相应的职衔来。此不可认真，不能搞绝对的类比。清人有自卑感，认为自己无文化，既要全盘汉化，又不愿意放弃自己的全部机构，如八旗便是沿用在关外时的编制。因为有这样的心理，他们总是好沿用汉族历史上的官职为自己理出"谱系"，以证明自己是正规合法的统治者，结果往往显得可笑。如清人有亲王，宋朝有"一字王"，如赵王、晋王，都是以封地命名的。后来的清人封王，头号就叫亲王，其次叫郡王，其实是有王无郡。

上海中华书局排印本《历代职官表》后面附有瞿兑之的名词解释。此人极有学问，文章也写得好，只是好做官。民国后像他那样的人还很有好几个。这个本子还是有用的，当然，其间也有错误。张友鹤曾为《官场现形记》作注，此人对清朝的职官很熟，注文可作资料查。

《职源》是专讲宋人职官的书。

《四库全书总目提要》（标点本二百卷）。此书对我们颇有用处。读了此书，对古代的书籍会有一个较为全面的印象。该书有注，不太好懂。我的想法是先读读再说，开始不必求全懂。

辅仁大学余嘉锡先生读书甚多，有一部《四库提要辨证》，其中有自序一篇，亦收在《余嘉锡论学杂著》中。内中说自己年幼家贫，无书可读，其先父无法辅导，便叫他找一部《四库提要》来读。他在读此书时，对《提要》的肯定与否定的结论逐一标明，然后进行辨证。他读书从《提要》入手，可作为我们的借鉴。实在无此书，《四库全书简明目录》亦可翻翻，但此书无评论。

《提要》分"正目"与"存目"。后者很值得注意。有些书很冷僻，未收入《四库全书》，被认为是非正统的著作。也有些著作不知为何不收。

工具书中还有《史姓韵编》，即二十四史人名的索引。但现在已感到不够用了，因为收入的人名太少。现在各史均有人名索引，只是稍嫌琐碎，主要还是靠本传。

现在说子部。

清人重新校勘董理的几部子书，比较好。有些书后人胜前人，但也有一些书不及前人校勘得精。

清人郭庆藩《庄子集释》很不错。《淮南子》也有校记。浙江局刻二十二子，扫叶山房有翻印本，都是清人较好的校本。

明人的《诸子汇函》收文不全，无多大的用处。蒋骥的《山带阁注楚辞》很不错。戴震的《屈原赋注》也很好。谭介甫的《屈赋新编》就不怎么样。王念孙的《读书杂志》、王引之的《经传释词》、卢文弨的《群书拾补》都值得一看。

下面又回来讲明清诗文。

袁凯开了台阁风气。但台阁诗风，封建文人都有，"三杨"不过更厉害罢了。高棅的《唐诗品汇》分唐诗为初、盛、中、晚。李东阳（号西涯，维族人，原籍湖南，住北京，即今什刹海一带）亦是台阁风气。钱谦益拉一派，打一派，为打前后七子，拉出了个李东阳，说他如何如何了不起。李、何、王、李都是北方人（只有王世贞是太仓人），他怕别人说他有地方偏见，于是只得捧李东阳（毕竟他是北方人）。况且李东阳也有政治势力，门生故吏遍天下。其实李东阳并不怎么样，无非还有一些活气罢了。

王守仁。其人实质上是个文学家，说他是哲学家有点冤枉。我认为他的诗不错。南宋的胡铨曾推荐朱熹。朱熹也是诗人，并非哲学家。我认为朱熹的诗也是不错的。

桑悦。此人不拘小节，行为怪诞，与李卓吾等人被并视为洪水猛兽。他的诗也值得注意。

沈石田是画家，诗也写得不错。嘉靖中都属于吴门一派，即吴中文人，与唐寅、文徵明等人同调，均属诗风浅近的陆游派。

李梦阳、康海、边贡等属前七子。钱谦益反对李梦阳，说他作假古董。我认为骂得还不够厉害。

何景明未可厚非。钱谦益为何要攻击前后七子？原因是这些人名气太大。捋掉脑袋，树立一个并不怎么样的李东阳，才显得出他自己来。

王世贞的确是一个假古董。但他学识渊博，手笔厉害，钱氏不好怎么骂他，只有在小传里隐隐约约地挖苦他，说他早年瞧不起归有光，晚年为归有光的画像题词，有自悔之意。可见他不敢正面去碰王世贞，因为他的势力也大。

汤显祖的成就在戏剧，《玉茗堂集》的诗歌并不怎么样。程嘉燧的诗明明写得不好，钱谦益却十分吹捧他，称他为"松圆诗老"。吴梅村有《画中九友歌》，其中写到的第七位是程嘉燧，也称赞程为"松圆诗老通清讴"。目的和吹捧李东阳差不多。李攀龙挨钱谦益的骂最多，骂得也有道理。他活剥汉乐府，一塌糊涂，正好被钱氏一顿好骂。当然，李攀龙的诗也有好的。

清人王渔洋（士祯），有人说他是"清秀李于鳞"，他很生气。其实能做到这一点也很不容易。

要读明人的好诗，不如看《牡丹亭》和《桃花扇》。诗、词、曲萃集一身，可谓精妙至极！

十五、明清诗文

（1980年1月9日讲）

明初人作诗沿袭元人的风格。《元诗选》收录元朝主要的诗作，但不如《全唐诗》全面。清人有《宋诗钞》，吕留良因文字下狱，故合作者不敢再编下去，书也不敢署吕留良的名字，但书编得还好。顾嗣立编《元诗选》，也很好。

元诗走的是复古的路，未可厚非。宋人感到唐人作诗，已经穷尽其理，自己根本无法续貂。于是他们写诗，多从写景、议论入手，声调与美感，都不及唐。几个宋大家无不如此。元诗是真正摹拟唐人，但也有学不像的。明初的诗，离不开这个调调，刘基、宋濂、袁凯诸人都是如此。前后七子文学秦汉，诗学盛唐，连中晚唐都不要。而元人所学的，正是中晚唐诗。所以，前后七子是想摆脱元人和明初人的套子。不料他们非但没有摆脱了，反而落入了俗套。七子中也有好的，他们摹拟盛唐人的声调、派头都做到了家，如李于鳞、何大复。何大复（景明）的长篇七言歌行《明月篇》就是模仿初唐的王杨卢骆体的，可以说是模仿得极像，看起来就像是真的古董。唐初都市生活刚繁荣起来，王杨卢骆写都市生活兴盛繁荣，充满了新鲜感，所以有这样内容和风格的诗篇出现。到了何景明的时代，已经时过境迁，故其所模仿的诗篇只是形式相像而已，内容却很单薄。

公安、竟陵后，诗坛上出现了一股怪风，黄道周可为典型。

他的诗十分古怪，堆砌词句，追求古奥。明诗来回反复，学唐不成，最终弄成假古董。在这当中，钱谦益算是一个在文学上有作为的人。

齐燕铭同志曾谈及，政治动乱中酝酿着各种文学流派和思潮。一当社会安定下来，文学便会出现一个复兴时期。明代社会的状况是内外交困，动荡不安，理学有王阳明，文学更有各种流派。这种状况发展到钱谦益，产生了一定的效果。

过去的作者有三种武器，一是辞藻，如茶碗边缘的装饰，附带着许多的典故。典故是压缩了的概念。五四以来反对用典故，其实反对者自己也用典故。有些比喻，本身就是用典。典不可不用，当然不能堆砌或滥用。钱谦益掌握的词汇、典故就很多。二是模式。《全唐诗》本来是钱谦益的初稿，入清后有人继承而最终完成了这项工作。正因为钱谦益有这样的经历，可供他学习的模式也就特别多。三是经历。钱谦益是后起的东林党魁，几次下狱，后做了礼部侍郎，投降了清人。投降后，他一方面偷通南明，另一方面作诗文骂清人。被发现后，乾隆极为恨他，于是对拥护钱谦益的人如沈德潜等予以严惩，连他的祠堂也给拆了。钱谦益的书也被列为禁书。但他的影响太大，门徒甚多，禁绝不了。前后七子仿唐无所成就，钱谦益却轻易地做到了。可见他在上述三个方面的功夫和阅历都很深，并非只是才大。后来有人为他鸣冤叫屈，说他不是汉奸。近代有钱姓者修家谱，极力为他辩白。这样的努力终究枉然，钱谦益的汉奸之名，恐怕是摆脱不了的。钱的生活很糟糕，却自命风雅。但他文学上的成就的确未可小视。他的古体诗音调铿锵，其《西湖杂感》二十首骂清人十分厉害，颇有沧桑之感。但其无聊之作也很多，如大作其"雁字诗"，屡屡变换花样，很不可取。

吴伟业（梅村）与他同时，是一个了不得的怪杰，但也是一个投降派。他本来是明朝的探花,也做过官。后来清兵入关,投降清人的大官僚陈之遴做了大学士。当时兵权在满人手中,行政权在汉人手中。陈之遴推荐吴伟业当了国子监祭酒。陈之遴倒台,流放东北,吴伟业也随之下台。他为当时遗民所骂,临终前写诗为自己辩护,称自己是被强迫而不得已才做官的。

康熙皇帝喜欢吴伟业的诗,还为之题了诗,诗的调子即模仿吴伟业。所以当钱谦益被禁止的时候,吴伟业却很有市场。他的诗模仿元稹、白居易,人称"元白长庆体"。其内容多记晚明时事,在艺术上颇像鼓子词。其文专写才子佳人,令人不忍卒读。吴伟业诗虽然用了鼓子词的路数,却有动人的内容、典雅的面貌。清人凡作古体,无有不受吴氏影响者。王士禛竭力避免落入吴氏的套子。他的《燃灯记闻》(何世璂记述)称吴氏才大本领高,就是不雅。我想他是针对鼓子词调来说的。其实,吴梅村的缺点不在于不雅,而在于还不够彻底。他的用词正是显得太雅,"皮儿太厚",因而不好懂。

清末民初的王闿运(湖南湘潭人)也是一个怪杰,手笔极快。他好摹仿骈文,也作古体散文。他有一篇《湘军志》,骂曾国藩,颇有《汉书》的风格。曾国荃大怒,经人说情,毁版了事。王氏五言诗极似六朝,故有人开玩笑,说他生错了时代。他的七言古诗却类似吴梅村,其《圆明园词》凭吊圆明园,摹仿的是元稹的《连昌宫词》。他自认为这首词比吴梅村的雅一些,殊不知,这正是他比吴梅村差的地方。吴氏的《吴诗集览》注释很精很细,典故多,注释繁。他用典的目的,恐怕是想以晦涩躲过当局的眼睛。袁枚说《长恨歌》只有一个典故,而吴梅村的诗离开了典故就无法去作。这正是他学"长庆体"而不如"长庆体"的地方。

吴梅村的《圆圆曲》把吴三桂骂得很厉害。他认为自己在清朝做官是不得已,而吴三桂却是开关延敌,两人的思想是不一样的。实际上是借他人的酒杯,浇自己胸中的块垒。他还有一些骂清朝的诗,十分隐晦,康熙居然没有看出来。他的《临淮老妓行》写的是刘泽清的反反复复。明代的崇祯皇帝在十多年时间里,换了四十多个宰相。其中有一个叫吴昌时的,依附于崇祯的宰相周延儒。结果周延儒被罢相,赐死,他也被杀了。吴梅村为此作了《鸳湖曲》:"鸳鸯湖畔草粘天,二月春深好放船。柳叶乱飘千尺雨,桃花斜带一溪烟。……"(整理者按:启先生将此长诗一口气背诵下来。)通过写自己与吴昌时的交情,反映明朝政局的衰落腐败。他的《永和宫词》写田贵妃,《琵琶行》写几个名妓,无不贯注了他对明朝亡国的感慨。

吴梅村有些无题诗写得十分漂亮,辞藻美,似西昆。他的《扬州》(见《吴诗集览》,靳荣藩注):"叠鼓鸣笳发棹讴,榜人高唱广陵秋。……"(整理者按:先生又将此长诗一口气背下来。)暗写清兵屠扬州,乃至清代注家不敢为之作注,只能称其"怀扬州梦也"。康熙居然也受了骗。为了避开文字狱,他不能不多用典故,有时候用古人的名字暗指当时人,的确是花费了许多的苦心。钱谦益则不同,如他写的《西湖杂感》,其刺清伤时思想十分露骨,所以没有能躲过清政府的禁令。

吴梅村的律调对后人影响很大。后人作律诗,很难脱卸其套路的影响。

总之,钱、吴二家几乎垄断了清初诗坛,其作品是不能不看的。

王渔洋在清代官至刑部尚书。钱谦益赠给王渔洋的一首五言诗对他加以吹捧,所以王渔洋后来也吹捧钱氏。王氏的诗符合清政府的口味,原因是表面漂亮,不痛不痒,感情却是现成的,按套套写就是。他用的都是古董,专好摹拟。如听琵琶,用《琵琶行》;写登览,用高适,多写山川景致。后人发现,他每走一处,专看当地的地方志,摘出其中的典故、古迹,用作写诗的材料。

即使古迹已毁,也要装模作样,写诗凭吊一番。他的诗好用典,辞藻也现成,就是不写与清人有关的话题。用他的办法去作试帖诗,应酬场面,很是有用,所以在清朝极有市场。他的诗也有用曲子调的,如《秦淮杂诗》,全是绝句,其中连《牡丹亭》都抄来了。

王渔洋选《唐贤三昧集》,提倡神韵。严羽说"羚羊挂角,无迹可求";无迹可寻,不着边际,达到所谓的空灵境界,这便是王氏所求的神韵。他的《秋柳》有人认为是凭吊明代的,后经"审查",并无痕迹。可见他作诗力求不着边际。但他的《秦淮杂诗》却因为搬用了地方志,竟然捅了大娄子。

王渔洋诗中有名的是律诗和绝句,模仿前人,算是到了家。他的诗不伤今,不恸古,不干犯时忌,所以得以留存。

王渔洋也论诗,有《渔洋诗话》。他选唐诗不选李、杜,也不提元、白。因为他模仿这几个人不可能比吴伟业模仿得更好。他也不模仿苏轼与黄庭坚。对黄,他瞧不起;对苏,他不敢去模仿,这是钱谦益之所长。不得已,他只敢去模仿王维等次一流的诗人。他的诗可以说是"柔化"了的明七子。赵执信的《谈龙录》说朱彝尊的诗贪多,王士禛的诗重修饰,像李攀龙。他对此评价很生气。有人说王渔洋才弱,只敢写清淡的,不敢碰浓厚的。他的好处是毕竟柔化了李、何的斧凿痕迹,这是应该给予肯定的。

我过去很喜欢王渔洋的诗,后来才发现他的诗其实很无聊。

王渔洋也选诗。在《渔洋精华录》中,他的诗是他自己选的。他选其他人的诗,把钱谦益放在第一位,这还说得过去;把程嘉燧放在第二位,就不免荒唐。程嘉燧作诗,与七子同调。王渔洋作诗学程,不敢学钱。他自己就套用程嘉燧作诗的路子,这就是王把程放在第二位的原因。但这个选本仍然有价值。清初人的集子后来很难见到,这个本子正好收集了一些明末清初人的诗。

《静志居诗话》。朱彝尊辑《明诗综》，基本上是从《列朝诗集》来。朱彝尊在每个人的诗后，均附有评论，称《静志居诗话》。康熙曾想用朱氏顶替钱氏，以削弱钱氏的影响。但最终未能顶得了，钱毕竟比他强得多。于是只好对钱施以痛骂加高压的手段。

《列朝诗集》对诗人有评论，可与《静志居诗话》相参看。

十六、元代诗文*

（1982年4月14日讲）

　　传统认为元代文学就是戏曲、散曲。讲中国文学史，元代一般不讲诗文，都跳过去。事实上，元代诗文有承先启后的作用。

　　元文承先，是承唐人韩愈，韩愈对文体改革起了极大的作用，而元人在韩愈开拓的道路的基础上加工提高；启后，对明朝前后七子、晚明小品影响甚大。到了清朝，桐城派的方苞、姚鼐自吹了不起，实际上所念的都是元朝人的文集，改头换面说是《史记》、唐宋八大家。从桐城派的手札中透露，他们所念的是元人文集。他们自称唐音、唐风，其实学元。

　　元诗，李东阳及以后的前后七子所说的唐风，实际是元风。钱谦益大吹李东阳的新乐府，其实是学元。明人王世贞标榜学唐音，实际上也是追踪元人诗。清人吴梅村等都学元。元朝人将诗打磨得光光溜溜，像一颗珍珠，将棱角打光，外表打亮。

　　先讲元文。

　　讲元文，必须先说韩愈，才能把问题说清楚。

　　苏轼说，韩愈"文起八代之衰"（苏轼《潮州韩文公庙碑》），

---

* 十六至十八讲为元白先生在1981—1982学年下学期，在北京师范大学中文系开设的"元代诗文研究"专题课的记录稿，由李修生根据1978级3班同学章海生（现为江苏科技大学人文学院副教授）、李卓文（现为三峡大学文学与传媒学院教授）笔记整理。可分为两部分：一、元代文，三讲；二、元代诗，一讲（原计划多讲，因故只讲了总论部分）。

在形式上改骈文为古文,有一个很大的改革,习惯上叫"古文运动"(我们喜欢说"运动"),有几方面大的变革。韩愈的特点是什么?改骈文为古文只是句法,而手法不同的地方还很多:

(一)"以诗为文"。

大家习惯说韩愈的诗"以文为诗"。诗应以形象感染人,诗可以跳跃,诗不应多发议论,诗里不能讲逻辑。当然,《诗经》中有发议论的,如"不稼不穑,胡取禾三百亿兮?不狩不猎,胡瞻尔庭有县特兮?"(《诗经·魏风·伐檀》)这也是议论。所以不能绝对!韩愈"以文为诗"成为定论,而我说韩愈是"以诗为文"。我这个谬论还无人说。韩愈文不仅是散体,主要是给人形象居多,跳跃居多,抓住某几个特点来写。唐代碑铭传记文居多,称为"史笔"。韩愈《柳子厚墓志铭》、柳宗元《段太尉逸事状》,这类文章六朝没有。为什么?因为它是抓住要点,几个侧面,抓住典型事例、形象,用这一点使人由此推知其余。这种手法完全是诗的手法,所以六朝没有这样的文章。

(二)用活的语言。

韩愈还有一种与六朝人不同。六朝人离开辞藻装饰不算文章,必用辞藻装饰句子,因为他们认为这才叫"文"。骈体叫"文"。"文"就是花纹,如瓷器上的花纹,有花就是瓷器,没有花是土器。华丽、对偶、整齐,这样组织成图案的,叫"文"。而散文六朝人叫"笔"——散体的、无装饰的、朴素的、简单的。六朝人为文的标准是对仗工整,图案性强,辞藻华丽,还有用典。韩愈就是以"笔"救"文"。

(三)用典不生硬。

《文选》好!读古典文学不念《文选》不行。杜甫对儿子的要求是"熟精《文选》理"(《宗武生日》),否则基础差。又有"《文选》烂,秀才半"(陆游《老学庵笔记》卷八)的俗语。六朝文章的特点是以辞藻为装饰,还有一个特点是用典。为何用典,值得探讨。用典无可厚非。我们平时说话都在用典，天天用典，如看见柳树，说"我在杨柳岸"（"晓风残月"）；又比如"白骨精"三个字包含众多内容：会变人、蒙人、颠倒唐僧师徒……典故压缩了一个事件，典故像一个小电脑（小集成电路），用典能引起联想，如由"羽衣翩跹"想到飞鸣而过的仙鹤。《后赤壁赋》："时夜将半，四顾寂寥。适有孤鹤，横江东来，翅如车轮，玄裳缟衣，戛然长鸣，掠予舟而西也。须臾客去，予亦就睡。梦一道士，羽衣翩跹，过临皋之下，揖予而言曰：'赤壁之游乐乎？'"典故起压缩作用，便于作诗，使诗句句式整齐。刘半农等人曾批判用典，但为什么用典，他不谈。我们口语中有许多典故，习而不察，许多经过的事件、现象，用一个简单的词压缩了，就是典故。典故使人联想很多东西。

韩愈的诗文都用典，但他不是生硬地把典故摆在那里，即用得使人不察。你认为他说的是一个道理，使你很容易接受。这是他成功的地方。典故的好处是以少代多，以简代繁，是其为文省话意思多。但也有流弊，有人把柳叶比眉毛，叫"翠眉"，十分拙劣。诗用典太多，让人觉得累赘。辞藻用多了湮灭本意。唐初人作的碑文完全用典故代替，如说这人穷，就"箪食瓢饮"，那是孔子说颜回的。论富就说"日食万钱"（《晋书·何曾传》）。情况不同，不能说明问题。用典故代替事实也不行，唐初有记某人打过何仗，办过何事，全用典。如孔子"微管仲，吾其被发左衽矣"（《论语·宪问》），"孝乎惟孝，友于兄弟"（《论语·为政》）。后有人切割开，用"微管""友于"做典故。唐初文完全无内容，是一大堆典故。这是六朝人之弊。韩将它改革了，不用典故代替人的事迹，而是直写人的事迹。

《红楼梦》以前写人物，多从头写到脚：头戴什么，脚蹬什么，等等。《红楼梦》不这么写。从未写过贾政穿什么衣服，长相如何，但贾政给人一个老迂腐官僚的形象。六朝人写文章,会从头写到脚:头戴什么帽,脚穿什么靴,手拿的什么兵器……

韩愈之前,陈子昂、独孤及、元结,写文试图改变文风,似未成功。韩愈成功了。韩愈适应大家的接受能力,打破六朝文的辞藻骈俪,语言比较通俗,手法上打破了模式,抓住几个侧面的形象,跳跃的,取信于人。如唐传奇,是通俗小说,可谓通俗文章。韩与之比,可以说是相适应。元朝人比韩愈及宋人进了一步,打磨得更光滑、柔顺,不像韩愈还有生硬处。

例如蔡邕《郭有道碑》:"先生诞应天衷,聪睿明哲,孝友温恭,仁笃慈惠。"(《文选》)蔡邕,汉朝大手笔,不愧是好的碑文。但谁出生不是"诞应天衷"?十六字套谁头上均可。你讲讲,什么叫"孝友温恭"?怎么"仁笃慈惠"?

再看北齐王中《头陀寺碑》(《文选》)。头陀寺,和尚庙。"盖闻挹朝夕之池者,无以测其浅深;仰苍苍之色者,不足知其远近。"他用比喻讲佛教的深奥。文章说了十几页,全是废话。寺在何处,一句没有。头陀寺在鄂州(今武汉市),而碑中不说具体地方,而且全是用典。这样的文章,韩愈不该改革吗?

韩愈写的《唐河中府法曹张君墓碣铭》,写作者与死者亲近的关系,六朝文中没有,起自韩愈。韩愈的主张是:因为我认识碑主,我就是死者的证人,所以我说的有力量。

铭文。六朝人铭文都是长篇。韩愈的铭文,有一个只两句:"不赢其躬,以尚其后人。"(《唐故殿中侍御史李君墓志铭》)"躬""人",古韵不押,可韩愈用。韩愈只两句,铭文就完了,打破六朝人的框框。但韩愈也有毛病。如《曹成王碑》,写一个武将安定一方,"嘬锋蔡山,蹯之。剜蕲之黄梅,大鞍长平,铗广济,掀蕲春,撒蕲水,掇黄冈,笑汉阳,行跐汉川。还,大膊蕲水界中"。写得这般热闹,用了许多怪词儿,其实是在一个地方打了一个胜仗。出过这种洋相，所以韩愈也有毛病，好用艰涩僻字。韩愈这个毛病，直到元代文才没有。

宋朝人也没完成书面语言的纯洁。宋人刘煇作怪文"天地轧，万物茁，圣人发"（《梦溪笔谈》）。这样的句子、这样的文不好讲。宋人好作些晦涩的古文，从穆修、石介，到欧、苏，才文从字顺，平正通达。

唐人樊宗师（字绍述，韩愈有《南阳樊绍述墓志铭》），韩愈的老朋友，文极难懂，樊的文章让人连断句都断不下来，不知道说的什么。樊是打破八代之衰，走向另一极端的代表。

元朝人比韩愈更进一步，元朝人承先，主要是八家文体书面文。元朝作家，如元好问等，把艰涩古奥取消。元代书面文奠定了六百年的书面文体。我国方言复杂，说了别人不懂，可写出来别人懂。如我们说"喝茶"，福建人说"饮茶"，《说文》是"饮茶"。说"喝茶"福建人不懂，说文言"饮茶"福建人懂。所以，毛主席说"饮茶粤海未能忘"。我国这么大地域，维系语言交际的是书面语。通行通俗文言文完成于元代。我叫它为净化的、柔化的、规范化的文言书面语。元朝人的文章在语言上起了定型的作用，也没有晚明小品的生硬——他们故意装进方言。如袁中郎写的文章，故意把方言用进去，如"乜"（miē）、"冇"（mǎo，广东方言）、"甭"（béng，北京方言），不能通行，反而产生隔阂。

元朝骈体文有，但少，不像明清有大家专作骈文。元人作家不少是南宋人遗留下来的。遗留下的词家干脆去作通俗的曲去了。作文则都去作古文，诗亦如此。唐人的诗，如李白、杜甫很有名，那么，我问你："汉东太守来相迎"（李白《忆旧游寄谯郡元参军》），这是诗，还是鼓词？"昔有佳人公孙氏，一舞剑器动四方"（杜甫《观公孙大娘弟子舞剑器行》）。这是杜甫的。不敢议论，两人太权威了。但把"昔有"换成"有个"有什么不同？"有个佳人公孙氏"，"汉东太守来相迎",不是鼓词一样吗?"翠深开断壁,红远结飞楼"(杜甫《晓望白帝城盐山》)。表面看,写得好!可"开""结",在这两句诗中怎么讲?怎么"红"从远处和飞楼结在一起?这是杜诗,可没人敢议论。此诗不通,翻译,讲不出来,可认为是好诗。元朝人诗中没有鼓词类的语言,打磨得干净,但弱点也在此。而明清人沿袭了元人的手法,可竟然无人提,我替元人打抱不平的就在这里。

清朝顾嗣立搞了一个《元诗选》,收录了元代主要的作家。

十七、元代诗文 （1982年4月21日讲）

元代诗文是冷门，历来被人疏忽。我是想补一点空白。

读古文，标点是重要的。古人说初入学要"离经"，即把经书句子能断开，"辨志"，即能理解意思。

"知止而后有定定而后能静静而后能安安而后能虑虑而后能得"（启先生板书《大学》一段文字，无标点）。

此《大学》原文，私塾先生点错了。把"后"，把最后"能"，挖出，贴在墙上。

《论语·泰伯》"民可使由之不可使知之"在古注中有几个读法：（1）"民，可使由之，不可使知之。"（2）"民可，使由之；不可，使知之。"（3）"民可使，由之；不可使，知之。"（4）"民可使由之，不可使知之。"

最后一种说法是朱熹注。究竟哪种对？我也不知道。标点、词语解释，不容易。封建时代文章写法，"……我朝"，"朝"前要空一格，"……我口朝"，或另起顶格。

（给每位听课者发白文无注例文）

元好问：《承奉河南元公墓铭》《新轩乐府引》；

姚燧：《袁氏先庙碑》《唐诗鼓吹注序》；

戴表元：《困学斋序》《于景龙注朱氏小学书序》；

虞集：《牟伯成先生墓碑》《禁扁序》。

以下选讲部分例文。

（一）《承奉河南元公墓铭》。

> 公讳升，字德清。少不羁，喜纵事鞍马间，欲复以武弁取官。及长，乃更谨饬，举措不碌碌。明昌、泰和，入仕路非有梯级不得进。公闲居乡里，郁郁不得志。然日课家人力田治生，厚自奉养，禄食者不及也。贞祐丙子，自秀容避乱河南，客居嵩山。时公已衰，无复仕宦意。亲旧竞劝之，乃始以兄陇城府君荫，奏补得系承奉班。明年，当调官，而以疾终于登封寺庄之寓居，春秋五十有五。

作者元好问（1190—1257），山西人。生在金朝，死在元朝。当时南方是南宋。元姓，北魏建都河南后鲜卑拓跋氏用汉姓姓元。"公讳升"，活叫名，死叫讳。"承奉班"，金宣徽院有承奉班、内承奉班。承奉，就是承奉班内的一个承奉。介绍一个官员，介绍官、阶、勋。官为实际工作职务（如今之校长、教务长、研究员、助理研究员……）。阶为旧时官的品级，如光禄大夫、承德郎等，相当于如今干部多少级。勋，封爵有公、侯、伯、子、男，勋级有上柱国、上护军（如今之雷锋式的英雄、南京路上好八连）。元升的职务很低。

元升"少不羁"，就是不受约束。搬了一次家，投兄。"荫"，父兄为官，子弟可荫一个出身。补了一个承奉的资格，也没做上。无子，接一继子，继承产业。

可见，没有可写的，也必须敷衍成篇。因为他祖上做过官，他的后代要继承产业，表示家产没落入他人之手，所以要写墓志铭。

什么内容没有，也要写。这是以后八股文的古模式，也是以后八股文的开端,即将古人句子,无中生有地按程式写一通。如八股文,有人以"子曰"为题,写了六百多字。前二句破题,写"匹夫而为百世师,一言而为天下法",这是谜语。你服不服?他能无中生有地写出这些话来。明清人的不实之文都是这一类文章。

(二)《新轩乐府引》。

《离骚》之《悲回风》《惜往日》,评者且以"露才扬己,怨怼沉江"少之,若《孤愤》《四愁》《七哀》《九悼》绝命之辞,《穷愁志》《自怜赋》,使乐天知命者见之,又当置之何地耶?治乱,时也;遇不遇,命也。衡门之下,自有成乐,而长歌之哀,甚于痛哭。安知愤而吐之者,非呼天称屈耶?世方以此病吾子,子又以及新轩,其何以自解?

此文绕了几个弯,最有趣的是有许多新奇的比方,从苏轼学来的。"情性之外不知有文字",意思是,诗是表达性情的,居然使人感到不知有字。此文此句是从苏轼来的。苏轼《书钱塘程奕笔》:"使人作字,不知有笔,亦是一快。"笔做得好,使人写字时不觉手中有笔,要怎么写就怎么写。东坡作诗,纯是性情。设问,破论,如骨鲠在喉,吐之为快。自《诗经》以来,以性情为主,并没有高深的目的、愿望,吐出便罢。好诗、真文学,是有不得不吐之真情。

因病成妍,东坡如此,诗亦如此。如"关关雎鸠",看似不雅,其实我觉得,模仿得还更像呢!西施有胃病或心脏病捧心,就成美态。

金由中都(今北京)迁汴(今开封),即走下坡路之始,日薄西山。金被元人赶跑,还把宋赶跑了。当时民风国势,使人多愤而吐之。

比喻、形象、艺术性，最怕正面描写。读诗词，话感受，形容一种艺术效果，要讲清楚，不易。如下雨，大道理好讲，讲雨后凉爽的感觉，不好讲。讲一个东西，最怕正面讲。"大珠小珠落玉盘"，我觉得笨。

卢仝是韩愈的朋友，爱喝茶，喝到第四碗，汗毛孔散发出茶的味道，发散出清汗，连内心的不平也从毛孔发散。我读诗如同喝茶，有汗从毛孔散发般痛快。这是用来比喻读《新轩乐府引》。比喻巧妙！又拉过韩愈诗来做比，这是滑头法。这比唐人聪明，也是明清人常用的办法。

最后一段最重要。元好问对元时的生活不满。在这种情形下，我自行乐。读《新轩乐府引》，又有什么不可？

如清初余怀《板桥杂记》，专写秦淮妓女生活，以表示不合作。意思是：你讲大道理我不管，我过颓废生活。陶渊明《述酒》，纪念晋帝被刘裕所杀，写得晦涩。你要认为元好问替《新轩乐府引》说话，你是受他骗了。末一句借《新轩乐府引》表达不满的意思露了出来。这种细腻是元朝人不同于以前的。

（三）《袁氏先庙碑》。

作者姚燧（1238—1313），字端甫，号牧庵。

从金到元的人，元初之人，思想状态很微妙，表面上不抗暴政，但从种种角度，隐隐地发抒不满。

今人断句是断语义，古人只标语气。语义与语气不尽相同。我们今天用的是西洋语法，古汉语往往套不上。本文第一句，"尝谓天下之人光显其家者"，要按古人，"尝谓天下之人"可断，按今天不应断。这样念，实在抻得慌。陶渊明"结庐在人境，而无车马喧"。有人说，"而"字前不能标点。诗，就不能按古文标点。所以语义、语气应兼顾。

最后一句"庙在今延安属县肤施之东川，去府治十里外袁氏别墅，取延民之助祭之来之易也"，故意用三个"之"，以示意思之深远。

古代"之"的发音就念"的"。zh（舌上），d（舌头），古无舌上音，后来分化了，有了舌上音、舌头音，故另造一个白勺"的"。我揣想，古人发音近于现在的小孩，孩子有许多音不能发。"曰""粤""越""喻""吁"，都是"曰"义，都作"答应"解。"最"，通"撮"，动词，"选择"之义也。

"呜呼！积德之难也如此夫！而成功之难也又如此夫！"这是两句议论，即后来八股文中的过渡。

地方武装，各有势力，袁家势力不够大。势力如大，也可以立一王朝。历来王朝新立，这种事儿多了。元朝是大的地主势力，它成立后，也承认各地方武装，由他们维持地方治安。这样说来，袁家不是降元了吗？

文曰："今申言之曰：方天之讫金命也，提王公佐一节度之师，来归吾元。拔之锋镝之下，而卧之衽席之上，脱民兵死，狗地廊延，拓境千里。凡负险群聚资人为粮者，莫不投甲相率而至，去民盗死。"

那还有什么功绩可写呢？有"脱民兵死""去民盗死"，使人民在自己的庇护下得以免除兵祸和为盗而死。这真叫"巧言令色鲜矣仁"了。有什么可叙的呢？拿了人家的钱，就有谀墓之辞。此文说明元明的若干碑版文章就是如此。

地方势力、大地主、地头蛇，所以"可倚以集事"。"倚"，是文章之眼。

古代讲回避。只有曲阜例外，用"孔"家人为县长。真奇怪，用本地乡绅为地方官，在其他地方没有。

说鬼魂还关心民之"有""无"，这真是白日见鬼。文曰："然魂魄犹徘徊恋嫪，不忘其土，无惑乎。公遂为明神，以祸福斯民，岁时妥灵，享黍稷之馨，于其孝子之手也。"

怎么知道鬼关心人民呢？这全是姚燧造谣。文人造谣到这篇文章算是极点。

袁枚曾讲，作文章得吃得住大题目。后有人揭发，并没有人请他给大官作碑版。

韩愈也谀墓，但这样吹捧的文章极少，如《平淮西碑》吹裴度，但还不至于这样。明清以来碑版文章全如姚燧，小说大，无说有，上纲上线，非原则说成原则性的。宋代这种文章还少。如不了解这点，便不了解明清文章。

元、明以来，大官僚、统治者，多由这种手段铺张点缀。

处于军事敌对时期，甲方杀乙方，就是敌人。袁是降元者，历代统治者依靠的就是这些人。小统治者为大统治者所收买，笼络。杨家将家庭势力与袁家一样，他们被人恭维的是抗辽，差别在此。赵匡胤两代皇帝就要消灭杨家，因为怕杨家势力强大，危及自身。

头一句，是文章之眼。家是封建肌体的细胞。像冯道，五代人，历仕五朝。他以保家为主，不考虑国。家保不住，被认为无能。至于皇帝姓萧姓梁，他不管。大统治者正是利用这一点扩大他的势力。而姚文，只能提袁对家好，不能提对国好。

（四）《于景龙注朱氏小学书序》。

作者戴表元（1244—1310），字帅初、曾伯，自号剡源先生，奉化（今浙江奉化）人。从南宋入元。

此文非常重要。近七百年牢固的封建意识自朱熹始。朱熹，南宋徽州人，生于南剑州（今属福建），并长期在福建活动。他是宋代道学家的始祖，教了不少弟子。道是讲道统的一套，完全是口传心授的东西。"道统"二字是韩愈提出来的，宋儒不承认，认为"道统"是他们提出来的。北宋有四子：周敦颐、程颢、程颐、张载，南宋有朱熹。此五人是宋朝的道学家，讲天地宇宙间的规律是"理"，一切促使社会宇宙运动的归于"气"，先天本能的叫"性"，人的生活结果，如行为、福禄、贫富，归之于"命"。他们把宇宙、社会、人，都归纳为理、气、性、命，完全为统治阶级服务。佛教讲上天堂下地狱，一般人不信，他们比佛教进一步，用"理"。孔子不提"天道"，不提"性"。他们这一套深入人心。程颐说："饿死事小，失节事大。"宋以前，唐公主都可以再嫁。失节，本应指投降变节，可他专指妇女的贞节。这就出现了祥林嫂。

朱熹在南宋不被时人恭维，曾要求宋高宗杀秦桧以谢天下的胡铨说：朱熹是诗人。朱熹当时被看作文人，并未当作圣人。有一次，他应是湖南地方官，皇上下旨，大赦。他把圣旨揣在怀里，提前把两个犯人给杀了，然后再宣布圣旨。圣人有贪污"圣旨"的吗？他是一个坏官僚。有一次他犯了罪，很害怕，一天到晚急得团团转。后忽然说，自古以来圣人不会被杀，所以他不会被杀的。这人脸皮也够厚的了。

这篇文章无甚突出，但说明朱熹的书大行于世，从元朝始。七百年牢笼枷锁，自此始。

十八、元代诗文

（1982年6月2日讲）

（五）《牟伯成先生墓碑》。

汉朝人常说"主臣"，用的地方是诚惶诚恐的意思。明人见了，就在活人信中用"主臣"，就闹出笑话了。

（六）《禁扁序》。

作者虞集（1272—1348），字伯生，号邵庵，又号道园。曹雪芹的祖父曹楝亭刻的丛书中有此文。

"禁"，宫苑；"扁"，匾额。"禁扁"，即为宫苑匾额。

这篇序虽写得吞吞吐吐，但内涵有意思。一篇小文，有委婉曲折的笔调，半吞半吐。言外之意、弦外之音是：第一，元朝本没有书，馆阁之书全是从宋朝掳掠来的（搬这些书，没有把它毁掉，这个就好）；第二，寒隽之士不能来馆阁，读不到；纨绔子弟许多人能看亦不看，只有王继志抄点匾额。这算什么呢？但多少有点贡献。作者还恭维一下，"而他著述尚多也"，给点面子。文章说"继志年富力强，好亲师友"，说明此人是晚辈。"则所学又当不止如著此书者"，是作者耍笔调，是奖誉还是讽刺？耍个滑头。前代没有这种写法，后来都被明清人学到家了。桐城派耍笔调，摇曳多姿，就是从虞道园来的。往好说，这种文章摇曳多姿，一唱三叹，余波不尽。其实，在技巧上这是取巧的偷手。虞道园文有扎扎实实的一面，也有摇曳生姿的一面。在摇曳生姿之中，许多难言的话都寓于内。

此文为元朝刻本。"世祖皇帝"抬头一行,平行叫"平抬",是尊崇元世祖忽必烈。第五行"国",空一格,因为"国"指宋朝。每行限空一格叫"暗抬"——说明元人中有人留恋宋朝。

集:把手稿刻成书。子孙为避长辈的名讳用"某"代替。念时子孙不许犯讳,怎么办?用"某"。有时作者在自称名处称某,是子孙改的。今人不明白,常说"李某",这是错的,怎么自己避讳自己的名字?

宋人田登做州官,写一布告:放假三天,可以放灯三日,免除宵禁(宵:单读xiǔ,连词读xiāo)。下面办事的不敢写"灯"(与"登"字同音),避讳写成"放火三日",把"灯"地方空着。这是"只许州官放火,不许百姓点灯"的来历。这是避讳闹出的笑话。

以前印刷术不发达,读书多抄,可版掉一个角就不成字。王闿运念《汉书》自己抄,郑板桥默写"四书"。那时读书,每天默一段,写一段,其好处是增加记忆。陈垣先生找材料,"竭泽而渔",最后选用最好的,席面上只能放一两条"鱼"。找材料要宽,选得要精。日本人、中国香港人都有一个毛病,书中材料丰富,但没有自己的看法,像资料索引。

读书,有什么"断想"——片段的想法、体会,要赶紧写下来。记下来不必要求完整,然后慢慢整理。思想火花瞬间即逝。上世纪二三十年代有个名作家张恨水,小说格调并不高,写新才子佳人。他有一本小说《啼笑姻缘》,序言很好,我至今记得。他说是和一个朋友在中山公园喝茶,忽然想到一个故事结构,赶紧把这个小说的架子写出来,成为后来小说故事的轮廓。这个故事,我常常向人说起。

我做卡片与人不一样。我把本子中间画一直线,再画两道横线。到一个月,把它分类,截下来放在一个盒子里,这样很方便。

乾隆嘉庆时的王念孙写的底稿是一条条往上贴,改一条贴一条。所以,我认为用功手要勤,否则稍纵即逝。

元诗。

需要参考的元诗有:

元好问:《范宽秦川图》《宛丘叹》《此日不足惜》;

程文海:《寅夫惠教游鼓山四诗细读如在刉剕杖屦间想像追和用坚重游之约四首》;

王恽:《苦热叹四十六韵》;

戴表元:《赠赵子实》;

袁桷:《舟中杂书五首》;

马祖常:《上京翰苑书怀三首》;

虞集:《为汪华玉题所藏长江万鸦图》《挽文山丞相》《题滦阳胡氏雪溪卷》;

迺贤:《南城咏古十六首》;

宋无:《次友人春别》《公无渡河》《战城南》《公莫舞》。

元诗特点:

大家先看看唐诗、宋诗。我曾说,唐以前的诗是长出来的,唐诗是嚷出来的,宋诗是想出来的,宋以后的诗是仿出来的。如果勉强再分,明人诗可谓抢出来的(几派来回打架)。这是说笑话。唐以前的诗,从《诗经》《古诗十九首》到唐,很自然地逐渐成长、成熟。

唐诗,如李白《蜀道难》,如杜诗,大声疾呼,有什么说什么,如《闻官军收河南河北》的"剑外忽传收蓟北,初闻涕泪满衣裳"。多高兴!这不是嚷出来的是什么?

宋诗深思熟虑,细细想,说理。如苏轼"不识庐山真面目,只缘身在此山中"(《题西林壁》);朱熹"半亩方塘一鉴开,天光云影共徘徊。问渠那得清如许?为有源头活水来"(《活水亭观书有感(其一)》;"昨夜江边春水生,艨艟巨舰一毛轻。向来枉费推移力,此日中流自在行"(《活水亭观书有感(其二)》)。这是哲理诗,是他的一套说教。虽是拿一个形象比喻哲学道理,但诗最怕因为所以,只能摆出一堆形象,让你感受到其中之意。他比喻做学问,先用猛火开大了煮,再用慢火炖,机会到了,条件完备了,才熟透。这里也是说这类道理,用船、水比喻:昨天大船搁住了,今天走了,是因为水涨了;活的水清亮,一汪死水就浑。

《活水亭观书有感(其一)》这首诗说读书,讲人的心境"活泼泼地""常惺惺地"(不打瞌睡,心里清醒),使有源头活水,心境就活跃,不迟钝。这叫"逻辑诗",不是"形象诗"。宋人多如此。苏轼诗算是好的,虽无因为所以,但也有推理诗。他挖苦新法,"读书万卷不读律,致君尧舜终无术"。不管法律的人可以念点"律",让人专读"律"就麻烦。专说这两句就是"逻辑诗"。

韩愈"以文为诗",是有此类句子的开始。"以文为诗"——诗中说理、推理的地方太多了,叙述不用形象、意境。这种诗,每个大诗人都有几句,但宋人较多,深思熟虑,诗是"想"出来的。

有诗"一凉转觉诗难做,付与窗前夜雨声"(南宋人方岳《立秋》:"秋日寻诗独自行,藕花香冷水风清。一凉转觉诗难做,付与梧桐夜雨声")。很巧吧,窗前夜雨且当诗听,转一个弯。这就是用脑子想出来的诗。"即从巴峡穿巫峡,便下襄阳向洛阳"(杜甫《闻官军收河南河北》),"少小离家老大回,乡音无改鬓毛衰"(贺知章《回乡偶书》),这都是心中感情,倒出来的。而那些诗,先抑一下,又扬一下。我不会作诗,窗前夜雨就是诗。虽富有意味,但是想出来的一句。是用俏皮话说,硬转弯说:夜雨诗,我难作,是夜雨替我作。这不是想出来的是什么?陆游《剑门道中遇微雨》:"衣上征尘杂酒痕,远游无处不消魂。此身合是诗人未?

细雨骑驴入剑门。"自我欣赏,是不是诗人?是湿人。宋人装腔作势作诗,陆游亦然。宋朝人这种诗并不好。宋诗常自己贴标签,表示爱国。其实,从诗中自然流露多好。解放初,演《白毛女》,演员台词不熟,观众笑了。领导急了,跑上台说"是悲剧",人家更笑了。

元朝人的诗是"仿"出来的,摹拟唐人的诗。故事也许没有,可说得婉转,学哪一家像哪一家。王恽《苦热叹四十六韵》(注明"效昌黎体",把话说明了,有人不说)就是这样。

明诗有两种:一种专摹拟盛唐雄壮派;还有一种专门摹拟婉转的,像李商隐。没有那种生活也学。《明诗别裁集》中李梦阳的《秋望》("黄河水绕汉宫墙,河上秋风雁几行。客子过壕追野马,将军韬箭射天狼。黄尘古渡迷飞挽,白月横空冷战场。闻道朔方多勇略,只今谁是郭汾阳"),是前七子中最有名的一首。学盛唐,其实是个假古董。犹如京戏中的"架子花",靴子底、花脸、垫肩,这样肩膀宽了,是伪装。明人专摹拟这一套,有人叫"优孟衣冠"。何景明的《明月篇》摹拟初唐体,把好字眼全堆到一起。像绣花布,不能全绣满,不能把阅览室变成书库。生活中并无此事,作假古董。这类东西从元朝起。元朝人开明朝人的风气,可元朝人仿得有选择。

元好问是元代文学的开山祖师。他的《论诗三十首》,是论诗宣言。

《论诗三十首》之一:

> 汉谣魏什久纷纭,正体无人与细论。
> 谁是诗中疏凿手,暂教泾渭各清浑。

汉魏诗,哪是正体?怎样分辨伪体?这是元好问立论的中心。
之二:

> 曹刘坐啸虎生风，四海无人角两雄。
> 可惜并州刘越石，不教横槊建安中。

"刘越石"，指西晋末的刘琨。他认为西晋末的刘琨有点曹刘的风格。"横槊"，指曹操横槊赋诗。

之二十四：

> 有情芍药含春泪，无力蔷薇卧晓枝。
> 拈出退之山石句，始知渠是女郎诗。

拿出韩退之的诗比一比，才知秦观是女郎诗，尽柔媚之文。

韩愈《山石》："山石荦确行径微，黄昏到寺蝙蝠飞。升堂坐阶新雨足，芭蕉叶大栀子肥。……"

秦观《春日》："一夕轻雷落万丝，霁光浮瓦碧参差。有情芍药含春泪，无力蔷薇卧晓枝。"

之二十九：

> 池塘春草谢家春，万古千秋五字新。
> 传言闭门陈正字，可怜无补费精神。

"池塘生春草，园柳变鸣禽"，是谢灵运《登池上楼》诗句。陈正字，即陈师道，官为"正字"。他写诗，把家人、孩子都撵出去，蒙着头冥思苦想，诗作枯涩。所以，说宋诗是想出来的，是有根据的。"可怜无补费精神"，是王安石的原句。

此三十首绝句，就是元好问作诗的见解，是他的宣言。

正体，板起面孔说官话，几千年压得人喘不上气。元好问志愿分清正伪。他要按建安风格作诗，又指责秦观为"女郎诗"。

只许你唱大花脸,不许人家唱旦角。他又指韩愈的《山石》粗线条,陈师道"可怜无补费精神"。

元好问诗论的主要特点:一是体正。二是认为韩愈诗雄壮,排斥"女郎诗"。三是要自然、新鲜,不要陈后山那样枯涩的。从元到明,大多数诗人没出这个框框。

韩愈《山石》诗最雄壮,杜甫诗比之含蓄一点,韩诗势大声宏。元朝人学盛唐诗,学中晚唐韩愈一人。明人甚至只学杜甫打磨干净的,不敢学他有棱角有毛刺的。韩愈已经比杜甫打磨得更干净。元朝人摹拟唐诗,全都打磨得四平八稳,一点毛病都没有。

元诗的开山祖师是元好问,元明两代都受元好问论诗主张的支配。

整理者后记

　　整理完先生当年的授课笔记，回头一看，竟然达十五讲，五万余字，不禁生出许多的感慨。

　　当年给我们上课的诸位先生，都是著名的学者。经受过"反右""四清""文革"的系列磨难，先生们被压抑已久的热情一旦释放出来，恨不能将其毕生所学，全部倾注给自己的学生。而我们这批因"文革"而被剥夺读书权利的大龄学生，更恨不能将先生所讲的一切，如海绵般地全数吸收。正是这样一个特殊的年代，造就出一个特殊的师生群体，更造就了不同寻常的师生关系！

　　先生给我们上课的时候，已是六十五岁的老人。先生住在城里的小乘巷，到学校，须辗转搭乘公共汽车。先生到校之后，径直走到讲台，几乎一站就是半天，侃侃而谈，从不落座。而我们在当时，只顾着听课、做笔记，从未想到过先生的来校，是何等的不易。毕业以后，读到《启功韵语》里的《鹧鸪天》，先生把自己乘车的惊险场面和自己受伤后如"大熊猫"，写得既诙谐，又令人心酸，才知道我们这些都是当父亲的人了，在当时是何等的不懂事！

　　先生给我们的印象，首先是他的魏晋风度。他冬天穿一件黑色的长呢大衣，里面是咖啡色的中式棉袄。先生一到教室，脱去大衣，我们就能看到棉袄的袖口发亮。那原因不在其他，而在先生每每讲得高兴，顺手就用衣袖横过鼻唇之间，我们因此常窃窃发笑。先生还有一个惯性的动作，那就是平抬双臂，两手捏着袖口，左右拉动，据说是给背部挠痒痒。但先生留给我们最难忘的印象，却是他那眯着眼的、孩子般的微笑，此外，便是一手漂亮的板书。那时的先生，早已是享誉海内外的书法家，但在黑板上写粉笔字，仍丝毫不肯苟且。我们坐在下面看先生怎样用笔，手指不由自主地跟着划动，真是一种难得的享受。每当一堂课下来，黑板竟是一幅可供观赏的书法作品，谁都不忍心把它揩去，这可难为了做值日的同学。课间休息快结束了，看着值日同学在先生背后犹豫不决的鬼样子，心里既可惜，又想笑。

  先生授课，用的是地道的北京话，字正腔圆，不紧不慢，很有音乐感。先生讲授的内容，全是自己做学问的心得，简洁明了，无一赘语。我在"整理者序"中说自己"恨非有文必录"，非为文学的夸饰。我的听课笔记详细而又完整，往往在课后，被随班听课的进修生借去抄录。笔记能记成这样，不仅是因为我的认真，更是因为先生讲授的明晰与简要。这些笔记我至今仍视为珍宝，随时翻阅，皆有所获。我把它们借给研究生，他们读后，也都大受启发。

  我发愿整理先生的授课笔记，始于 2000 年 2 月。原因是毕业以后自己做了教师，也就明白了讲课时只要思路上了逻辑的轨道，往往能离开预设的讲义，临场有所发挥，而这些内容，有可能比讲义更为精彩。我曾把先生的授课笔记和他后来出版的著作相对照，发现有好些内容不在其间。由是想到学术乃天下之公器，我应该把先生的讲授内容，奉献于学界，让更多的人享有，否则对不住先生。我由是又想到，当年的那些先生大都年事已高,有的甚至驾鹤西去;"文革"后的前几届研究生,已经或正接近退休。如果我们不把自己先生讲授的内容尽快抢救整理出来,一些学术的精要,有可能湮没无闻。我曾把这想法告诉给中华书局的一位先生,得到他的赞同。我也曾把这一想法告诉给认识的同年,得到他们的响应。大约在两年前,我在《新国学》上看到南京大学莫砺锋、张宏生记录整理的程千帆先生的讲学稿,大为感动。我期待着有更多的听课笔记能够整理出版!

牵于文学院的杂务,我只能在家里和办公室分别把笔记内容录入电脑。断断续续地,好不容易完成了几讲,却不料办公室的电脑染上病毒,所录内容竟然全部消失。懊丧之余,只得重来。三年前我出差到北京,将其中两讲呈先生审订。其时先生的视力,已经大大下降。先生用放大镜仔细阅读,之后指着"整理者序",说:"好久没有读到这样的文章了。"我知道先生指的是"整理者序"那半文半白的文风,心里不免惶恐。先生读到正文里的"《蜀道难》好写,大平原不好写"一段,突然抬起头来大笑,问:"我当年说过这样的话吗?"我回答说:"当然,这可是白纸黑字,'罪责难逃'。"师生相视大笑。我由是知道整理先生的授课笔记,是非做不可的事情了。

遗憾的是,因为冗务缠身,整理工作居然停顿下来,一拖就是三年多。一个月前,我脱卸了行政职务,重新成为一个自由的人。然而录完笔记的最后一个字,心里不但不轻松,反倒有些忐忑不安。先生讲课,人名、地名、书名和引文皆随口而来,作为初学者的我不免有缺记或误记。上月进京,本想向先生请教,但见先生看东西愈发吃力,又打消了这个念头。而此时学长仁珏已整理完先生的其他讲义,催促我按时交稿，我不再有时间去查阅资料。稿子发给仁珪后，做事素来认真的他，又花了很大的精力去核对引文。需要说明的是，当年的笔录，错漏实多，仁珪所为，难度甚大。所以，凡笔录出现错误，概由我承担责任。

今年的七月二十六日，是先生九十二华诞。谨以此稿，为先生寿！

2004 年 5 月 20 日光治于成都

第二编

论学术思想

张廷银 整理

整理者序

启功先生不是专门研治中国学术史的，但他一直认为，要学习和研究中国古代历史、文化、文学等各个方面的问题，就不能不首先了解每一时期的学术状况及其历史发展脉络。古代学术思想问题，也是他所倡导的"猪跑学"的重要组成部分。由于这个原因，启先生对于古代学术思想问题进行了大量的思考，从而提出了许多独特的见解。

首先他不迷信从古到今的一些格套说法，注意从某一学术流派的创始人及其最原初的著作中，寻找最接近原始面貌的思想。比如，对于孔子及儒家思想，启先生就根据孔子的出身及活动经历，认为从孔子到孟子到宋明理学，儒家思想已经发生了一次又一次的变化与改造，明确指出五四时期所提出的"打倒孔家店"口号中的"孔家店"，已经不是孔子的思想，而是被历代的统治者及朱熹等人严重歪曲和改造了的观点，但是仍然打着孔子的旗号。启先生通过对《论语》上下文的对照，指出甚至从孔子的学生有若等人开始就对孔子的学术进行了改造。对于清朝出现的汉学和宋学之争，启先生也指出它们假借汉宋之名实为反宋明理学及改造现实的本质。"康乾盛世"是大家公认的说法，但先生通过对两朝学术思想的辨析，指出了它们之间所存在的根本区别。先生的这些真知灼见，对于我们树立充分的学术勇气和正确辨别学术源流，无疑都具有十分重要的启示。

启先生很注意学术思想与现实生活的联系，他常常通过对某人、某事的合乎现实生活要求的考察，得出比较接近实际的解释。比如对于孔子写《春秋》的问题，启先生根据孔子的出身及生活经历，指出孔子其实就是一个民间的私塾教师，他没有资格和条件接触国家的档案资料，因而也就不可能去写国家的大事记（先生认为《春秋》就是一部大事记）。孔子也没有接受过祭祀礼仪的系统教育，更不会主持这类活动，所以他进入太庙，就一项一项地问。又比如在《论语·述而》中，孔子说过一句话"加我数年，五十以学《易》，可以无大过矣"。郑玄等人都认为孔子说这话时已经五十岁，他希望此时开始学《易》，一生就可以无大过了。朱熹干脆改"加"为"假"，改"五十"为"卒"，说孔子自认为学习《易》而达到毕业，就可以无大过了。但启先生根据人生常理，认为人在五十岁左右的中年时期说希望多活几年的话是不大可能的，从而将孔子的这句话调整为："〔为学《易》〕希望多活几年，〔我从〕五十岁已学《易》，若是〔能多活〕，可以无大过矣。"这种解释既符合孔子的情况，又符合人类的常情。

启先生在理解古代学术思想时所表现出的特点绝不止于以上两点，更多的方面有待我们从他的讲授中去了解。而这里所提供的又只是他对古代学术问题思考的一部分，他的更多观点则体现在他的其他著作中，体现在他的所有学术演讲以及日常言语中。

一、先秦学术

我所说的古代，包括很早的先秦两汉，一直到比较晚近的清朝。至于"学术的问题"，我不是通盘地从头到尾讲学术发展的历史，只对其中的某些问题谈一谈我自己的看法。这只是一个提纲，或者说是一段一段的素材，要把它拼起来成为系统的篇或书，恐怕还不够。所谓私议，就是纯属我个人的想法和议论，也可能是错误的，这里也涉及一些对老前辈已经发表过的观点的看法，我只是一个后学，想到哪儿说到哪儿。他们都已经故去了，我现在只有在心里向他们的在天之灵请教。

第一点，关于古代的原始的文化。这是一个必须说的问题。

人类社会的很早的一个一个小部落、小部族，用从前的文言话来说，叫作初民，用现在的话说，就是原始社会，也就是社会初期的民族小部落。今天许多边远偏僻地方的人的生活习惯里面，还保存了许多原始的形态，就像摩尔根《古代社会》里所说的那样。我在辅仁教书的初期，许多老前辈拿这本书传观，我也看过。他就是拿某一个现存民族或地区的生活形态、生活习惯，来推论古代原始社会是什么样子。后来，我又看了一个录像片，是关于西南一个少数民族——拉祜族的生活，这很有意思。经过互相印证，可以证明拉祜族的生活状态也正是原始社会的情况。拉祜族这个民族穿衣服，就是把大芭蕉叶割下一块，用绳子系在胸前肚子以下，像一片裙子遮在前面。这就是古代的那个蔽（韍），也就是《诗经》里"朱芾斯皇"（《诗经·小雅·采芑》）的那个"芾"。他们的生活习惯是从一个地方搬到另一个地方，身上背着一个背篓，背篓里放一个木牌。不知道木牌上写没写什么东西，总之这木牌就是他们的祖先。到一个地方，就把木牌拿出来供起来，然后拿出兽骨往地下掷，这就是占卜。还有的吹些小管子，或用树叶卷起来吹，这就是他们的比较原始形态的文化。这就是"礼"，这就是"乐"。原始民族的两大事情，一个是祭祀，一个是占卜。它们是最要紧的文化的起始。后来就发现占卜有完整的一套说法和做法，可以成为书，成为哲学，成为经书。祭祀也变得越来越复杂。其实，古代的祭祀就是杀动物，用它们的血来祭祖先。后来发展到杀人，部落战争时就杀敌方的俘虏。这在商朝已经有很多的痕迹，春秋战国时一个国君、一个诸侯死了，如齐国临淄一个诸侯死了，就有多少匹马被杀。临淄出土的马坑，仅仅一面坑就有四十多匹。当时的人信鬼，相信死人在地下还有种种生活。到秦始皇的陵墓，就有更多的秦俑，有车马、人和兵。秦始皇的坟没打开，打开了不好保存。《史记》记载说，秦始皇杀了许多工人，修陵墓的人都关在里面被杀死了。所以初期的部落这种社会形态就被称为野蛮的社会。这不是侮辱古代的我们的祖先，而实在是因为当时文化太低，必然会出现那些事情。

　　所以说，初民时代的文化主要有两条，一条是祭祀，一条是占卜。特别是占卜，具有更重要的地位。由于它们，就生出来了许许多多的越来越复杂的东西。到后来，文化提高了，政治也提高了，帝王诸侯凡是统治人民的时候，他都有种种不同的办法、手段，这样，文化就生发出许多的说法、许多的类型。我觉得原始的这种巫术文化，就是初民的文化，也就是文化原始的胚胎。到后来就分成了两栖：一方面帝王总想来管理统治人民，或想法儿让他所属的人怎样生活，怎样做事，让大家怎样成为国家的志士。帝王用一种办法或从某一角度来管理全国人民，这就是他治国的主张。另一方面帝王自己却另信一套。比如秦始皇他也用儒术，他也有博士，可是他自己却信巫术，去求神仙。他一直跑到现在的山东半岛尖端的荣城，回来的路上死在了沙丘。他干什么去？就是去求神仙。汉武帝也是历史上所认为的有雄才大略的皇帝，他把儒术定于一尊，完全用儒家的说法治理全国，治理人民，拿所谓孔子的书来教育人民，历史上称为"罢黜百家，独尊儒术"。可是他自己信的却是求神仙那一套，他整天封这个山，求那个仙，最后搞得他自己也怕极了，闹出了巫蛊之祸，其实他自己就是已经陷入了巫术之中。他的儿子戾太子用巫蛊来诅咒他，他就不惜全力地镇压巫蛊。他所搞的求仙、封禅这一套，也是巫术那个大系统里的组成部分。我们如果不了解古代帝王和巫术的关系，以及他们采用哪一家的说法做教科书教育人民的情况，就没法把古代学术思想文化历史弄清楚。

第二个问题，关于秦始皇焚书坑儒。"焚书坑儒"大家都知道，但为什么坑儒？就因为儒家已经变质了，儒家吸收了五行的说法，形成了晚期儒家的某些理论。秦始皇让人去种瓜，先把地弄热了，瓜长得很快，就叫儒生即所谓穿儒家衣服的人来讨论这是怎么回事。这些儒生各有各的一套说法，他们辩说了一通之后，秦始皇认为全是胡说，就把这些儒生活埋了。（整理者按：孔颖达《尚书》疏引卫宏《古文奇字序》云："秦改古文以为篆隶，国人多诽谤。秦患天下不从而召诸生，至者皆拜为郎，凡七百人。又密令冬月种瓜于骊山硎谷之中温处，瓜实，乃使人上书曰'瓜冬有实'。有诏天下博士诸生说之，人人各异，则皆使往视之，而为伏机。诸生方相论难，因发机从上填之以土，皆终命也。"此说亦见于李贽《雅笑》卷三"坑儒"条。）秦始皇用方士，这些方士说的跟他想的不一样，可能这些方士里也有流派，互相有争论，于是，他就把他们给杀了。秦始皇乱杀了一阵，结果把他自己也弄得无所适从。最后只剩下一个博士，就是伏生。伏生把《尚书》藏在墙的夹壁中，他没被坑，书也就没被烧。到了汉朝他都已经很老了，就把《尚书》传授给几个人，这就是现在的今文《尚书》即《书经》。可见秦始皇虽焚书坑儒，还留下一条线，留一个伏生和一本《尚书》，之后就成为汉朝所用的"教科书"。汉景帝时才把它拿出来，把它当作经典来说。儒家为什么招来秦始皇的残酷坑杀呢？就是因为它已经变质了，它把五行的说法掺和到了里头。本来各家后学都想吸收点新的说法来丰富他的流派，所以儒家的末流从孔子以后到秦始皇时代，就已经变质了。《荀子》里就有多处对儒家末流进行了挖苦批判。所以，这也是我讨论的一个关于古代学术的小题目。

第三，关于诸子百家。所谓诸子百家，就是道家老子这一系统以及儒、墨、法、纵横、杂家等。这里面，我认为杂家其实不成其为家，因为它完全是杂凑的。

先说老子。顾颉刚先生说老子晚于孔子，老子生活在战国时期。他的根据是什么？他的根据是《汉书·艺文志》里记载有几篇或几本书是讲老子学说的。大家知道《艺文志》是根据《七略》来的，顾颉刚先生说这都是六国的写本，至多是战国后期的本子。顾先生认为，老子道家故意抬高自己，于是说孔子问礼于老子，把他架在孔子之上。顾颉刚先生的这个结论其实也不准确，《艺文志》里所记载的那些书虽然是六国时的写本，但并不等于它们的作者就是六国时的人。近些年在湖北郭店出土的许多竹简有原始写本的《老子》，文辞很简单。这批竹简经考古学家测定，又拿它与同时出土的许多文物来比较，发现它的风格是东周时代的。既然是东周时代的写本，那么，可见著的时间肯定早于写的时间，也就是说，老子不是战国晚期的人。这是从最新出土的材料看。再从老子的理论思想来看，老子看到原始社会有了分配的制度，从而生出许多争夺，所以就主张"掊斗折衡而民不争"，"绝圣弃智，民利百倍；绝仁弃义，民复孝慈"，"大道废，有仁义；智慧出，有大伪；六亲不和，有孝慈；国家昏乱，有忠臣"，"失道而后德，失德而后仁，失仁而后义，失义而后礼。夫礼者，忠信之薄而乱之首。前识者，道之华而愚之始"。所谓"前识"，就是事前知道、事先明白，即是占卜。老子他连占卜都否定，可见他的这种思想是原始社会成熟之后，到了它的后期，因为起了许多争端之后才出现的。老子提出这种想法，就是希望社会回复到最原始的状态。这是老子思想的出发点。这就可以看出老子不是很晚的。从老子再发展一步，到了庄子，他说"圣人不死，大盗不止"。什么叫圣人？就是各地的诸侯，就是各国的国君。这些国君都自居为圣人，自认为很了不起。庄子说，这些国君不死，真正的大贼就不会完。庄子就比老子说得更厉害些，他认为各国诸侯就是最大的贼盗，更甭说天子了。这就把老子思想更发展了一步，完全是虚无主义、无政府主义等，今天什么帽子都可以给他扣上。实质上他就是对于原始社会分化之后发生的流弊、发生的争夺、发生的不公平的事情、发生的强者欺负弱者等这类情形，产生了许许多多的想法。这是当时思想的一种。老子这派学说的影响实在是很大。

《史记》为什么要将老子、韩非同传呢？司马迁为什么把老子和韩非搁一块儿讲？这确实是一个问题，因为韩非是法家，主张严刑峻法。韩非自己很喜欢老子的说法，很喜欢读老子的书，这在韩非的传里有记载。为什么一个极端讲法制的人而喜欢极端没有法制的人的学说？这正是因为各走极端。老子反对的礼乐制度是不彻底的制度，那么韩非就发展得非常彻底，他的思想跟老子是殊途同归的：老子是想用原始形态来达到没有争夺、没有不公平的目的；而韩非、申不害他们则认为，用一个绝对的法制也可以达到令行禁止，使社会恢复正常。韩非觉得如果直接用老子的说法，这个社会又要复杂一段。老子是往回想，希望能够回到原始社会初民阶段那种没有争夺的情况。但是，到了韩非时代，到了申、韩法家时代，老子的想法是空想了，没用了，于是他们就想出一个办法，索性彻底用法制来解决，以达到社会完全稳定，无争夺。老子、韩非是殊途同归。他们两个一个是往回想，一个是往前想。这两个办法，韩非的失败了，老子的实现不了，所以老子与韩非同传，司马迁是很有眼光的。

老子这一派学说后来影响非常大，比如到了汉末，张角等人假借太平道的号召发动黄巾起义，东汉政权差点被他们推翻。黄巾打的旗号就是老子。他们把老子重新改造一下，用《太平经》等来号召老百姓起来造反。《老子》的影响之大，在地域上从北方一直到了南方。北方是张角的太平道，南方则有天师道（也称五斗米道），天师道也是老子的说法。为什么造反的人都借用老子思想？因为老子提倡原始的没有争夺、没有剥削的状态，老百姓都希望共同过一种和平安定、没有争夺的生活，于是拿老子的思想来号召老百姓，老百姓最容易接受。在汉末魏这个时候许多人就是靠五斗米道起来的，曹操则是靠镇压黄巾起来的。这就是帝王用的人和民间五斗米道来斗争，当然民间的力量终究敌不过国家的军队，所以被镇压下去。到了东晋，海滨有天师道，这就更厉害了，连宰相谢安都自称道民，说"大道降临"。天师道的神叫"大道"，大道能降临，也就是那个神能降临。不知道他用什么方法，是用人来跳神，还是用符节？用什么方法不知道，他就说大道降临。谢安自称道民，什么道？其实还是天师道那一套。王羲之大家都知道，他是"蝉联美胄，萧散名贤"，大家对他恭维得不得了，不仅字写得很好，这人也是风格最高。可是他就是道民，他的儿子就叫献之、操之、徽之，用"之"起名字，这是天师道的制度。他有个孙女得了病，很危险了，他就写了一个向大道、向神仙的自首，说他自己不好好修善，使他家的孩子病危，自己自首坦白，向神祷告。这篇文还存在。这就说明东晋的上层官僚包括宰相都相信天师道，不但信天师道，自己还加入天师道，不但加入天师道，还向天师大道、神仙祷告，家里人有病就去祷告。这种现象就说明他们其实仍然是打着老子的旗号。究竟他们与老子有什么相干，我们现在无从知道，但从形式上还是很相信老子那一套的。现在发现敦煌出的很可靠的一个古写本，至少是西晋时的抄本，叫《老子想尔注》。这是敦煌发现的残卷，就是五斗米道对《老子》的重新解释。这就是老子学说的影响，使得民间的人都拿他来当旗号，用现在的话说，就是人有一种想法，要起来革命，就打着老子的旗号，来实现他的一种理想或者是希望。

说到这里，就要问，魏晋清谈或者魏晋玄学为什么能够起来？我个人怀疑，因为民间五斗米道打着老子的旗号，那些文人士大夫们研究学习老子的理论，应该比民间那些信五斗米道的人要容易得多，所以就搞起玄学的研究。他们讲什么《老子》《庄子》等，甚至把《周易》也给讲了。最厉害的中心人物是王弼。汉朝讲《周易》，讲卦象，讲占卜，讲吉凶，讲灾异，比如京房就是这一套。王弼扫除卦象，专讲卦理，把它当哲学讲。《老子》的河上公注解，分明是方士的那一套注解。王弼注，现在还有传下来的本子。我们小时候用的就是浙江书局刻的《二十二子》的本子，这个本子的《老子》注不是河上公注，是王弼的注。在长沙马王堆出土了《老子》甲本乙本，北大的高明先生编的一本书《帛书老子校注》，就证明王弼的本子跟马王堆的本子最接近。马王堆的本子缺几个字，用王弼的注本正好可以补上。可见王弼用的那个本子，在西汉初年就已经是这个样子了。王弼在魏晋之间所得到的《老子》，就是汉朝初年流传的本子,但跟现在郭店出土的本子不一样。王弼为什么用《老子》兴起了盛极一时的玄学热潮?我觉得或者受五斗米道的刺激,或者受五斗米道的启发,或者跟五斗米道比赛:你有你的研究,我也有我的研究。情况就是这样的。所以魏晋清谈也与南方的天师道有密切的关系。

儒家思想又是怎么起来的?儒家思想是以人为本,人本主义,它最反对暴力,讲仁。仁义的仁,古代写"人"字,是捺上加两撇,立起来看就是立人旁加两横,所以"仁"也就是"人本"的"人","人道"的"人"。孔子说"始作俑者,其无后乎"《孟子·梁惠王上》,意思是拿人来殉葬,他大概是不会有后代的。"禘自既灌而往者,吾不欲观之矣"(《论语·八佾》),什么叫禘,什么叫灌?祭祀时杀猪、杀牛、杀羊叫禘、灌。我是满族人,我的曾祖祭祀,我参加过。东北少数民族祭祀用萨满,萨满就是跳神的。祭天用猪,把烧酒点着了灌到猪耳朵里叫灌。这时猪就叫,杀猪人用长刀刺杀到猪的心脏,猪就死了,这叫献生、祭神。大伙叩头,然后再烧水煺毛,再供上,叫献熟。这是很原始的祭祀方式,祭祀时杀动物叫禘,禘就是杀,杀一个牲,杀一头牛、猪、羊等,加个示补旁,表示祭祀;灌就是拿热酒灌,这是我的理解。孔子说"禘自既灌而往者,吾不欲观之矣",就是不愿看到宰杀的场面,所以后来孟子才发挥为"是以君子远庖厨也"。孔子是人道主义、人本主义。孔子为什么要讲这个东西?因为孔子看见纣是杀人的,是虐民的,武王起来把纣杀了,就是《武成》。所以孟子就辩驳说"以至仁伐至不仁,而何其血之流杵也"(《孟子·尽心下》),他没想到武王伐纣会杀那么多人。伯夷就说"以暴易暴兮,不知其非矣"(《史记·伯夷叔齐列传》),用暴虐换暴虐,即使是武王,我们也不知他对不对。孔子对伯夷、叔齐推尊得很厉害,但伯夷、叔齐对武王、纣王各打五十大板,说他们全不行。儒家的思想就是不虐民，让大家好好地过日子，孔子就是这种思想，儒家的思想就是这种来源。这是我的认识、我的看法。孔子的思想为什么是儒家思想最基本的构成？他是受到两个暴力之间的斗争结果最倒霉的是老百姓这种现象的启发，所以孔子说拿泥人埋在坟里是"始作俑者，其无后乎"，他连用泥人陪葬都反对，认为对这个人最大的惩罚是让他没后。为什么有后没后起那么大的作用，后来变成"不孝有三，无后为大"？其实，那与孝和不孝没关系，而是因为人都愿意长生，真正的长生做不到，就拿儿子做生命的接替。后来这个思想就变成了"家天下"，父亲死了儿子接，下一代都代表自己生命的下一时期，所以孔子用"无后"两个字来做最大的批评。谁要开始用俑人埋在坟里，就让他无后，让他断绝下一段的生命。孔子的这个批判相当厉害。

到了孟子，孟子仍然是孔子一派的儒家思想。梁惠王曾经问他：谁能统一天下？孟子回答说："不嗜杀人者能一之。"又问，谁能帮助不喜欢杀人的人？孟子回答说："天下之民，皆引领而望之"（《孟子·梁惠王上》），只要你不喜好杀人，天下所有的人都会来帮助你的。孟子唯一的中心思想就是不杀人，要想统一天下，就是不杀人。这就是儒家贯穿始终的一个重要思想。

说了道家和儒家，还有法家。历史上的法家很少有成功的，只有一个管仲占了便宜，他辅佐齐桓公，居然把齐国给治好了。"九合诸侯，一匡天下"，以一个偏安国家九合诸侯、一匡天下，这个管仲算是法家最露脸的。但是，他的法只是在齐国一个小地方施行。申不害、商鞅他们想扩大就失败了。法家得势的只有管仲，管仲死了，齐桓公就完了。齐桓公最后让佞臣给关起来死掉了，尸体都发臭了，虫子爬出来了，也没人知道，为什么？就是齐桓公用管仲，但管仲叫他不要用易牙、竖刁（中华书局版《二十四史》作"竖刀"）、开方那些人，他没听。管仲死了，他也完了。这就是法家的情况。

纵横家是说了这个说那个,哪国用我,我就到哪里去施展我的说法。他对甲方说乙方不好,对乙方又说甲方怎么样,没什么标准,是走哪儿说哪儿。纵横家在历史上更没什么,就一个苏秦成功了,但最后也完了。他还有办法把刺他的人逮住了,他的聪明才智是很突出的,但是他没取得大成功。

墨家在诸子几家中是除老子之外最早的,墨家信鬼,主张兼爱和节俭。兼爱也是由于看到相互争夺、杀戮太多。尚俭是由于看到大家都奢侈,尚俭就可以和平,就没有争夺。兼爱也可以不争。凡是信鬼的学说都比较早。墨可能是商朝的那一支传下来的,墨子是宋国人。墨家是一个比较原始的学派,思想比较绝对。孔子是折中于兼爱,不那么绝对。他既讲节俭爱人,可又适当地讲礼乐。

第四点,专讲儒。儒就是孔子所代表的儒,儒字怎么讲?胡适有一篇文章叫《说儒》,他说儒是一种职业,就像南方有一种在家的道士叫斋公。人死了,他给人唱一唱、念一念,把死人的衣服拿到土地庙去,叫"报庙"。北方也有,说灵魂到那里去了。这些斋公是在家人,但是他可以祷告,和鬼神相通。胡适就用这种说法讲儒是干什么的。他认为儒就是给人送葬,吹吹打打。这种说法太简单了。事实上我觉得"儒"这个字就是"奴",是一种文化奴隶。我是这么认为的。按古音说,"ri"都变为"ni",娘母字、日母字都归为泥母字。儒是日母字,变为泥母字,就是"奴"。我觉得就是文化奴隶,也就是孔子所说的"女为君子儒,无为小人儒",你要做奴,要做君子的奴,不要做小人的奴。这是我的谬论,我就这么看。我现在是摊开了来求教的。这是说孔子。

孔子所说的正牌的儒是什么?儒就是史,就是巫祝的分支。

巫祝是掌握原始文化的人，他们的书面文化水平怎样，我们不知道。但史却肯定就是书面文化比较高的人，像司马谈、司马迁那样。后来汉武帝要杀司马迁却又不杀，而是把他宫了，让他残缺不全，这其实是极大的侮辱。司马迁给任安的信中说，皇帝对他"倡优蓄之，流俗之所轻也"，说明皇帝是看不起儒的。儒在民间也有，一个地主家里都要请一个老师，让他教孩子念书，给东家写账，写契约，这都是先生的责任。我小时候听说过一个口头语，说地主家是"天棚、鱼缸、石榴树，老师、肥狗、胖丫头"。这是说农村地主的排场。他家里上有天棚，下面有鱼缸，还有石榴树点缀。我小时候只听说"天棚、鱼缸、石榴树，肥狗、胖丫头"，后来才听说是"老师、肥狗、胖丫头"。因为我的曾祖父、祖父都是教书的、做老师的，后来做官也是做学政，所以在我们家里是绝对不许说"老师、肥狗、胖丫头"的。这样来比说明了什么呢？就是说那个"儒"就是民间地主的那个"史"。国家的"史"是"太史"，诸侯衙门的"史"是"令史"，一般人家里的"史"，就是被使唤的人。儒就是这样的人。司马迁由于有他的父亲司马谈世传，他占卜、祭祀、赞礼都得会。孔子没有世传，所以许多东西他不会，他是个人学完后自己招学生，讲的是他的思想。他没有做过史，不知道朝廷的礼节和历史，所以《论语·八佾》讲"子入太庙，每事问"，别人就说："孰谓鄹人之子知礼乎？""子闻之曰：'是礼也。'"这话不是强辩吗？既然说"每事问"，怎么还"是礼也"？它就是说孔子是外行，他不懂，所以才遇到各种事就问，问了之后他才不出错，不出错才合礼，这才是真正的合礼。孔子讲的每一句都是有原因的，所以孔子教这些私塾的弟子是讲他自己知道的东西。孔子没有一套说礼应该怎样怎样的理论，没有。"禘自既灌而往者，吾不欲观之矣"，那是真正的祭祀大礼，孔子说"吾不欲观之矣"。为什么？他认为宰杀牲口很残忍，他不愿意看。

《孟子》说孔子"微服而过宋","微服",就是密服,就是个人的私人的衣服。孔子没有官职,没有官服,当然只能穿着自己的私服到宋国去。孔子就是这么一个人。司马迁是家传的巫祝,他"究天人之际,通古今之变,成一家之言",可以祷告,可以知天象,还掌管流水账,记载哪年哪月发生了什么事情。他为什么会编《史记》?他有现成的材料,可以通古今之变。"成一家之言",这一家不是现在的成名成家的家,而是父亲传儿子,真正的一家。汉朝的"家法"就是这个东西,博士也是一个人传一个徒弟。甚至民间的艺人,他的徒弟就得跟师傅姓,师傅姓王,徒弟也得跟着姓王,这是一种很普遍的现象。清朝刑部还曾经有一个规定,凡是要做刑部的师爷,就得先入绍兴籍。因为绍兴地区熟悉刑名的人比较多,比如清代写《佐治药言》的著名师爷、法学家汪辉祖就是绍兴萧山人。这也是要体现家法。孔子跟司马迁不一样,所以司马迁要强调这三句话:"究天人之际,通古今之变,成一家之言",就不仅是他的说辞,而是他的职务所规定的。"倡优蓄之",如果不是"倡优蓄之",汉武帝怎么还可以把他弄残废了,把他宫了,但却不杀他,还用他?这当然也是莫大的侮辱。

《论语》是儒家中心的经典,《论语》里最有意思的一个事情是,《学而》说:"子曰:学而时习之,不亦说乎?有朋自远方来,不亦乐乎?人不知而不愠,不亦君子乎?"这是私塾开学典礼时,孔子说的三句话。为什么这么说呢?"学而时习之"理解起来没有什么问题;"有朋自远方来",他是招来各地的学生,不光是当村的人,还有远方来的人;"人不知而不愠,不亦君子乎",相互之间别打架,他是远方来的,不认识,这不奇怪。下面第二章就是"有子曰:其为人也孝弟,而好犯上者,鲜矣;不好犯上而好作乱者,未之有也。"有若在《论语》里总共出现过四次[整理者按:另三处分别是:"有子曰:'礼之用,和为贵。先王之道斯为美,小大由之。有所不行,知和而和,不以礼节之,亦不可行也。'"(《论语·学而》)"有子曰:'信近于义,言可复也。恭近于礼,远耻辱也。因不失其亲,亦可宗也。'(《论语·学而》)"哀公问于有若曰:'年饥,用不足,如之何?'有若对曰:'盍彻乎?'"(《论语·颜渊》)],但这一处是最为关键的,因为孔子讲孝是"入则孝,出则弟""出则事公卿,入则事父兄"。把孔子《论语》二十篇查遍了,没有一处是孔子把"孝弟"合着讲的。孝悌连用,这是有若的首创。然后又说,"其为人也孝弟,而好犯上者,鲜矣",意思是人要不犯上,不好犯上,而好作乱者,"未之有也"。历史上一个个大的皇帝、小的诸侯,没有一个愿意有人犯上,更不愿意有人作乱。这两句话最适合帝王诸侯的需要,这个有若可以说是儒家的功臣。因为这么一讲,大家都会认为儒家是最好的了。其实呢,孔子对作乱的态度并不是这样,这太有意思了。在《论语·阳货》里,孔子有两次讲到作乱。一次是"公山弗扰以费畔",孔子要去,子路给拦了。另一次是"佛肸以中牟畔,子之往也",大臣作乱,孔子也去,子路说你怎么跟叛乱分子一块去?孔子曰:"不曰坚乎,磨而不磷;不曰白乎,涅而不缁。"我又坚硬又白,我到哪儿去,他也染不上我,他不会把我怎么样,我要去教育他,说服他。公山弗扰把季桓子扣起来了,季桓子是鲁国当政的一个权臣,"孔子谓季氏,八佾舞于庭,是可忍也,孰不可忍也"(《论语·八佾》)。孔子对季氏很反感,这个公山弗扰把季氏扣起来,叫孔子去,孔子为什么不去呢?可见对于作乱,孔子并不反对,主要是看怎么作乱。对于犯上的问题,《论语·宪问》说:"子路问事君,子曰:'勿欺也,而犯之。'"你不要欺骗他,但是可以顶他,他说错了,你就直接顶他,这分明是教子路犯上。如果说人要孝悌就不犯上了,那么孔子就是最不孝悌的。可见,说有了孝悌就不会犯上,全是有若加上的。孔子死了,有人想把有若抬出来做孔子的接班人,《孟子·滕文公上》曰:"昔者孔子没……子夏、子张、子游以有若似圣人,欲以所事孔子事之。强曾子,曾子曰'不可。'"曾子等人不愿意,有若没法子,做不成第二个孔子了。为什么?大概有若本来是有诸侯在后台支持的,但曾子等人一起反对他,有若就没再露头。朱熹注《论语》,《论语》里几个地方被他改了,"《书》云:'孝乎惟孝,友于兄弟'",这是《论语·为政》里的话,《书经》的话是"惟尔令德孝恭,惟孝,友于兄弟"。我们小时候念的都是朱熹的句读,读成"《书》云:'孝乎,惟孝友于兄弟。'"意思是:孝吗?只有孝友于兄弟。这是"孝弟"两个字连着用,"友于兄弟"即为"悌"。朱熹在它这里点破句就是为了符合有若说的"其为人也孝弟"。孔子说:"加我数年,五十以学《易》,可以无大过矣。"朱熹把"五十"两字勾了,改为一个"卒"字,成了"卒以学《易》"。我们小时候念的是"卒以学《易》,可以无大过矣",意思是说孔子早已学《易经》,到五十岁已学完,学《易经》毕业了,可以无大过了。这都是朱熹窜改孔子的话。朱熹的手段非常厉害。儒家本来的思想就是这样,所以儒家的说法始终不行。因为各地的诸侯都急功近利:你当时必须给我想办法,符合我富国强兵掠夺的需要,我在国内需要掠夺我的百姓,在国外需要掠夺别的国家。孔子的那些说法显然做不到。孟子又花言巧语说了许多说法,去说梁惠王、齐宣王,但不管怎么说,孟子的说法事实上也做不到。儒家的说法始终拿不出去。然而到了汉朝,汉武帝认为只有儒术可以用来做教科书,教老百姓听他的话是最好的办法,于是就"罢黜百家,独尊儒术"。"独尊儒术"事实上是假的,他自己信方士,信封禅,信神仙。汉武帝并不真正信儒术,"经"是拿来叫老百姓念的,他自己不信这套。中国古代没有一个经当经典的,当唯一的教科书的,就像佛教徒念佛经,基督教徒念《圣经》,穆斯林念《古兰经》那样。"经"字,最早见《墨子》,有"经上""经下"篇。经是提纲，是纲领，它不是念的。汉武帝用这几个经书做教科书，这教科书事实上与孔子一点关系也没有。《书经》的问题，《春秋》的问题，都与孔子无关。礼在古代倒是有，但也不是孔子定的。古代认为孔子删《诗》《书》，定《礼》《乐》，什么都给孔子加上，这是没法说的。尊了儒，然后就把许多不相干的材料贴在孔子身上。孔子是圣人，于是这些书都是孔子编的，孔子说的。实际上，孔子引过《诗经》《书经》，孔子学过《易经》，还没学完；孔子讲过礼，但也不是《礼记》中的礼；孔子也弹琴，"取瑟而歌"，但弹的是什么调，谁也不知道。这些全都是后来的人拿孔子耍一阵。孔子这些删《诗》《书》,定《礼》《乐》，修《春秋》等说法，是《史记》里记的。近代有老师辈的余嘉锡先生，他有一本书叫《古籍校读法》，后来周祖谟加标点改名叫《古书通例》，书里的"家法篇"没讲完。我有他在辅仁大学讲课的讲义，铅印的油光纸，里边的"家法篇"没写。他的《四库提要辨证》"管子"里有讲家法的内容，周祖谟标点时，改成"见法家篇"，虽然改了一个字，但意思全变了。可以把《四库提要辨证》里的这一条插进来补了这段，但不能说"见法家篇"。余老先生讲了很多。他说，有许多人认为不少古书是伪书，其实不是伪书，而是师傅传徒弟，一个本子传到徒弟手里，徒弟给加上些东西，这与民间艺人说书有很相似的情形。我们读《管子》中有他死了以后的事情的记载，就是因为徒弟记老师的事，当然会记他身后的事。所以顾颉刚有一篇文章叫《辨伪工作书》，顾先生的眼力很高，认为很多书是作伪的。余老先生则认为有些书是伪的，但像孔子修《春秋》，子思传《孟子》等，司马迁就是这么说的，所以绝对不伪。别的都可以辨别，唯独这一条不成问题，不用辨别。余老先生就是认为孔子修《春秋》不能动，《史记》说的就是可靠的，他信《史记》。《史记》作书是在汉武帝独尊儒术以后，它的论点当然得符合汉武帝说的,即所有的古书都是孔子说的。当时官定的那么说,司马迁不能不那么说,所以司马迁说的并不一定就绝对真实。这是我的一点看法。顺便要提到几本书,一本是《秦汉的方士与儒生》,这是顾先生的,另一本就是钱穆先生的《国学概论》。钱穆他就钻进去讲,他讲的有些事是学术的进步,由迷信变为推理,但对于宋儒,他裹到套里去了,脱不出来了,这一点我另有我的看法。我这些想法是我在辅仁大学教书时,大家传看摩尔根《古代社会》时一块讨论所形成的。当时有一个老学生叫曹家琪,是中文系学生,我是教员,教普通国文。他很有背景,他跟张中行在女十二中是同事。他也受张中行的影响,发表他的论点,比如对于"究天人之际,通古今之变,成一家之言",把这个深话浅说,是他提出来的。这话最先是由张中行提出来的,还是由曹家琪提出来的,我不知道,但是是曹家琪对我说的。他对我说我那一套还是死套子,这对我极有启发。他写了一篇文章,叫《〈资治通鉴〉编修考》,中华书局《文史》第五辑给出版了。他故去之后,我非常痛心。我教书,他是学生,他是陆宗达的学生,但我们事实上是很好的朋友。我现在酝酿这些问题,受到了老师们的讲授和与朋友们辩论的启发。我们当时整天抬杠,这抬杠用处大极了。但这些问题几十年大家都没敢说,我现在全都说了,都是非圣无法的说法。

　　前面提到了儒与汉朝的太史的性质,我现在还想对这个问题发表一些看法。司马迁给任安的书信中说,皇帝用太史是"倡优蓄之,流俗之所轻也"。作为太史,他上要知道天文,懂得观天象,下要懂得地理,中间他得通观人事,这叫作"究天人之际,通古今之变,成一家之言"。"究天人之际",他是会占卜、观天象,这是巫的一个支流;"通古今之变",他掌管朝廷的记录,所以司马迁作《史记》,那么大、那么远的事情他都能记下来,写成一部大书,这不是一般人所能办到的,全由于他管朝廷的大事记载;"成一家之言",太史令就是家传的,其实不仅太史这一个职务,历史上古代诸子百家的某一个学派都有家法。师傅传徒弟,或者父亲传儿子,这叫家法。"礼失而求诸野",家法这种办法或者说制度,直到今天社会上还存在。汉武帝口上尊儒,他自己却信方术和巫术,他也很害怕巫术。司马迁做太史令,汉武帝对他也比较防备。但是,汉武帝说要惩罚司马迁,如果是别的人甚至是大臣,说杀就杀了,但对司马迁,却处以宫刑,为什么呢?因为他的知识、技术、能力还有用,杀了可惜,所以只是处了宫刑,还要使用他。秦始皇把说唱人高渐离的眼睛弄瞎,让他为自己继续说唱,他的说唱说书有用,但要惩罚他,不能让他看见宫廷的事情。后来高渐离用乐器打秦始皇,没打中,这才被杀了。《后汉书·蔡邕列传》记载说,王允杀了董卓,蔡邕表示不满,王允就让人治蔡邕的罪,蔡邕"陈辞谢,乞黥首刖足,继成汉史"。王允却回答说:"昔武帝不杀司马迁,使作谤书,流于后世。方今国祚中衰,神器不固,不可令佞臣执笔在幼主左右。既无益圣德,复使吾党蒙其讪议。"最后还是把蔡邕给杀了。王允认为司马迁写的《史记》就是一部诋毁朝廷和大臣的谤书,所以像司马迁这样的人也是留不得的。《史记》中的《封禅书》写得更厉害了,它虽然是褚少孙补的,但里面所写到的内容,是民间大家都知道的。汉武帝一方面用太史来为他服务,一方面又防着太史胡写。司马迁写楚汉之际的事情,把项羽和高祖平行对待,写高祖是本纪,项羽也是本纪;写孔子是世家,他对孔子很尊重,当然,孔子的学说也是值得尊重的。司马迁在书里,仍然把许多经书叫作"五经"等,他也认为孔子作《春秋》,删《诗》《书》,定《礼》《乐》等。这种说法,后来人表示怀疑。可是司马迁不怀疑,因为司马迁是汉武帝的太史令,汉武帝是"罢黜百家,独尊儒术",那司马迁焉能抵触汉武帝的最根本的说法呢?所以后来许多学者认为孔子作《春秋》的提法,就绝对不能动摇,因为这是司马迁说的。这种现象在今天仍然值得我们冷静地、客观地看待。

二、汉代经学

汉代经学就是儒家在汉代的发展情况。汉武帝的时候,用的是《尚书》。《尚书》其实就是大堆古代传说的记录,还有些是古代留下的文件。我们现在还能看见古代许多文件,比如像毛公鼎那样的铜器,那好多字真够一篇《尚书》的篇幅。铜器上铸的字就是大篇大篇的古代记录,也有竹帛上记录的。著于竹帛、铭刻在铜器上的,我们现在看到的都很多。汉朝拿《尚书》,拿所谓孔子作的《春秋》说事。《春秋》是一条一条的事件记录,宋朝王安石因此说《春秋》是"断烂朝报"。朝报就是公文抄,每天国家办什么事情,发表什么政令,除正式的官方公文之外,还要让民间都知道,于是就刻成木版,临时抄下来发表。现在有报纸,代替了公文抄。王安石说《春秋》是"断烂朝报",有人说王安石胡说八道。其实王安石说得非常形象,不但是朝报,而且是断烂的朝报。《春秋》一条一条互相搭不上,本来没有什么讲法,汉儒却硬说它这里面有微言大义,有深文奥义。他们用什么办法呢?这些博士们都各有各的办法,就是给它加上许多说法,没有理由也要找出理由,说这里有深文奥义。这几家里当时最流行的就是公羊。公羊有些解释很笨,"什么什么者何",那句为什么这么说,这句说的是什么,然后自己回答什么什么是为什么,什么什么有什么意思,公羊里面尽是这些。公羊这派最大的学者就是董仲舒、何休,何休是注公羊,董仲舒的学说也是公羊,因为那个时候没有别的。这一套东西有一个方便,可以随他讲,发现所谓深文奥义。比如"郑伯克段于鄢",称郑伯,不称郑人,就是尊敬他,共叔段不仁不义,所以被克,"克段",就是贬义;再比如有的国家的国君来了,就说什么国的人来了,不尊他为国君,这就是贬词。这些都是后人给它加上的许多说法,这个叫"书法"。这个"书法"不是现在写字的书法,是说孔子作《春秋》写了什么,用辞怎么样,讲究多极了。这些说法都形成了专书,把《春秋》里的文字一条一条地辑出来,说孔子有多少深文奥义。这些东西都是帝王拿来做教科书的,与孔子、与儒家毫不相干。由于公羊学中间有空隙,容得人发挥自己新的看法,因而,清末的公羊学就很兴盛,出现了康有为用公羊来变法。

汉武帝自己封泰山、禅梁甫,叫大家念的是《诗经》《尚书》《春秋》等这些东西。可是这些东西流传到后来就变味了。南北朝时就有了把《周易》《诗经》《春秋》《仪礼》《公羊传》并称为经书的现象,那时还没有提到《左传》。到了唐朝初年,孔颖达作经疏时发现,博士讲《尚书》开篇的"粤若稽古帝尧"这几个字,就讲了五万字。可见这些博士们胡说八道到了什么程度,他们就是想法子自己编一套然后唬人。《颜氏家训》记载北朝博士写买驴契约,写了几张纸,还没有见到一个"驴"字。那时的纸是二十四行,一尺多宽,一尺多高叫一纸,写了数纸还没见到一个"驴"字,就知道这些博士整天就干这个。汉武帝时就用这些所谓儒家的五经。其实,《周易》就是古代的占卜书,讲占卜吉凶、祸福。汉朝讲《周易》,最后到京房,纯粹是说《周易》本身的特点,专门解说占卜吉凶灾异。除了京房这一派的学说,还有别的好几家的《易》,都是讲占卜的事情。这样《周易》《诗经》《尚书》等就都成了专门的学问。

在汉朝最早研究《尚书》的是伏生，汉文帝曾经派晁错等人去向他学习。当时伏生已经很老了，说话声音都听不清。他就让他的女儿给晁错等人讲授（整理者按：《汉书·伏生传》注引卫宏《古文尚书序》云："伏生老，不能正言，言不可晓也，使其女传言教错。齐人语多与颍川异，错所不知者凡十二三，略以其意属读而已"），这是伏生所传的，叫今文，也就是当时用秦隶、汉隶所写成的"今天"的文，不是用小篆、古文所写的。用今文写成的，有《尚书》《春秋》《仪礼》。由伏生的今文《尚书》后来就发展出了许多的注解，成了几家之学。其中很多记录伏生所讲的，都佚失了。这是汉代第一次用古书编成的民间的教材。

西汉末年王莽专政时期，刘向整理中秘藏书，给每一种书都写了一个提纲即《别录》。刘向的儿子刘歆根据它，编成了《七略》，成了《汉书·艺文志》的构架。刘歆跟随他的父亲在天禄秘阁看到了许多古书，发现《左传》比流行的《公羊传》多出了许多文字，不但有经，还有传。其实，《左传》不是为《春秋》而写的，有的是有传无经，有的又是有经无传。可见《左传》与《春秋》并不相干，《春秋》是写鲁国某一时期的事情，而《左传》恰巧也就是说那一段的故事，是当时说书讲故事的人所记载的。刘歆就特别提出中央所藏古书具有很大价值，作了《移书让太常博士》一文，说太常博士故意不让人们看这些书。这样太常博士就不满意，认为如果按照刘歆所说的，他们就没有饭吃了。古文派认为刘歆很了不起，今文派则认为刘歆是最大的罪人。事实上，刘歆作《七略》也只是跟着他父亲《别录》那一套，来逃避当时的许多事情。他也没什么功劳，就是客观地看见了一些事实。今文派想打倒刘歆，却没有打倒。就给刘歆加上叛徒的罪名，说他帮王莽篡夺汉朝的天下。后来清朝皮锡瑞作《经学历史》，还大骂刘歆。这是儒家第二次被利用。而在这时候，有许多方士、巫师还在宣扬一些神秘的说法。上层公开用儒家的古书来教育老百姓,暗中悄悄使用的则是巫术。因为经书、教科书上讲的那些不够用。像秦始皇求神仙,陈胜、吴广"篝火狐鸣",汉光武帝用赤伏符等,都是这一套。东汉名正言顺地公开了方士的书即纬书,郑玄给古书作注,就吸收了许多纬书的观点。而普通人怎么办呢?东汉时让老百姓念《孝经》,因为《孝经》简短,浅近,好懂,一遇到灾异就念,就好像是念经、念咒语。这与道家思想的情形很相近。五斗米道用《老子》来煽动老百姓,《老子》为什么有这种魔力呢?因为它主张"掊斗折衡,而民不争",既然这样,人们干脆就起来造反。黄巾起义虽然被镇压了,但它给上层的文人士大夫以很大的刺激:普通民众都念《老子》,我们也得讨论讨论。"三玄"于是就兴起了。虽然这已进入学术讨论的层次,但魏晋之际的学术争论,仍然有它们的政治目的,即为下一代推翻上一代制造理论根据,像杜预注解《左传》,王肃注解《尚书》,都是为司马氏篡夺政权服务。王朗的儿子是王肃,王肃的儿子是王弼。王弼作了《周易注》和《老子注》。王弼的注本是最接近汉代《老子》的本子。此时,儒家的思想已经彻底不行了,于是就有了魏晋玄学。南北朝时期,经学的博士人数非常多,但都没有自己的独立见解,一本书都没有留下来。北朝的统治思想是道教。道家这个学派,到此时变成了宗教,寇谦之把它正式挑出来,用佛教的仪规来宣传道教。嵩山嵩高灵庙现在还有寇谦之的碑。

三、宋明理学

打北宋以来，经历了金、元、明、清四个朝代，都是以现在所说的宋明理学为统治思想。这占了很长的时间和很大的范围，而且在当时已深入人心。究竟深入到什么份儿上？是否人人都欢迎、乐于接受这套思想？并不尽然。可是民间已形成一种习惯，大家都觉得按照这个行事才算对，不按照这个行事就算错。这就很可怕了。因为宋明的理学，就是所谓"打倒孔家店"里的"孔家店"，"孔家店"其实就是宋明理学或者说是"朱家店"。当时人们也并不是完全遵循宋儒，但一提到朱熹，没有人敢直呼其名，而必说朱子，程颐、程颢也都是程子，而不敢说名字。可见民间认为他们是理所当然的圣人。

宋明理学好像是一个系统，事实不然。宋是以程朱学派为主的，明是以陆王学派为主的。陆王与程朱，这两个互相也打，打得厉害，入主出奴，我的对，你的错。到了明清两代，学术思想界就是程朱、陆王这两派在斗。

我首先谈关于北宋的情况。北宋前期真正挑出儒家学说的，一个是周敦颐，一个是邵雍。宋朝有一派方士的力量，代表者是华山道士陈抟，他的学生中就有邵雍和周敦颐。邵雍不敢直接说他是儒，他的理论核心是方术，是道士的一套；而周敦颐的理论也是这一套，但他中间忽然跳出来说他是儒。邵雍直接说他还是要自己作本书，叫作《皇极经世》，纯粹讲道家那一套，可他也不说他不是儒家。周敦颐则造了儒家的反。还有一个张载，他提倡说"民吾同胞，物我与也"。后来，大家提起这一派来就统称为"周程张朱"。事实上，张载比周敦颐、二程都要前一点。他们共同的又都是从陕西那个道士那儿传来的。这东西打从汉末魏伯阳《周易参同契》起，讲修炼，从无极到太极，太极生两仪，先是一阴一阳，然后一男一女，繁衍出人来。这本来是很平常的道理，可是许多的方士就故作玄秘地传这套。程颐就接受了这套。事实上朱熹也接受了这套，但他不提，而说他是从孔子那儿直接传来的道统。这些人里头，从陈抟到邵雍，都会占卜、练气，整天坐那儿想，说万物皆备于我，人的身体就是宇宙，就是物。宗教都讲这套。禅，它不立文字，你不知道它怎么想。密宗——东密我不知道，原来的唐密没有详细的记载，不知道怎么办，因为密宗讲究口传心授，师傅传徒弟，现在藏密逐渐公开，就可以知道一部分：藏密练气功，也知道一个人身体中间有七节，道家意守丹田，有上丹田、中丹田、下丹田，藏密也是一样的道理。所以，北宋的道家全是方士的这一套，整日坐在那儿静思默想。宋儒不承认邵雍而承认周敦颐，因为邵雍的学说里面还有道教的思想，而周敦颐则完全附会孔子的观点。周敦颐的徒弟是张载、程颢和程颐。程颢和程颐公开标榜说他们的学说是直接道统，唐代韩愈提出过"道统"，但他们认为韩愈还不算道统，只有他们才是直接道统。宋仁宗曾经书写了《大学》《中庸》赐给大臣。后来程颐做崇政殿说书即日讲官，觉得《礼记》中的这两篇最有理论意义，于是周、程等人就把它们编在"四书"里。这样，二程尤其是程颐的说法，就成了最权威的说法。

到了南宋的朱熹，就自称私淑程颐，变成了"程朱"。朱熹远尊程颐为老师，称其为"子程子"。程颐的说法通过《大学》

《中庸》传下来，被朱熹编进了"四书"，变得比"五经"还要庞大和重要。《大学》第一句就说："子程子曰：'《大学》，孔氏之遗书，而初学入德之门也。'"《中庸》也是如此，动不动就说"子程子曰……"等。这是孔子第三次被打作旗号，作为教育的师傅。其实，这一切与孔子根本没有关系。程朱的这一套完全到了信口胡编的地步。朱熹虽然尊孔子，编"四书"时却把《大学》《中庸》放在《论语》的前头。拿孔子后学编的《大学》《中庸》架在孔子的头上，可见孔子在他心目中的地位。他这样做，就是因为宋仁宗亲笔写过《大学》《中庸》两篇赐给大臣。朱熹从宋仁宗这里得到了法宝。朱熹以为自己直接继承了程颐的道学系统，就整天问别人：你在干什么？人说我整天静坐。朱熹说你只要肯坐下来就好。朱熹主张半日读书、半日静坐，他又静观鼻间的白点——眼睛垂下来看鼻子间有一个白点，这完全是道家做气功的办法，而朱熹全说成是孔子用来传授心法的。以这种渺茫的说法来解释经学，可见宋儒的来源都祖述的是一套方士的说法。

程朱的这套东西，强调自己体验自己的身体，自身就是宇宙；自身调节好了，就与天地宇宙同步转动。这些都是很玄虚、很渺茫的，而宋儒的学说事实上里面都是这些东西，外面则把孔子许多的学说掺杂进去，从而挑出孔子的旗号——这就是朱熹的说法。

程朱这一派，从金、元，到明、清，一直为正统的帝王所御用。朱熹的学说第一影响了金，第二影响了元，第三影响了明。朱熹曾经提出"尊王攘夷"，本来要攘的是金、元，结果金俘虏了北宋的两个皇帝，元彻底灭了南宋。攘夷，却反而被夷给灭了。而且他的学说最得到尊崇的居然就是金、元这些夷。金、元两代科举考试都用朱熹的《四书集注》，这个最厉害。知识分子必须经过科举考试才有出路，要经过科举考试，就必须读孔孟的书，而孔孟的书自从朱熹编出"四书"来，金、元、明、清一切科举考试，全是用的这个本子。这《四书集注》是科举考试必考的东西，你出了这个圈子的理论，就不及格；进入这个理论圈子，就接受了他的思想束缚。

"四书"又叫"四子书"，这是"四书"的全称。四子即四个子，而孔子已经超出子了，孔子是圣人，被称为"至圣先师"，是超越诸子百家之上了的。"四书"编定之后，却叫"四子书"，这是非常可笑的一个矛盾。汉代把孔子的说法当作经，是要拿它做国定教科书，因此出现了《尚书》《春秋》《周易》等。程颐、朱熹等人干脆另编了一套，人家编"五经"，他们则编"四经"，即"四书"。但这科举考试是最厉害的一个办法，他们通过这个，使人们被迫接受了"四子"的观点。因为你必须走科举这条路，否则就没有出路；你要走这条路，就必须念这个书（指《四书集注》）；科举考试的文章就得从"四书"的理论上来发挥，因为所出的题就在这个书里头，写作也得按这个程式来完成。从金、元、明、清直到清末，一直就是这么一种科举考试格局。

《大学》《中庸》里面有许多话就如同格言，如"天命之谓性，率性之谓道，修道之谓教"，这本来是很符合实际的，但程朱却把它们说得很神秘，解释成性理，即性理学，清朝叫性理经。清朝御定的书有一部叫《性理精义》，是李光地编的。李光地的人品极差，他编出的《性理精义》还能怎么样呢？这样一来，大家就认为程朱理学是伪学。程朱之学先叫道学，后叫理学。道学的意思是都得走这条道，但大家不相信：难道人人都得走这一条道吗？我曾经在朱熹的《近思录》上批道："按照这些格言的说法，我该从哪一句做起？"当时同在辅仁大学的牟润孙看到了，就招呼周围的人说："你们都来看看小启的批注。"（插叙：当时在辅仁大学我的年龄最小，所以大家就叫我小启。后来周祖谟来了，他比我小两岁,我才变成了"中启"。)意思是,我的批写有反对朱熹的地方。我小时候,教我念《说文》的是戴姜福先生。戴先生也很讨厌宋儒,他曾经给我出作文题,说"圣人言道而不言理"。我开始读不懂意思,老师给我讲,道就是走的道路,理就是条理,木头的纹理。他其实就是和讲性理的宋儒针锋相对的。不过,在当时他也不敢公开反宋儒。

由于讲道学没有人信服,于是就改叫了理学,理就是道理,即客观真理,这样,大家就只好遵从了。程朱等人这一次改造孔子的影响之大,持续时间之长,在历史上是罕见的。五四时期,胡适曾经提出口号叫"打倒孔家店",其实孔家店与孔子全不相干,最后都是"朱家店"。胡适在他的口述自传里说,中国十一、十二世纪最大的学者是二程和朱熹,可见他对程朱那一套还是很迷信的。(整理者按:见《胡适口述自传》第267页,华东师范大学出版社1993年版。)

到了南宋,有一个叫陆九渊的,也有一套看法,与朱熹不一样;后来陆九渊的一派就传到了明朝王阳明(王守仁)。这陆和王是一派,程和朱是一派。陆王是宋儒以来的另一派,不完全接受程朱的理论。陆王一派是怎么样的呢?程朱是完全、纯粹服从政府的做法,而陆王的情况有点像汉学里头的今文派。今文派讲公羊,它有它自己发挥的余地;所以陆王这一派始终不占有正统的地位。而明朝后期,王阳明这一派事实上也是禅宗的一派。王阳明整天价地讲格物致知,《大学》说"致知在格物",格物就是坐那儿整天想、琢磨,在格。他看见一根方竹子——古代有这么一个品种——竹竿是方的,他就说竹子都是圆的,这为什么是方的?他就坐那儿想,就格,就琢磨:竹子怎么就是方的?可是,你就是格上十年、八年,它要圆还是圆,要方还是方。王阳明就是这么格物致知的。

这一派到了明末，先有刘宗周（刘念台），再传黄宗羲。他们比较开阔，不死守，有发挥自己议论的地方，而且民族意识非常强。刘宗周在清朝代替了明朝、入主中原以后，绝食饿死了。黄宗羲呢？有一个人在朝廷上谋害了他的父亲，崇祯在审问那个人的时候，他拿出刀来把那个人杀死了。他们的行为表示其思想不像程朱死守一个做法，而是比较开朗，有什么就想什么，想什么就做什么。

但是，王守仁是明朝的大儒，却替一个恶劣的正德去打宁王朱宸濠，这是干什么？为一派统治者去打另一派，这在我们今天看来是毫无价值的。但是，历史上却认为王守仁"有事功"，做事情有功劳。其实，宋明理学哪一个学派都于国计民生没有什么关系，没有什么好处。因为陆王这一派与清朝并不合作，就被人们看作是具有民族思想，到了清末民初，备受吹嘘，说陆王高于程朱这一派，没跟着统治者死跑、被统治阶级直接利用。梁启超讲宋明理学，就特别推崇陆王一派，认为他们的思想比较开阔、不死守。但王阳明他们究竟是为帝王服务，甚至狭隘到了为某一个统治者的恶少正德皇帝服务，这能算事功吗？究竟为人民做了什么事？

所以我们今天来看，程朱也罢，陆王也罢，理学这一套东西实在是毫无道理，于国计民生一点影响没有、一点好处没有。南宋的真德秀做知院，当时有一个说法，说"若要粮食贱，要待真知院"，要等着真德秀出来，一切就好了。真德秀出来做了宰相，结果坏了，天下更乱了。于是就有了下面这两句："熬尽西湖水，打成一锅面。"说明理学并不能治国。但是为什么帝王还要用呢？就是因为它使人民不造反，循循然接受正规的帝王的要求，并按照那种要求去待人处事。所以回过头来讲《论语》第二段："有子曰：其为人也孝弟，而好犯上者，鲜矣；不好犯上而好作乱者，未之有也。"有若的这句话,使儒家的思想被历代帝王——管他是被尊的王,还是被攘的夷——都接受和利用。你要接受了孝悌,就可以不犯上、不作乱,这最有利于帝王治国安民的要求。

四、清代今古文经学

清代讲今古文经学最厉害的,是阎若璩批古文《尚书》的《尚书古文疏证》。晋朝梅赜上了一部《尚书》,叫古文《尚书》。比二十八篇今文《尚书》多了许多篇。汉朝孔安国传授孔壁中发现的古文《尚书》,但只是掺夹在今文《尚书》中,没被列入学官。晋朝梅赜献的这部《尚书》,或许是用小篆以前的文字写的,或是以古文为底本重新抄写的,就被称作古文。古文的本子与今文本子有许多不一样的地方,于是有人就怀疑古文本子是假的。清朝阎若璩《尚书古文疏证》就专门对《尚书》中的古文部分进行疏证,试图来证明这个问题。其实,在清朝最早讲经学、提倡这一套理论的应该从顾炎武说起,只是因为他是明朝的遗民,誓死不投降清朝,大家就不敢把他尊为祖师。乾隆后期嘉庆初年江藩的《国朝汉学师承记》,后面还附了《国朝宋学渊源记》,就以阎若璩为开山第一代。可是,阎若璩的汉学很不彻底。清朝的汉学家打出汉学的旗号,就是为了反对程朱理学那一套。宋明时代的科举,考八股,考"四书"的经义,以朱熹的注解为准。科举考试除了考文字的能力,还考对朱熹的接受程度,看他是不是遵照朱熹的思想来说。阎若璩本来是要攻击宋儒的思想,但他的《尚书古文疏证》用的根据却又是《朱子语类》里的论点,说《尚书》古文为假的依据,是它与《尚书》的整体"不类"——不一样。

这个方法本身就是靠不住的。比如《国语》和《左传》的语句、文风不一样，但它们怎么就内传、外传起来了呢？因为古文《尚书》与今文《尚书》不一样，就说古文《尚书》是假的，这太可笑了。不要说古文《尚书》与今文《尚书》不一样，就是今文《尚书》里，也有彼此不一致的地方。我们先不管古文是假是真，我们就问《尧典》《舜典》《大禹谟》等，是根据什么来的。可是在当时，只许你照朱熹的说法说，不许你问。尧舜活了多少年，都干了什么，谁都不知道，可是就是不能问，不能怀疑。《尧典》里有"粤若稽古帝尧"，意思是根据记录，古代有尧这么一个人，但他们居然写出五万字，其实都是博士们添油加醋附会来的。《颜氏家训》说"博士买驴，书券三纸，未有'驴'字"。孔颖达《尚书疏》就记载，仅"粤若稽古"四个字，博士就可以写出上万字，那就是真古文了吗？朱熹对《尚书》是啃不动的，只做了《四书集注》《周易本义》和《诗集传》，他注《尚书》，作了半天作不下去，就只好让他的学生蔡沈去注。但蔡沈也没敢说《尚书》古文部分是假的。朱熹在《朱子语类》中偶然提到那些"不类"，阎若璩就根据这些"不像"的现象，说古文《尚书》是假的。

说古文《尚书》是假的，那《尚书》今文部分就一定真吗？《尚书》中的尧、舜、禹、汤都是传说，汉朝前有人用秦汉之际的文字把这些传说记录下来。孔子已经引了"孝乎惟孝，友于兄弟"，可见这些文字是比较早的，但是，早不等于真，再早也没有见过尧、舜、禹、汤。梅赜所献的《尚书》到底是真的还是假的，我们不知道。古文究竟是用什么文字写的，我们也无法看到。但是，有一点，你既然许可用秦汉以前的文字写，难道就不允许用其他文字写吗？我们现在读的《红楼梦》，还有孤本、真本的说法，就应该允许《尚书》也存在古文和今文的情况。现在的问题不在古不古，真不真，就是真正写的，要想假，也可以假。我们今天没有办法证明它是不是伪。唐代曾经用古文字的结构、用楷书的笔画，抄了一套《尚书》，叫隶古定，在敦煌写本里还能看到。清朝陈启源《毛诗稽古编》就全是这样的结构。清朝后期有一段，就很流行这种写法，李慈铭的日记就写得让很多人都不认识。说古文《尚书》是假的这一个观点的重要贡献，就是宋儒所说的从尧舜以来历代帝王传授心法的"人心惟危，道心惟微，惟精惟一，允执厥中"十六个字，就在《尚书》的古文部分。这十六个字像佛教里的心咒，说得很玄乎。如果把古文《尚书》推翻了，就把宋儒所鼓吹的论点先动摇了。这就是阎若璩被尊为先师的原因。但毛奇龄却写了《古文尚书冤词》，说古文《尚书》被指为伪书是冤案。又有人作《古文尚书冤冤义》，来回争论。

清朝人抬出汉学，就是反程朱的宋学。可是，清朝的皇帝却极力地抬高宋学。朱熹倡导"尊王攘夷"，而他的学说恰好被夷族所尊崇。明代不许讲《孟子》里的一段话："君之视臣如手足，则臣视君如腹心；君之视臣如犬马，则臣视君如国人；君之视臣如土芥，则臣视君如寇仇"（《离娄下》），朱元璋就不许讲，让刘三吾作《孟子节文》，把这几句话删去了。明朝还对《孟子》有保留，清朝却全部接受。朱熹的学说，就是给夷族做了统治工具了。清朝认为逼死崇祯皇帝的是李自成，满人消灭李自成是替明朝报仇。因此，清朝统治就是正统的。阮元说，念"四书"、作"八股"，是中等人用的，高等的人和下等的人，完全用不着。科举就是针对多数的中等的人（《揅经室集》）。阮元已经看破了其中的奥秘：要想教育或者愚弄大多数人，就得用朱熹的说法。因此，在当时重新提出汉学，就是针对宋儒的说法。阎若璩之后陆陆续续地提出了一些反宋学的观点。

清朝正式的与宋学针锋相对的是戴震。戴震读到《中庸章句》"子程子曰：……此篇乃孔门传授心法，子思恐其久而差也，故笔之于书以授孟子"一句，就对老师提问说：子思距离程颐两千多年，程颐怎么能够知道子思的事情呢？可见，他对程朱那一套就有疑问。他做了《孟子字义疏证》，正面与宋儒对着干。戴震学识渊博，清朝乾隆修《四库全书》时就主要依靠他。戴震初到北京时十分潦倒，被钱大昕发现，然后就极力地向秦蕙田推荐。乾隆赐他举人，一体殿试，他的殿试试卷十分潦草，最后他干脆讲如何校勘古书，这就相当于自报家门、通关节。皇帝一看也知道了他是谁，就封他做翰林院庶吉士、翰林官。戴震的行为受到了当时的道学先生的反对，而许多汉学家则受了戴震的直接影响，开始大力地反对朱熹。毛奇龄读"四书"，扎一个草人放在桌上，读一句，打一下草人，说："熹，汝误矣。"再读一句，又打一下："熹，汝又误矣。"真是有意思极了。清朝经学家方东树作《汉学商兑》说，汉学所讲的，也是宋儒讲过的。其实，所谓汉学、宋学，并不是汉族和宋人的意思，提出汉学口号，就是为了反对宋学。陈澧《东塾读书记》，单有一篇给他学生的信，也说朱熹讲的许多也是汉朝人的说法，朱熹也是汉学。他们都没有明白汉学的真正用意。

由今文、古文，演变到汉学、宋学，到后来，今文又有所复兴，因为汉朝还没有《左传》，《左传》是西汉末年王莽时才发现的，刘歆就把它作为《左传》的古文派。汉朝的古文派与后来的古文派并不相干。古文派还没起来时，主要是讲公羊学说，像董仲舒、何休等人就讲这一套。公羊说得不全面，可以有发挥的余地，博士们就能够上下其手，而古文《左传》抠得太仔细，没有办法加进太多东西。当时人们对政治有许多不满，但不好明说，就只好利用公羊的思想来表达自己的见解。清朝后期的今文派有几家，如龚自珍、魏源，还有常州学派的庄存与、刘逢禄等人，他们在一起总谈一些今文派的东西。再往后，就有王闿运，还有一位讲今文的四川人,叫廖平。湖南籍学者皮锡瑞写有一书《经学历史》,周予同先生曾经给它作过注。

我们今天绝不是随便评论老一辈的学者,但是在今天如果还讲今古文,就的确有些白费劲。我们先抛开学派的争论,说说为什么今文派会在清朝兴起呢?就是由于今文派留下了可以发挥的余地,比如在东汉时期,今文家们就讲孔子托古改制,东汉的纬书动辄讲,孔子为了汉朝的什么而作什么书,这些就是今文派的拿手好戏。清朝晚期的制度已经很不行了,于是许多人也想起用经学来为改变政治制度服务。最有代表的是康有为,他写了《新学伪经考》一书,专门讲王莽时刘歆的学说即古文学说,说刘歆的古文经学是伪经,那些经文都是刘歆伪造的。康有为这样做的目的,并不是为了经学里的今文、古文本身,而是看到了今文学派里讲到孔子托古改制的思想,所以,他的真正目的就是借助光绪皇帝,用他的学说来推翻西太后。可是,当时袁世凯拥兵自重,康有为没有成功,造成了"戊戌六君子"事件。北大教授崔适也是讲今文学说的,顾颉刚先生曾经听过他的课。一般来说,反对或批驳刘歆的,无疑就是今文学派。刘歆跟随他的父亲刘向整理内府所藏的古书,看到了用古文写的《左传》,就批评今文博士忽略了《左传》,建议立《左传》为学官。今文派就骂刘歆,皮锡瑞《经学历史》里就说刘歆是王莽的爪牙帮凶。因为刘歆曾经被王莽尊为国师。事实上,确实是刘歆发现了《左传》。《左传》里有一条极其站不住脚的逻辑,说《春秋》是孔子作的。《春秋》都是极简单的条目,有些条目《左传》里有,有些则没有,这就是有经无传和有传无经。所以,所谓"春秋左氏传"的说法就是站不住脚的。司马迁说:"左丘失明,厥有国语。"这里的"国语"是笼统的各国的历史。比如《战国策》里"触龙言说赵太后"的故事,在长沙马王堆出土的《战国策》里也有。刘向把这些流传的故事编辑起来，成了《战国策》。《左传》也是这样的故事集成。汉朝的《说苑》《新序》里还有类似的许多故事。《春秋》其实就是鲁国的大事记，《竹书纪年》是魏国的大事记，湖北云梦睡虎地出土的"秦律"里也夹杂了不少秦朝的大事记。可见，古代保存的书籍里面，常常夹有一些大事记。硬说《春秋》是孔子作的，这是没有多少道理的。另外，整部《左传》里没有一句称自己姓左，叫左丘明。其实，《左传》它就是一部故事书。说故事的形式，在《东周列国志》和少数民族的口传文学中，都有保留，如蒙古族的《江格尔》、藏族的《格萨尔》、东北女真族的《萨满传》等。我的看法，《春秋》就是诸如《竹书纪年》、秦国大事记一类的大事记，而《左传》则是东周列国故事的说本。佛经也是这样，也是说故事，有用长行散文说的故事，也有用韵文即偈语说的故事。《左传》只是没有诗歌那一部分而已，它就是民间说书的底本，并不是孔子与左丘明的故事。"礼失而求诸野"，从现在的一些现象，可以推知古代的事情，像摩尔根《古代社会》中所说的那些东西，在现代社会里也有发现。说书的制度现在也仍然存在。司马迁把许多事情的发明都贴到孔子的身上，就是好把它定作教科书，好用它去教育人们，他并不一定就十分相信这就是孔子说的东西。孔子说"左丘明耻之，丘亦耻之"，于是有人就把《左传》认作左丘明所作。其实，孔子所说的左丘明也许只是鲁国一个说书的人，是一个近似"瞽史祝颂"的盲人说书人。大家从古书里找到了与左丘明相近的《左传》，就把他们两个附会在了一起。

《竹书纪年》里记载了许多帝王及诸侯国的真实的事情，有人就拿别的书里引用的《竹书纪年》的例子，来说明这个是真本《竹书纪年》，那个又是伪本《竹书纪年》。但引用的材料不知道是什么时候出现的，怎么知道哪个是真的，哪个又是伪的？束晳在魏安釐王墓里发现了《逸周书》和《竹书纪年》，那你许束皙发现，难道就不许别人有所发现吗？其实，在宋朝的古墓里也发现了一些竹简。清朝人做学问有一个矛盾，专门挑古类书里一句话，再找出现传本里所引的一句话，说明类书是真的，而现传书引用的是伪的。王国维就曾经搜集古类书里所引用的《竹书纪年》，来驳斥现传《竹书纪年》。清朝人这样做的目的，就是要否定古代权威的说法，比如像尧舜禅让、武王伐纣等。《孟子》曾说"以至仁伐至不仁，而何其血之流杵也"，对武王伐纣的史实提出质疑。《史记·伯夷叔齐列传》也说："以暴易暴兮，不知其非矣"，把周武王说成是暴君，让人看不出到底哪个是真，哪个是假。唐朝刘知几《史通》有"疑古""惑今"，就公开地对古代和当时的书中所写的事情提出质疑。清朝学者对于这种"疑古""惑今"的问题感到十分困惑：把古代的与书中记载的都推翻了，怎么办呢？比如浦起龙就作了《史通通释》，通盘解释《史通》。纪晓岚是正统御用文人，他不能承认《史通》的做法，也作了《史通削繁》，把原来《史通》中的"疑古"和"惑今"两篇给删掉了，就像明朝刘三吾《孟子节文》一样。这是因为《史通》中的许多说法，与正统的说法接不上，既然要拿它做教科书，就不能不把这些与古代不一致的说法给删掉。

　　清朝提出汉学的潜台词，就是打倒程朱；清朝后期讲今文即讲公羊春秋，也不是讲古代的今文，它的潜台词就是讲变法；明朝删节《孟子》，它的潜台词是删除对其统治不利的地方；清朝纪昀删节《史通》的潜台词与明朝删《孟子》的目的是完全一样的。我们现在要说，《春秋》就是出土的鲁国的大事记，与孔子毫无关系。《左传》就是《江格尔》一类的说唱书。孔子所说"左丘明耻之，丘亦耻之"的左丘明，也不过是一个民间流行的大家都熟悉的说书人，与《左传》也毫不相干。

　　表面来看，所谓今古文是书写文字的不同，实际上，它们则是学风学派的差异。清朝的汉学、宋学，已经与古代的今文、古文渺不相干了，但为什么清朝人还要这样说呢？真正的目的就是要托古改制。事实上，清朝后来不仅是托古改制，还是托洋改制，也就是我们经常说的西学东渐，即把日本从西洋学来的再转归出口到中国来。梁启超办《新民丛报》，即是把日本明治维新所吸收的西方的东西，介绍到中国来。我把它叫作"东学西渐"，因为中国在日本的西边。但事实上，无论是西学东渐，还是"东学西渐"，都没有"渐"成。民国以来，五四运动，胡适等人直接吸收了西方的某几个人的思想，他首先认为与西方思想矛盾的是孔子的思想，提出了"打倒孔家店"的口号，但是，他的"孔家店"的内容已经不只是孔子的思想，"孔家店"已经变成了主要是朱熹等人的宋明理学的学说。西方的理论能够直接被中国所接受，还需要一种基础。要有步骤、有计划地吸收西方的东西，要使它能够为中国所运用，就必须要使它首先和中国本来的民风相适应。这就好比把某一器官移植到某个人身上，他身上就有一种排他性，甚至血型不同的两个人，把这个人的血液注射到另一个人的身体内，就不但起不了好作用，还会起相反的作用。所以，从外面吸收的东西，如果和民间的习俗，民间的思想，中国的习惯不适应的时候，就不会起积极的作用。清朝末年、五四运动之后，中国出现了"全盘西化"的口号。"全盘西化"的说法就很不科学，既然是化，就只能是某些原理上的部分的、局部的变化，全盘整个端来，肯定是不行的。这个问题现在还在试探中，将来也永远是试探性的。不但中国是这样，西方也存在这个问题，比如英国、法国、意大利、德国，它们都很看不起欧洲现在的文化，认为世界的文化在埃及、希腊，欧洲的文化是杂凑成的。张大千1956年到法国巴黎办展览，见到了画家毕加索。毕加索就对他说，在这个世界谈艺术，第一是你们中国有艺术；第二为日本，日本的艺术又源自你们中国；第三是非洲黑人有艺术。除此之外，白种人根本无艺术，不懂艺术。毕加索是西方近代的一个画圣，无论看得懂看不懂他的画风，大家都对他很推崇。他说的这些话并不完全是外交辞令，他们就这样理解。他们认为欧洲的文化不如埃及、不如希腊，当然就更不如中国。

清朝有意学习西方文化的是康熙皇帝，当时他身边有一些从西方来到中国的传教士，比如南怀仁、郎世宁等人。崇祯皇帝曾经一度相信天主教，这样到了清朝，接受西方的东西就比较有基础了。以历法而言，当时有一个非常保守的杨光先，他就一直主张应该坚持中国的历法，为此还写了《不得已》一书，认为只有蛮干的皇帝才不顾一切地吸收西洋历法。康熙没有理睬他，让他不得已去，而他自己则继续学习西洋历法。当时有一部"回回历"，有传统的历法，康熙后来让南怀仁每天把他讲的东西用满文拼写出来。康熙还不断地向他请教，现在所定下来的历法，就是用西洋的算法，来计算阴历，这样就计算得非常精确。比如，把闰月放在各月之后，不像汉朝以来的做法，闰月必在12月。还有对日食、月食的推算，都十分准确。这种吸收方法，既考虑了中国传统的民间的习惯，又借用了西方的精确算法。他的这种做法是很合理的。康熙初期，还有许多人存在着民族思想，有抵触情绪，有许多人像顾炎武一样一而再地去拜谒明孝陵。康熙也曾经想全盘吸收西洋的思想，想用西洋传教士所宣传的那一套，就让他的几个儿子都入了天主教。后来一看不行，天主教的一切都受制于罗马教皇，不完全接受中国的民俗。于是，他就把西洋的一切都抛开了，先去拜祭孔庙，表示接受孔子的思想，然后又亲自去拜谒明孝陵。这样一来，那些有民族思想的明朝遗民都把他看作开明之君，抵触情绪很快就泯除了。这并不是说康熙完全成功了，而是说他在吸收外来文化时能够照顾老百姓的习惯，善于化解抵触的情绪。本来利玛窦就提倡说中国话，穿中国服装，当时天主教里的士大夫李之藻编的利玛窦的《天学初函》，就用中国的典故来写文章，如他说："朋友非他，我之半也。"明朝的传教士如利玛窦就发现，中国没有宗教，没有神的观念，因此，如果不让他祭祖先，是绝对不行的。教廷竟然回复坚持说，不许拜祖先。于是，西洋的宗教在中国就一点立脚点也没有了。康熙比较能够体察国情民意，知道西方的哪些东西可以接受。那时，虽然还只是科学技术等初步的东西，还没有成篇大套的哲学思想，但已经很了不起了。所以，吸收西方的理论，一开始就提出全盘西化，是非常不明智的。我有一个朋友得病了，一上来就打青霉素，一针就要了命。可见，"打倒孔家店"只是一种说法，"孔家店"打而未倒；说全盘西化，也没有把西方真正的东西化来。中国不是没有西化过，吸收西方的文化，反倒在清朝初年康熙时有了比较成功的先例。我并不是说一定要像康熙那样做，但一上来就讲全盘西化看来是不行的。后来清朝有些人看到用西洋的不行了，就端出了今文派以公羊学说为主的思想，它的主要目的就是要托古改制。（整理者按：关于清初的学术形势，第四编有启功先生《清代学术问题私见》的讲座录音整理稿，可以参看。）

  我上面针对古代的学术思想发展情况，所谈的这些我自己的看法，并不是要再重复什么像梁启超、钱穆等老先生们所作的《清代学术概论》《国学概论》。我的意思不是恢复国学系统，不是谈什么国学概论，不是回头看古代都有些什么情况。古代的情况有值得我们注意或者是应该参考的地方，但主要是让我们了解古代曾经有过什么东西。我现在来分析它，就想说明它客观上是什么东西，历代帝王提倡它是为了什么。我们不了解它，就没法理解这些书。我们常说要读古代书籍，可是这些书都是当时那个时代的人写的，你要不了解那时人的思想、角度、论点，光拿书来研究，就不透彻。现在我们所谓文献学，不是指几本书就完事了。我上面讲的这些东西，汉宋之争、今古文之争、宋学中的程朱陆王之争等，这些说法从前被认为是国学，这话不太合理，也说不尽。

第三编 论古籍整理

张廷银 整理

整理者序

启功先生在北京师范大学所招硕士和博士的专业名称被定为古文献学，但启先生对这一名称并不十分赞同。他认为自己所讲授的都是古代文化方面的一些常识，称之为"学"就显得大而空，实在有些不恰当。而"中国文化常识"一词又似乎不能包括他所说的全部内容。于是，他就十分形象风趣地借用"没吃过猪肉总见过猪跑"的民间习语，提出了"猪跑学"的概念。此语经过启先生的一些朋友的宣传与解说，已经成为他对文献学这门学科的非官方的、生动全面的概括。

启先生认为"猪跑学"的内容是各种古代常识，而学习"猪跑学"的主要目的则是从事古籍整理。因此，本着使学生更好地学习和整理古代典籍这样的非常实际的目的，启先生从目录、版本、校勘、书籍制度、文字、音韵、标点、注释等方面，对前后几届学生进行了耐心细致的讲解和训练。为了更系统地说明他对古籍整理的理解与认识，启先生还运用口述录音的形式，比较完整地对相关问题予以归纳说明。现在根据录音，将启先生讲授的关于古籍整理的主要内容记录下来，从而使更多的人可以通过这些文字，对启先生的"猪跑学"甚至整个学术思想有一个比较完整、比较直观的理解。

启先生所讲的古籍整理的各个方面的问题，都是他自己读到的、听到的、看到的和直接思索实践过的，非常实在，非常具体，因而也非常重要。他一直认为，文字、音韵、目录、版本等内容是古代文化的重要构成，是我们现在学习和研究古籍的必由之路。这些问题不搞清楚，整理和研究古籍就会困难重重，甚至寸步难行。所以，启先生所说的这些方面虽然并不是古籍整理的全部内容，但先生的良苦用心却可以从他的一字一句中得到很真切的表达。这是我们在学习他的学术方法的同时，不能不认真思考的重要内容。

启先生在著述和讲课中，很少用什么深奥生硬的理论，而是从各个方面，直接分析说明某一文化现象，但在分析过程中却能够很自然地反映出某些理论观点。这就使我们在阅读他的著作、听他的讲课时，既不感到生硬枯燥，又能体会到其中所蕴含的广博与精深。所以，为了体现启先生的学术表达风格，为了保留口述录音的语言特点，我们在整理时尽可能地使用了原来的语言和句式，并夹杂了某些口语。原录音中难免有内容交叉、重复以及叙述不详等情况，我们对此又进行了必要的调整、删节和补充、注释。这些调整、删节和补充、注释，一定有很多的不正确之处，其责任应该由整理者承担。

引　子

　　学术思想从古代到近代，是纵的，但我们现在不是讲断代的某一段，比如讲文学，从古代的先秦、两汉、唐、宋、元、明、清，到近代、现代、当代，每一段都有不同的问题，都有专门的研究、专门的学问。我们现在说的是古典文献，这个范围就非常宽泛。古典文学究竟只是文学类，而古典文献却包括了历史、文化等许多方面，这就比专是文学的某一个方面大得多。有人还标题文献学，这就更宽了。我前面讲纵的，讲学术思想，从古代到清末，到二十年代，这个过程中，它就既有继承，也有发展，这就比较复杂了。它有些共同的根源、共同的习惯，也有传下来的不少人云亦云的说法。我只不过根据我所知道的，比较肤浅地谈了谈我的认识。

　　如果讲文学史，比如先秦段、两汉段、六朝段、唐宋段等，可以不用考虑前后的情况，可是因为我们从事的是古典文学文献范围的研究，要讲古典文献，问题就多了，涉及的范围非常庞大，纵横万里，从古到今，就不能不知道古代的历史和文化。这并不是说它就是中国的国粹，我是想说，要研究古书，要整理古籍，我们这个课程（整理者按：指古典文献学）是这个题目之下的，竖着是从古至今，横着是各方面。一部古书要研究，一个作家的生平著作要研究，一个具体的问题也要研究。我们不但要研究，还要把它整理之后出版流传。由于有这样一个任务，我们要是不懂上下古今的大概，就没办法。

我们今天常说，整理古籍一要校勘、二要目录等，其实，这只是整理古书的技术要求。横的方面，还有很多。整理古书，不懂古文字，不行，甚至不认识草书，遇到一部草稿，不认得，就没办法整理。还有古韵，古韵的解释，用今天的理解来解释古韵的字，是不行的。音韵、文字、历史的年代、地区的风俗、某个作家所受的传统教育等许多横的方面，也在我们研究之列。

既然要研究古代文献，就要先明白什么是文献。我们由目录来看古代都有些什么书，这是文。但献呢？没法子，我有个朋友，他做录音口述的历史，这就是献。用这办法赶紧抢救这些老辈曾经经历的事迹，叙说了，用录音把它录下来，编成书，这个纯粹属于"献"的部分。对"献"有两个方面的误解，认为"献"定在"文"里头。比如故宫，现在叫档案馆，在成立之初称文献馆，其实"献"是没有了，都不过是清代的许多档案，现在把它都叫文献。这是一个方面。清朝湖南人李桓编《耆献类征》，"耆"是老年人，"献"是贤人，意即老年的贤人分类的传记，一沓沓，多得很。这是清人传记的集，没个完。后来清钱仪吉编《碑传集》，清缪荃孙编《续碑传集》，近人闵尔昌录《碑传集补》，现在还有人编碑铭集、墓志传，又出现了名人词典，等等，都是用献。说是献，事实上还是文。真正口述才是献的实际材料。现在人多不了解"献"的含义。这样的东西外国有，如《胡适口述自传》，胡适在美国用口述自传，他是用英语说的，唐德刚把它变成汉语写下来。当时这样的名人口述很多很多。古代的文献，文是文字记载，献是贤人，是活着的人记忆里的古代的事情或他当时经过的事情。所以文和献并称，它的含义就宽得厉害，我们要研究，姑且把它合并来称。我们研究古典文献，横的方面需要具备手段、方法，知道操作时从什么地方入手。这里有几个方面。

一、目录、版本校勘及制度

（一）目录

关于古典文献学，我觉得首先要了解目录。你要是不知道目录，不知道古代都有什么书，怎么分类，你就不知道古人是什么研究角度，怎样的研究方法。

目录的了解是很不容易的。我觉得目录有两条路，一条是怎么编目，就好比说这些书放在书架上，你怎么个摆法。比如李慈铭，他整天念书，还写日记，写读书的笔记、札记，其中真有好的见解。他住在会馆，没有书架，他有一个大案子，把书分成几层，手头常用的放在外边，稍微用得少点的放在中间，不常用的必须查时才用的最靠墙。他这种摆法就是图书馆的插架法。看来每个人都有一个办法，有一个他最习惯用的办法。这是编目和插架。比如经、史、子、集，这是按类来分，哪类最重要摆在前头，次要的摆在中间，再次要的摆在后头。这是编目安排插架。还有一个使用的问题，也就是查目的问题。读书人去借书，找一本书的检索方法，是以人为主，还是以类为主，还是以学科为主？学科里还有小类，这是古今中外都存在的问题。一个是编目排架，一个是检索，这两个问题哪个图书馆都毫无例外地要遇到。而且目录至少有两种以上的，一个是书名目录，一个是著者目录。书名目录有不足时还有分类目录，比如哲学类、生活类等。著者目录，除名字之外，也分哪一类的著者，这样分起来就很细致了。西洋分类法有十进法，一个朋友提供我用，我还没有详细地学，没用过。但不论哪个新方法，都不可能解决所有的问题，因为事物是发展的，社会在前进，学术也跟着发展，难道十进法就够用吗？总得有不断的补充。比如我们看余嘉锡先生的《目录学发微》，他讲古代目录怎么怎么样，再看现在的目录、现在的书，又绝对不是《七略》《汉书·艺文志》那些体制、条例所能包括的。目录从前是"六艺"或"七略"，也就是六分、七分，四分法是经、史、子、集，后来王俭的《七志》，阮孝绪的《七录》等，都是这样。《汉书·艺文志》分九流、诸子百家，这是很笼统的。九流是学术流派的分法，经、史、子、集是书籍性质的分法。各种分法太多了，我不懂得详细的各自的利和弊。我们说古代的目录怎么样详细，怎么样合理，怎么样优越，都是相对于那个时代而言的，发展到今天，总有古代的那种编目检索方法所不够的地方，因为现在新的学术发展真是太快了。现在发达的科技，比如说电脑记录、光盘，列入古代目录的哪个里头？光盘里头有许多讲究，它包括很多内容，比如说《四库全书》，大概有十个光盘就可以把它装完。那你说光盘属于哪一类？现在的书、现在的著作，用古代的体例，确实包括不了。今天的古籍整理应该怎么办？到现在我们还在沿用经、史、子、集，现在我们还有这么一个机构，叫"续修四库全书"，这个题目好广泛、好可怕！盛世修书，这无可非议，现在要把所有的内容都容纳进来，要"续修"，而四库是按经、史、子、集，那"光盘"在什么部里？"导弹"在什么部里？现在说克隆，比如克隆牛、克隆羊等，昨天晚上的电视里还说克隆兔子、克隆耗子，那这个"克隆"在哪个部里头？又比如医学，现在有换心脏，开颅已不算什么，这些名目该放在哪个里头？现代科学技术已超过古代万万倍，现在来整理不是那么容易。我不是说现在不能修很大的书，现在最需要的是很广大的目录书籍。现在就算读了几本书，写了几篇论文，甭管取得什么学位，博士、博士后，就开一个单子，就想把古籍都包括进去，恐怕也不太怎么容易。现在还说某某博士生导师，这博导更不容易做。目录学的头一条要求，那得有极其广博的知识，不但要有古代的知识，还要有今天的知识；不但要有广博的社会科学知识，而且要有广博的自然科学知识。这样才能编辑、整理、判断、研究，所以是很不容易的。我自己受过余嘉锡先生的教导，我在辅仁大学教书时，余老先生做系主任。他可是严肃极了，堂上、堂下、家里，自己严格要求自己，生活非常自律，真是我们的师表。但是，他也有不够全面的地方。他说《四库全书》是古代以来最完备、最完整的一部大书，因为它的人力、物力投入都很大。他说《四库全书》的编法是最好的，我就看有一条：《四库全书》里头经部有"四书类"。"四书"是朱熹说的，《大学》《中庸》是《小戴礼记》中的两篇，抽出来与《论语》《孟子》合编在一起。这个科学吗？这是古代的编法，余老先生因为《四库全书》包括得广、修得比较近，在《四库全书》后还没有一种像它修得这么广泛、这么全面，所以对《四库全书》比较推崇，这当然无可厚非；但它把《大学》《中庸》与《论语》《孟子》合起来称为"四书"，成立一个"四书类"，这个是见于《七略》，还是见于《汉书·艺文志》？

　　余老先生写了一部书，还未写完，叫作《四库提要辨证》。我就跟学生说：《四库提要辨证》是极其细致、极其全面的书，考证一个论点、一句话，都很详尽。《四库全书总目提要》学刘向《别录》那种体例，一本书前面写一个全面的介绍。这个体例也是有好些人参加，陆锡熊、纪昀两个人做主持，陆锡熊死了，就由纪昀主管这件事。问题是他也不能不按照帝王的要求来写这个提要，所以才出现以"四书"为一类的说法，他不可能撇开朱熹的分类法而另立一类。试问朱熹以前有"四书"吗？朱熹以前有把《小戴礼记》两篇拆出来的吗？没有！这样，《四库全书》仿照《别录》的那个提要全是按照帝王的要求、口径来写的。

（二）版本校勘

从前的藏书家看书，先要弄清楚哪个是宋版，哪个是元版，哪个是明版，哪个又是清版，清版又有殿版、局版等，这些问题就是所谓版本。版本也是查哪个书通过什么形式出版，哪家出版，出版得全不全，出版印刷的质量如何，文字错的多少，这都属于版本类。从清朝一直到五十年前，讲版本的老前辈就专门研究宋版、元版、明版怎么样，还费很大的力气去校勘，这属于古典的版本学。因为书被大量地刻成木版是宋朝才有的事。刻在石头上的也是一种版本，比如汉朝的熹平石经，三国时的魏石经，唐朝的开成石经，从宋一直到清，历代都有刻的经。但这种经都随着石头变碎，再也找不着了。清朝十三经倒还在国子监，但它的学术价值大家都认为不怎么样。因为乾隆时代，帝王想粉饰太平，宣扬自己这个朝代有什么文化建设，就把蒋衡抄写的十三经刻在碑上。所以刻在石头上的版本与学术校勘关系很小。这是古代版本。现在同一本书，《四部丛刊》印过，《四部备要》印过，《丛书集成》印过。像商务印书馆印过《国学基本丛书》，中华书局印过《四部备要》，商务印书馆从善本的角度印过《四部丛刊》，等等。版本再新的，就有新的印刷方法，比如影印。从前影印很困难，现在影印的方法非常发达，比如敦煌出的断烂残缺的古籍，从前得到一张照片都很难，现在敦煌的大部分材料都公开了，全印出来了。现在我们印了一部关于敦煌材料的书多少本，就是把国内国外的敦煌材料印出来，缩得比较小。影印的方法就已经能够解决大家各处搜查不容易查到、想借借不到的问题，提供的方便太多了。所以版本就不仅指宋版、元版、明版、殿版、局版等，也指出版的各种本子的好坏情况。我们要研究这一本书，就可以同时找到这一本书的不同出版形式、出版时间和出版地点，比如有影印的，有排印的，有缩印的，有手抄的，这些都在版本范畴之内。我觉得版本可以说是刻版印刷的本子，甚至传抄的本子，流传的本子，把各种本子拿来进行对照。比如为查某一书，说北图有某某人手校的本子，他那个本子多一段，流行的本子少一段。陶宗仪《说郛》本来是杂抄的书，某老先生根据一个旧抄本或旧刻本发现这本书短一段，而那个古本里却有这一段。我无意中在《说郛》里就看见有这一段，也用不着什么特殊的古本。本来《说郛》是杂抄的，内容也不全，可巧有这一段。可见版本是无穷无尽的，你真不知道这边短了，那边就有，这边少了，那边多出来，真是非常复杂的一个问题。《经典释文》本来是陆德明把各种古书拿来一个字一个字校勘的，这本书清朝内府天禄琳琅藏着一部完整的宋刻本，现在在北图，是全的，已经影印出来了。这个影印本是大字本，看起来真漂亮，可是拿来细一对，它里头的错字多极了，反不如清朝纳兰成德《通志堂经解》的刻本。《通志堂经解》这个刻本是徐乾学替纳兰成德辑的，校得很好，后来有卢文弨校刻本，这两个本子都比现在看见的宋刻本的质量好得多。宋朝开始刻这些古书，因为当时印刷术不广泛流传，数量稀少而显得珍贵，不见得它的质量一定很高。有人说宋版或者古抄本可靠，其实每刻一回、每抄一回，必定错一回，这是毫无疑问的规律，甚至"无错不成书"，这几乎成了一个普遍的现象。

版本既然有差别，甚至还有质量的好坏，把不同版本的书凑起来摆在一起，你就该进行比较，说出哪个对，哪个不对。我们说宋版的《经典释文》远不及清朝康熙、乾隆这两个本子，这两个本子为什么大家认为好呢？就因为它费过很大的力量做了校勘。但校勘是很不容易的事情，不是说来就能随便做到的。你先得判断哪个是正确的。同样一本书，这个本子作"天"，那个本子作"地"，究竟哪个对、哪个错？这就涉及许许多多的知识，甚至于常识，谁也不知道整理古书时会有多少问题冒出来。

校勘有几个方面，第一，是大家都知道的，把甲本与乙本对照，从而讲出哪个好，这是对勘。比如甲本某个字剩半拉字，乙本这个字是全的，当然是乙本好，但是这也不足为凭，乙本刻全了，是否有人发现甲本短了半拉字，就按自己的意思愣给添上了？添的对不对？比如就剩三点水，究竟三点水的右边是什么？也许就凭空想象以意为之给补上了，也许是有根有据地补上了，这就不知道了。所以对勘也不能完全解决问题。陈垣校长曾经校勘《元典章》，校勘完了，他提出四个例来，叫"校勘四例"。第一个是对校，即把两个本子对着看。第二个是内校，比如头一句发现一个字，这个字有疑问或这个字残缺，就看本书里别处有没有这句话。旁的地方偶然也出现这句话，那就可以用后头这句话补足前句残缺的字或词句。因为是在本书里头来回比较，所以叫内校。还有一种是外校。比如在这本书里有一句话，我觉得这句话有疑问，不合理了，或者是分明有残缺的地方了，怎么办？假定这篇文章是韩愈的文章，就查韩愈的集子，那里面也有这句话，就拿它与我校的这个本子对，这是外校。之所以叫外校，是因为从书本以外的材料来对照。还有一种是理校，顾名思义就是按理来说，如阴天下雨，这是合理的，说晴天下雨，这就当特殊现象来论。说我看见一个怪现象，晴天下雨，这个"晴"和"雨"字没错，因为前头我看见过这样的怪现象，这也是合理的。如果说在雨天，我的房子漏雨了，这中间忽然太阳光都进来了，这就有问题了，这是什么光？本来还下雨，忽然太阳光进来了，这就矛盾了，就不合理。因为它是按理来校，所以叫理校。有人说这四校还有没包括进去的，为什么？有两本书不一样，可是两个彼此之间却判断不了谁是谁非，没法判断，最好把两本书都平摆在那儿，让别人有机会再解决。这样也是一个办法，这样的情形不是没有，古书里就有很多。这种把判断留给别人，不能叫校勘。因为有校还得有勘，勘就是评论，就是对照之后，判断出一个对错。你只把两个字平摆在那儿，那就不用你摆，谁都可以摆。摆在那儿就等于没勘，只是对照看了，这种做法并不妥当，因为它只是比较有无，没有下断语，是校而未勘。比如说宋版的书有一个有名的故事。谢灵运有"池塘生春草，园柳变鸣禽"两句诗，说池塘里生出春天的草，园子里的柳树在变。不是柳树变成鸟，而是鸟儿叫出的声音有变化。"园柳变鸣禽"，园子里的柳树上各种鸟换着样地叫，这是变。有一个宋刻本叫《三谢诗》（整理者按："三谢"指谢灵运、谢朓、谢惠连），它上面就写"池塘生春草，园柳双鸣禽"，园子里柳树上有两只鸟。生是动词，是生出来；"园柳变鸣禽"，指声音有变化，有不同的鸟在叫，它与数量词不一样。园柳上有鸣禽，就不止是双，也许多少只都有，怎能叫"园柳双鸣禽"呢？按理校，我绝不采取"双鸣禽"，但版本家觉得这是古本，"双鸣禽"很有意思，就写上"宋版作'园柳双鸣禽'"。你从趣味上讲，从版本不同上说，刻本的异文也许可以列出来，但对校勘来讲，需要判断意义，那么"双"就远不及"变"了。比如王维的《送梓州李使君》里说："万壑树参天，千山响杜鹃。山中一夜雨，树杪百重泉。"山里下了一夜的雨，树梢上有百重的泉水，从树梢上看见山上流下泉水来。这是形容山景，这是很广阔、很巨大的景致。有一个宋版书，把"一夜雨"写成"一半雨"，"山中一半雨，树杪百重泉"。清朝钱遵王《读书敏求记》就特别讲，有一个宋版是"山中一半雨"。各种版本都没有这个"半"字，其实是他刻错了，山里下雨怎么能是一半呢？那时又没有天气预报，怎么能知道哪个雨是全份，哪是一半呢。可见这宋版并不高明，分明是当时刻错了，或是"夜"字的底子不清楚，刻字的人就随便刻了一个"半"字，也许是刻工马虎了，这很难说。这种对面比较并不是最好的办法，有校无勘是不行的。因此我想到现在的校勘，很多位从事校勘的人很费劲，校勘很有功劳，可是我们看到他在不同的字句底下有四个字或八个字，叫"择善而从，不出校记"。怎么"择善而从"？比如他认为"山中一半雨"为善，为什么？因为它是宋版，我就根据宋版，我就择善了，就不注明还有"山中一夜雨"这一说法。这就很危险，它的原文不合道理，那么他是从哪个角度判断它为善？下面半句更可怕，"不出校记"，也就是从他这里，一切全由他定了。王维这句诗就是"山中一半雨"，这是我定的，我认为它善。这虽然也勘了，但这个勘是没有尽到客观的责任，没有客观的用处。所以这个"择善而从，不出校记"是很危险的。他不知道有许多问题就会由此发生。现在新出版的书里头有字错的、断句错的、制度习惯不理解而错的；有的同声字声韵不理解，古字不知是假借，而结果认为是误字的也有。

（三）制度

制度有许多方面，像历史上大的制度，比如《战国策》中的触龙说赵太后的故事。马王堆出土的帛书也记了这个故事，它写的是"触龙言"——触龙跟赵太后说，而不是触詟言说，我觉得这种写法比较好。《战国策》里的这篇文字说赵太后送女儿出嫁"持其踵，为之泣"，攥着她的脚后跟向她哭，意思是，这回嫁出去就要跟人家好好过一辈子，不要因为什么事情让人家给送回来。这是怕女儿嫁出去后又被人家休回来。她的儿子给人家做人质就可以使两国修好，太后不愿意让儿子为人质，而希望女儿好好过日子，送别公主时"持其踵，为之泣"。一般的读者总觉得"持其踵"不合理，这成了真正的太后扯后腿了。他不知道古代的人都是席地而坐，那个人脸朝外，这个人伸手就攥住了脚后跟，假定那个人站起来，坐着的老太太揪她的手够不着，但攥着脚腕子说话也合情合理，因为蹲离送别人的手最近。后来人就把一般读本改为"持其手，为之泣"。在今天的生活中，"持其手，为之泣"是很合礼貌的，但在古代是"携手上河梁"，两个朋友要分别了，到了河边拉着手。但这个送别是"持其踵，为之泣"，若不明白古代的情形，校勘时先来个"择善而从"，觉得握手是善，"持其踵"是不善，于是先改"踵"为"手"，再接着"不出校记"，麻烦就更大了，流传到后来就给人一个错误的版本看。所以，校勘时对当时的各项制度得了解，小的生活制度和大的国家制度，都要知道。其中有许多专有名词，要是不理解那个专有名词的意义，觉得这句话不合理，愣给改了，就改出错了。比如最平常的，古代皇帝批公文，常常用几个字："制曰：可"。这是皇帝发命令、批准的意思。皇帝写东西，后面加一个"敕"字、"制"字，叫"敕书"或"制书"。现在的简化规范字里，制造的"制"和制度的"制"是一个字。我们假定在电脑里给它一个指令——简体改繁体，那么，"皇帝制曰：可"，就变成了"製曰：可"，成了皇帝做了一个东西叫作"可"。这就不行了。这样的事情还有很多。

　　制度包括许多方面，其中随便一个方面，都可以成为一个问题。我们对于古代的生活、古代的制度、古代的习惯，往往有许多的误解。我们不说远的，不说国家大事、朝廷制度、社会习惯、家庭生活，就说书籍本身。有一个单位专印线装书，有人拿印出来的线装书给我看，我发现他们给线装书上书套，结果把书签给贴反了。在清朝，线装书订线在右边，书页是从左往右翻，第一行是从右往左这样的形式。书套也是这样，书放在里头，左边半面先扣，右边再往左扣，右边外皮的左边贴上书名的书签，是这样一种制度。现在我瞧用线装订法的书，甚至于仿照线装书的样式印一本平装书，在外头做一个封面装饰，画一个订线。清朝满文书、蒙文书都是冲左翻，书口在右边，头篇向左翻，第一行是从左往右，从上往下念。汉文书印出来了，拿给我看，我一瞧以为是满蒙文书，打开一看是汉文书，汉文是向右翻，从右往左念。由于对书的制度不了解，出版时就闹出了这样的笑话。

关于书册制度，日本明治以后有一个叫岛田翰的人作过一本书叫《书册制度考》，对书籍装帧装订制度进行了考证，后来余嘉锡先生又写了《书册制度考补》。余先生认为岛田翰是研究书籍制度的开端，但说得不够，或有错的地方，于是，他就作了《书册制度考补》。第三就是马衡先生的《凡将斋金石丛稿》，中华书局在他身后出的。这里面也有一部分是讲古代书册制度的。马衡先生这一篇讲书册制度的文章，叫《中国金石学概要》。虽然不怎么样，但也算一个开端。他的书出版之后，我给中华书局写了一封信，指出其中引用材料有错误，现在再版，仍然没有改正过来。书里面提到一件事，敦煌发现的木简《急就章》，头一句话说："急就奇觚与众异"。意思是，有一个与众不同的、样子很奇怪的觚。觚是什么呢？觚是一个四棱的木头棍，斜着对角剖开，就是六面。这样，一块四棱的木头，用来抄写东西，就可以多写两面。这是非常聪明的想法。敦煌出了一块觚，就是《急就章》，这才知道什么叫觚，也就是带棱的木头。《急就章》就写在奇怪的、特有的觚的上面。觚是三棱的，在它上面的斜剖面上，削出一个平面，写"第一"。在棱的角这边有两行，右边一行是第一行，左边一行是第二行，对面是个大平面，另写一行，是第三行。觚就这么讲。法国人沙畹从伯希和那里拿来一个实物的觚进行拍照，照成图片。罗振玉把这些图片翻印，编成《流沙坠简》，在当时是很难得的本子。后来张凤又编印了《汉晋西陲木简汇编》，印得没有罗振玉的好看，但数量比《流沙坠简》的多。那时候多那么几个就很了不起，现在出的数量就更多了。那时候的木简最早的是西汉天汉、五凤年间的,而且非常难得。现在发现的木简、竹简最早的有春秋、战国时代的,数量有几千、几万支,多极了,整理都整理不过来。马衡看见的这个木简,以为是两面,第一面两行,第二面一行,而没有看到它其实是三面的觚,原来四个棱,经对角劈开后就可以写六行字。因为他是从《流沙坠简》中看的,印刷不清楚,所以就不奇怪了。(整理者按:马衡先生的论述见于《凡将斋金石丛稿》第108页,中华书局1977年10月第一版。)古代的制度大到国家的典章制度,小到家庭生活的起居制度,近到书册制度,情况非常复杂,仅凭一个孤证,怎么能说明问题呢?现在所看到的最早的古书旋风装,是故宫所藏的王仁昫《刊谬补缺切韵》,印出来是一篇一篇的,是把许多页粘在一个大的横的纸上,然后从右向左一卷,卷成一卷一卷的。打开之后,每一篇的最边上的部分就都粘在一个横的纸上,然后一篇一篇地往下翻,这种方法是比较特别的。比如现在的洋装,很有些像书脊订出一条线来,现在叫洋装,其实就是古代的蝴蝶装。蝴蝶装也是一种比较新的方法。书的制度就与校勘有关,哪一篇接哪一篇,都是有规定的,如果这一篇接错了,那么文字也就错了。文字一错,则整理的书的质量自然也有问题了。

二、文字与音韵

（一）文字

文字也是整理古书的重要一关。湖北郭店出土的竹简，经过人们多方面的考证，证明是春秋时代的竹简。马王堆出土的虽然是西汉初年的，但其产生时代应该比西汉还早一点，甚至可能是秦朝或秦以前的写本。铜器上的如毛公鼎上的文字，比流传的《尚书》短篇的文字还要多，还有散氏盘上的文字。这许多的文字，要把它变为今天的文字，是非常困难的。现在它已成为一种专门的学问，有很多人在专门研究古文字相当于现代的哪一个字。比铜器上的文字即金文再早些的是甲骨文，甲骨文在国内外有许许多多，据专家说，现在被认识的可以确定的甲骨文，也只占全部甲骨文的一半。比如王国维，就是大家公认的古代历史研究大家，他大量参考甲骨文里的材料，写成了《殷卜辞中所见先公先王考》，但他也说他认识的甲骨文只占整个的百分之五十。而且，文字这一关，它涉及的不仅是文字，还包括训诂。这个字在当时当什么讲，有什么作用，就必须弄清楚。《尔雅·释诂》"初、哉、首、基、肇、祖、元、胎、俶、落、权舆，始也；林、烝、天、帝、皇、王、后、辟、公、侯，君也"，一大串一大串地讲了这么多的字，结果都当一个意思讲。"明明、斤斤，察也、条条、秩秩，智也"，这些语词、连绵词又当什么讲，《尔雅》的开始"释言""释训""释诂"等,就是解决这些问题的。《说文解字》是解释一个一个字的,而《尔雅》则是解释一个一个词的意义的。对这些东西如果不真正了解,仅凭"择善而从"做判断,你就无法确定哪个是"善"。所以整理古籍的要求第一是制度,第二便是文字。

文字里还有一个问题。敦煌出了许多古书,其中有一些草书,也有一些当时的简体字。对于这些简体字,如果不认识,就不知道它的意思。比如敦煌里的许多北朝佛经写本和少量的南朝写本里,就有很多的简体字。其中有一个字,是"家"没有右边的一撇一捺,这个字是什么呢?许多人不认识。后来才搞清楚,它原来就是"寂寞"的"寂"。我们读古书时,姑且不说翻译它的意思,首先就需要认得它到底是什么字。日本也有一些古字,比如一元钱的"元",日本人就写作如"丹"字去掉大横两边伸出的部分,好像月亮的"月"字没有下边一横。还有,我们所说的"艺"字,日本人则写作"芸",等等。这类情况,在日本古书里极多。我们图书馆(整理者按:指北京师范大学图书馆)有一部清代后期的手稿,中文系一位老师和他的研究生一块对它做了整理,现在已经出版。这部书的前面有一篇序,整理时就出现了问题。书的序一般都是请名人写,而且多是行书、草书或其他手写体。古时书铺比如我们知道的文楷斋刻书,凡是刻书中的序,不论什么字体,要价一律加倍。如果正文是一毛,序就是两毛。为什么呢?陈垣校长告诉我,这是因为序多半是手写体,要刻成手写体,比较困难,而且由于手写的字迹比较特殊,辨认也很困难。他的《励耘书屋丛刻》,就是这种情况。这样一来,慢慢地序言不是手写体的,也要加倍,这成了一个定例。如果我们整理一部书,碰到手写字却不认识,就非常困难。又比如"子谓颜渊曰"的"谓"字,在帛书、木简以至六朝的写本里,很长时间都简化成"胃",没有了言字边。如此等等的情况,还有很多。和师大中文系先生一起整理古书的那位研究生，把书中的序拿来让我看。我一瞧，其中有许多就是行草字，他就很难认得。不认识，自然就难以翻译成现代的大家都知道的常用的规范字。

所以，文字的问题，从古至近，从近至今，一直都很重要。繁简字的问题，也是文字中的一个值得注意的地方。现在用电脑可以进行繁简字的互相转化，但是把一篇文字转化成繁体，不定会变成什么。还有比较特殊的简体和繁体问题，在简化字还没有严格推行的时候，我就看见过这种情况。《唐语林》里讲到古代妇女用的"抹胸"，书中把"抹"写成"袜子"的"袜"字。因为在南方音里，w当作m，比如"微服而过宋"就是"密服而过宋"，"袜"就可以当"抹"来讲。"袜"字繁体写作"襪"，于是整理和校对的人就把"抹胸"都当成了"袜胸"。袜子跑到胸上去了。这是规范字、简体字的问题。还有行书、草书。宋朝黄庭坚写草书字是很有名的，但他自己也坦白，有些字的草书写法一时想不起来，就临时现编一种写法。可见，古代的大学者、大书法家，就存在很普遍的随意草写的情况。我曾经把古代的行书字、草书字复印了几篇，拿来让同学们辨认。大家都觉得这种锻炼，对于辨认古字、校勘古籍，实在是非常有用、不可缺少的。

要校勘古籍，就要知道古籍所涉及的政治、生活等方面的各种规章制度，或者说就是各自的习惯。如果不了解所牵涉的制度、习惯，就会出笑话。仅仅关于文字，就有甲骨文、金文、大篆、小篆、行书、草书等，今天又出现了简体规范字的问题。一般说到简体字，似乎都是笔画最简单的写法，其实不然，比如道德的"德"，在有些手写体里，都把"心"上那一横去掉了，反倒比规范的写法还要少一个笔画。我多少年就一直这么写，有一天看到"德"，还以为它这个写法不对。原来正是我写得不规范，规范字反而多了一横。清朝咸丰皇帝叫奕詝，当时因为嫌名（形状相似、读音相同）而避讳，就把"丁"字的那一竖钩去掉，只保留了一横。清朝避咸丰的讳，都是这种做法，不管左边是什么偏旁，右边一律写作宝盖头下面一横。不管出于什么动机，只要是为了避讳，都统一成这样。可是，像这简体字的"德"字一类的问题，却实在不好统一。我不是说规范字不好，规范字是国家规定的，就得按照它的要求来写。到底是以简为主，还是以繁为主，只有到时现查，是多出了一笔，还是少了一笔，才能明白。我们现在不用考虑清朝的避讳问题了，但是，如果从经验主义出发，把"贮""伫"等字右边的那一竖钩给恢复过来，那就不对了，不合规范字的要求。草书、楷书、规范字、异体字等这些问题，如果我们只是看电视、听录音，就没有必要去特别在意，可是要整理古籍，出版书，就不能不关心这些问题。

（二）音韵

我们读古代的诗文时，经常会碰到谐音的问题。如"东""中""同"，是同韵谐音，可以通"押"。可是，"谐"音的本字是"叶"音，如果把"叶"变成繁体，就是"葉"，在现代语言里代表树叶的意思。古诗说"白杨多悲风，萧萧愁杀人"，一般人多在坟地里种杨树，大约是因为杨树长得比较快。树叶都有声音，但为什么就把"叶"讲成有谐音，这问题还有些复杂。这就涉及了声韵问题。

声韵对于整理古书的重要性，不要说很多的后起之秀青年人不理解，就是一些八九十岁的老教授，对此也有不同意见。曾经有一位老先生就很不理解地问我：教书就教书，只要把书教好就行了，还要做什么科学研究？对他们的这种疑问，我实在不明白：我们要把书教好，就必须列出教案，教案符合不符合教学大纲，适应不适应学生的实际情况，需要不需要仔细地考虑？那么，这算不算研究呢？而且这位老先生他也教了一辈子书，他也做研究，他怎么反倒说起教书不搞研究的话了。这真令人觉得奇怪。

现在有人说声韵与校勘古书没有关系，可是我们看到哪种书一打开即可以听到声音？就像现在的一些贺卡，印得很好看，打开折页，里面便发出叮叮当当的音乐声，非常有趣。现在的许多书，里面也附了光盘，就不但可以看文字，还可以听录音，这当然很好。但是古代的书并不能像光盘那样，一打开就可以纷纷地说出话来。要读懂古书，还得要弄清楚字的读音。因此，要说古书与声韵没有关系，就不太合适了。清朝王念孙有一本书叫《读书杂志》，就专门讲古书的声韵。古代的书，不论是经书、史书，还是子书、集书，光看字的形体，就不能解决它的意义。这就需要找出与它的读音同类的字，用同声音的字来代替另一个同声音的字，从而解决古代声训的问题。古代的字也有自己的规律，比如古无轻唇音、古无舌上音等，喻三喻四，喻母字在古代都是定母字，娘和日都归为泥母字等。这都是近代人发现的规则，具体来说，就是钱大昕在乾隆嘉庆年间总结出了古无轻唇音、古无舌上音，这就是《广韵》后所说的类隔变音和。曾运乾发现喻母的三等、四等字变为定母字，比如"由东到西""由于"的"由"，加上一个走字底，就成了"迪"，读音为"dí"。"由"是喻母的三四等，现在变成了定母字。如果不知道这个规律，就不明白这两个字为什么可以通用。再比如"之"和"的"，"父"和"爸"，就是轻唇音和重唇音的问题。现在小孩叫父亲为爸爸，好像"爸爸"比"父亲"更通俗些，其实恰好相反，"爸爸"的用法比"父亲"更加古雅。

还有，在《世说新语·文学》里，王衍问阮瞻：老子和儒家，是同还是不同？阮瞻回答说"将无同"。老子跟什么"将无同"？"将无"的注解费劲大了，除了刘孝标的注解，近代还有许多位注解，一句十分普通的话注解到这么繁多的程度还很少见。"将无"在《世说新语》中还出现了一次。"雅量篇"记载说，一次谢安和朋友、家人到东海上坐船游览，海面上起大风了，有人就提出回去，谢安"神情方王，吟啸不言"。风越来越大了，大家都坐不住了，谢安才慢慢地说："如此，将无归。"什么叫"将无"？没有很明确的注解。我觉得很简单，现在还有这话，普通话还有"估摸"，估计的意思，比如说"估计要下雨"，"估摸要下雨"。"将"就是"刚"。古无舌上音，"j"由舌上出去，念作"g"，"街"现在有的地方还念成"gai"，"将"由"j"变为"g"（"刚"）。无（u）就是莫（m），"将无"就是"估摸"。古音许多在书面变成另一个字，在口语里还是原来的音。父亲在书面上写父，小孩管父亲叫爸，爸就是父的古音，小孩说的是古代相传的音。所以"将无同"就是"估摸同"，"估摸"就是"估计"，"将无归"即"估摸归"，就是"估计该回去了"。宋朝秦桧杀了岳飞，韩世忠等不满，问：岳侯究竟有什么罪？秦桧说："莫须有。""莫须有"有人讲是"恐当有"的意思，"莫"是"估计"，不错；"须有"，找宋朝类似字来比照。专条讲这个词的一个是余嘉锡先生，一个是吕叔湘先生，都曾专条考证"莫须有"，都认为秦桧的意思是"大概有""恐当有"，最后讲"恐怕应该有"。秦桧已杀了岳飞，别人问，他回答"恐当有"，这太含糊，他怎么能说这样含混的话呢？"莫"就是"总"，"须"就是"该"，"须有"就是"该有"，"莫须有"就是"总该有"，你们问不着，不该问。这才符合秦桧的口气、身份、权力。我有权杀他，我已经杀了，总该有，要没有，我能杀他吗，但你问不着。对"将无同"和"莫须有"这两个词如上的解释，是我的见解，是不成熟的见解。一个"将无同"，一个"莫须有"，现在不是没人讲，而是许多人讲，只是觉得没搔着痒处。

关于音韵，我想特别说说四声的问题。

从前有人说南无平，北无入。这话不通，不确切。实际上，南有平声，北方读不出来入声倒是真的，可北方的发音还是有入声,他不把它当入声念。为什么北方人发音有入声呢?比如说父亲告诉孩子,上司告诉属员,上级告诉下级:你把这件事办了,你到那儿去。这人随即回答:是、是。这是什么声调?这不就是入声字吗。短促,很紧,这就是入声字。那么,又为什么说北方没有入声字?比如说,周德清作《中原音韵》,他就把入声字都配到三声里去,叫"入派三声"。国家的"国"是个入声字。"国",北方音有人念"国",国家,念平声,阳平。还有人念"国",念上声,这是国家。还有人念"国","红豆生南国",把它读去声。但真正的"国",读不出来。有一些语音学家常常讲,原来的入声字它有个尾音,叫"b d g",或者吐气的"p t k"。说入声字把它的语尾、尾音丢了。我就想问:这个入声字,它为什么那么马虎,不留神,老把它的尾音丢了呢?比如说"国",没有"b d g p t k",我不也念成"国"?为什么北方人读不出入声字来,就说是因为把尾巴丢了呢?

其实,我有一个见解,一个谬见,一个错误的疑问,不一定正确。入声字抻的声音的长度,跟前面的平、上、去不能相比。它短,你要想把它抻长,它的读音立刻就变。它只能那么短,不能抻长,不在于它有没有尾巴。我认为,尾巴上没有入声字。我写了一本《诗文声律论稿》,精通古文字、古音韵学的唐兰先生看了以后,就给我写了封信来,还作了首诗,大意说:你以一个北方人硬谈诗词格律,这好像很难为你。我就写了一首诗,说自己是"伧夫谈诗律",南北朝时的南方人把北方去的人叫伧夫,说这人很"伧"。有人念"chen"(轻读),有人念"cāng",其实就是现在北方口语里所说的"很寒伧",说这人长得"很寒伧",就是很难看。"伧夫谈诗律,其难定若何。平平平仄仄,差差差多多。待我从头讲,凭君跺足呵",后两句是说:我从头讲起,让唐先生跺着脚来骂。因为他说我这样做很应该,麻烦的问题还得讲。我又写道:"待携唐立老,一捅马蜂窝"(整理者按:唐兰字立庵)。我说有些问题,是不能讲的,要讲,那就是捅马蜂窝。入声是丢了尾巴呢,还是"入派三声"时把音节抻长了呢?这个马蜂窝一捅起来,就不得了。后来唐先生给我写了许多封信,都是捅马蜂窝的。"文化大革命"中,这些信都被我烧了,可惜了。我说"待携唐立老"——等到拉着唐兰先生,"一捅马蜂窝"。对这个问题,我一个人不敢轻易捅马蜂窝。我写了一本《诗文声律论稿》,一共四厚本,我压缩,又压缩,再压缩,最后压缩成六万字。就这个东西,有许多人谬赞,抬举我,鼓励我,称赞我。实在是我也不敢说就怎么样。我只是觉得声韵问题是很难的,是一个很大的问题。现在讲古韵,就把古韵叫上古音、中古音、近代音。上古音非常渺茫,中古音就以《切韵》《广韵》为基础。我说,中古音它也有地方的变化,随着地方的不同而有不同。比如《诗经》中的《周南》《召南》,这个风那个风,共有十五国风,是十五个地方作的诗。有人把它一股脑都当古音来考察,那么,那几个国中间有差别没有呢?很难考察。比方说《邶风》《唐风》它那几国就那么几首诗,你没法通盘地统计。所以研究古韵的人都不提地方音。我说,难道古代那个时候全一律发这个音?事实证明不一样。唐代有许多人用不晓得哪个少数民族的音来注解《千字文》的音,敦煌中有这样的本子,罗常培先生就曾经把敦煌这个本子拿来考察唐朝的口语的音,实际上就是用少数民族的读音来印证唐朝的音,印证唐朝长安附近的音,可见又跟《唐韵》、《切韵》、宋朝的《广韵》有不同的地方。所以我就经常向音韵学家请教,我说,古代有没有方音问题?有一位朋友说,有,我们也知道它有,但没办法,要追究古代某一个方音的字,我们就没有凭借了,只好把它认为就是那个时代的音。陆法言等八个人作《切韵》,这八个人中,南方人也有,北方人也有。《切韵序》的开篇就说,吴楚的诗、吴越的诗尚清浅,他们说的话清而浅。又说某某地方以"上"为"去",某某地方以"去"为"入",等等。这里头举了许多例,就是说明语音有地方的不同,然后他来一句,说是"我辈数人,定则定矣"。这八个人规定把这些字分为"平、上、去、入"四部。"东"属于读平声,把它搁入平声字的"东部",把"董"字定为读上声,就把"董"字列入上声,"冻"列入去声,"笃"列入入声。"东、董、冻、笃",这是"我辈数人"——他们八个人给规定的。《切韵》到宋朝叫《广韵》,怎么广法呢?就是字数加多了。《广韵》都是"东"在平声韵,今天山东人读"东"却变成了去声,所以刘半农先生作过一个《四声实验录》。从《广韵》一直到清朝的《佩文韵府》,他就拿其中的"东、董、冻、笃"这四个字,找各地人去念,也就是从"平、上、去、入"四个韵部里抽出来四个声调不同的字,又如"衣、已、意、乙",这些都是《广韵》《切韵》里分别归入"平、上、去、入"四个声调中的不同字,把"东、董、冻、笃""衣、已、意、乙"这些字让各地人念。他念出来,就各不相同。比如山东人念"我们东边","东"就变为去声。又比如四川人读"刘先主","刘"在现在的普通话里是平声,"先"是平声,"主"是上声;你让四川人、成都人念"刘先主","刘"就变成上声,"先"就变为阳平,"主"就变为去声了,成了"上、平、去"。现在普通话及《切韵》系统,都念"平、平、上"。这样,刘半农先生就得出一个结论,各地方有各地方的"四声"。可是,他这个实验、测量白费了,他按照《切韵》规定的"平、上、去、入"四个声调去挑选字,这就有先入为主的局限。其实,既然是四声实验,就应该不先给他规定"平、上、去、入"的字,就让他发四种调子的音,然后填上字,再把这些字纳入《切韵》《广韵》《平水韵》那个格里头,就会知道广东人把某个字读什么音。现在有一个全是地方字的音的调查,比如说"饱",闽南音读作"八"。

"饱"本是撮口音，嘴缩在一起读"饱"。"饱"在普通话里发音口型大概也是口合拢的，可是闽南音"饱"念成"八"，是敞着口。比如说，澳门有一个"大三巴"教堂，是明朝西洋传教士到这儿来修的一个教堂，好讲究，后半部分后来全被烧了，只有前半部分还留着。"三巴"这个词在古诗中就出现过，有"三春三月忆三巴"之句，"巴"指四川巴蜀的"巴"。但澳门这个"三巴"与四川没关系，是什么呢？是"圣保罗"。圣保罗的"圣"音译变成"三"，"保"变成"巴"，合称"三巴"。现在广东人也不懂闽南话和潮汕话，福建北部的话不懂，广东的话也不懂，汕头属于广东范围，但说的话是闽南话。闽南人把"保"念成"巴"，把上声字念成入声字或者平声字，这就很麻烦。所以有一位朋友说得很实际，他说，我们不能不把中古看成一个层。为什么？因为它有各地区的差别，很麻烦，我们没有那么些根据材料，就是说，四声到现在还有许多的、不同的差别。可是《切韵》《广韵》等书还有它的功劳，它的功劳是，把许多音用人为的手段归入这里，大家作诗作文都有了依据。你看唐人作的诗，宋人作的诗，你读起来都很合辙押韵，念起来很好听。李商隐是北方人，李太白是南方人，他们作的诗，我们现在看起来、读起来都一样，你分辨不出来有什么区别。它的功劳使各地方的音按照书本上的读音统一起来，这就是《切韵》里的一句话，叫作"我辈数人，定则定矣"。近代语音、文字大师沈兼士先生有一句名言，对我启发很深。有一天，有一个人也就是顾随先生的弟弟，他在北大念书，拿一个字去问沈先生，说，这个字究竟应该读什么音？沈先生说了一句话，我觉得这句话也是千古不磨的重要的一句话，叫作"大家读什么音，就读什么音"。我以为"我辈数人，定则定矣"，这是归纳，归纳成一定标准，它起过这个作用。在《切韵》一千多年以后，从"我辈数人，定则定矣"变为沈先生的"大家念什么，就念什么",这中间就有了很大的差异。那到底应该遵循古代的"我辈数人,定则定矣",还是遵循今天的"大家怎么念,就怎么念"?比如说"滑稽",现在大家都念"huájī",没有人念"gǔjī",可是在古籍中,在《史记》里,要把《滑稽列传》念成"gǔjī liè zhuàn"。如果读成"huájī",说明你没念过《史记》,《史记》的注明明写着念"gǔjī",是入声字。但后来,我一看《晋书音》(这《晋书音》是唐朝人作的,没有单行本,就在殿本《晋书》的后头,我手头的"二十四史",《晋书》后头附着这个音),里头就有"滑"念"huá"的注音。可见现在人念"滑"也有根据,"滑"就念"huá",跟今天的普通话的音一个样。你说到底是"gǔjī"对,还是"huájī"对啊?看来它们都有根据:在古代,"gǔjī"是对的,在今天,"huájī"是对的;在古代,陆法言是对的,在今天,沈先生是对的。就是这个道理。

四声反映的是古代的写诗作文要求,在现代则与我们读古书、整理古籍有关。比如《论语·述而》里说"文莫吾犹人也",清朝人普遍认为,这是一个训诂问题,其实它也是一个音韵问题。在古代,"w"和"m"可以声转,"文莫"就是"黾勉","文莫吾犹人也"即"黾勉吾犹人也":勤勤恳恳的我和人一个样,其他的我有不如的。那么像这种同音字,它本身有另一个解释的含义,你要不懂音韵,就没法解释这个字。这就是音韵对于整理古籍的作用和关系。现在,我不配说我懂得多少音韵知识,比如国际音标,我连怎么画符号都不太明白。有朋友给我做了一盘录音带,我学了半天,也没记住,我脑子不好使,所以我就有些不配来谈古音的专门问题。但是作为常识,作为古籍的普通东西,你要不了解它,就无法进行整理古籍这项工作,于是,不懂也得学。

王力先生是语言学的专家,是大师。他是广西博白人,有一天,我对王力先生说:"我发现驴有四声。"王先生说:"对,陆志韦先生就说过驴有四声。"我问:"陆先生在什么文章里发表的这个观点?"王力先生说:"陆先生他只是口头说的,他发现驴叫有四声。"我说:"我没读过他的这个观点,我也不认识陆志韦先生,曾经见过他,但他站在台上,我在下面听他说过话,我没有跟他对过面。"王先生就说:"这显然是一个暗合:你也有这个发现,他也有这个发现。"他又问我是怎么发现这个现象的,我说:驴叫唤时发出"嗯啊嗯啊"的声音,"嗯"就是平声,"啊"就是上声。之后还要长嘶一声,发降调的"啊",这就是去声。最后再打两个响鼻,发出"啊啊"的声音,这就是入声。我还对王力先生说,我发现在《世说新语》里有两个地方也讲到了人学驴叫的故事。一个地方是王仲宣(王粲)死后,朋友来吊丧,大家都知道他活着时爱听驴叫,就都对着灵堂学驴叫,学完了就走了。(整理者按:《世说新语·伤逝第十七》说:"王仲宣好驴鸣,既葬,文帝临其丧,顾语同游曰:'王好驴鸣,可各作一声以送之。'赴客皆一作驴鸣。")第二个地方是写王武子,他是南朝人,比王粲晚了,但他活着的时候也是爱听驴叫。有一位在吊唁他时也不写什么祭文,也不说什么话,就对着灵堂学驴大叫一声,学完了就走了。(整理者按:《世说新语·伤逝第十七》:"孙子荆以有才,少所推服,唯雅敬王武子。武子丧时,名士无不至者。子荆后来,临尸恸哭,宾客莫不垂涕。哭毕,向灵床曰:'卿常好我作驴鸣,今我为卿作。'体似真声,宾客皆笑。")这两个事毫无疑问在故事传说里是一个母题。一个故事传说的时候名称有点分歧,并不奇怪,奇怪的是,两个人都姓王,可能这个事情是在一个姓王的身上发生,而传说记下来,一个写成王仲宣,一个写成王武子。那么为什么那时候忽然就有许多人爱听驴叫?就是他们在当时有意识地探索诗歌的声律,最后是沈约等人发现了四声的规律。梁武帝不懂什么叫四声,就问周颙。周颙告诉梁武帝说,"天子圣哲(平上去入)",梁武帝还是听不懂,于是他始终没接受四声。(整理者按:也有文献记载说,是梁武帝问周颙之子周舍。)还有人举一个例子,叫"灯盏柄曲"(整理者按:《旧唐书·杨绾传》记此语为杨绾所说),说灯盏的把是弯的。柄是浊声,北方音现在一般读上声,在古代却读去声。杜甫《乾元中寓居同谷县作歌七首》有"长镵长镵白木柄,我生托子以为命"之句,说他自己扛着锄头去耕地,在长把的锄头上寄托他的性命。也就是他自己种出来的粮食,供他自己吃。那么这个"柄"和"命"应同样是去声字,可见,唐朝人把它念去声。而今天北方音浊去声变上声,浊上声变去声,这已经成普遍的现象。"天子圣哲""灯盏柄曲",南朝人和唐朝人留下的这两个例子,就是对平、上、去、入的具体理解,而这与驴叫时发出的"嗯啊嗯啊"正好相合。

三、标点与注释

（一）标点

陈垣校长有几个论点，我们一直牢记在心上。他说，他写好一篇文章，必须给三种人看：一个是高于他的，一个跟他同等水平、同等学力的，一个是水平不如他的。所以他常把他还没发表的论文稿子，拿给我们这些学生看，当然他也给他的一些老辈和他佩服的朋友看。他还说，作好的文章就像刚出锅的馒头，你不要拿起来立刻就吃，那样吃，准会烫嘴。他说得很好，刚蒸出锅的馒头要凉一凉，让它把热气消一消，然后再吃，这馒头才合适，才不烫嘴。这就是说，你的文章刚写完就发表，那样你准后悔，拿不回来了，因为你最后发现里头潦草的、错误的、落了字的还有好多。你应该搁一搁，热气消失了，你再冷静地看一看，至少在重看的时候感觉没有错字了，或者没有要改的了，你再投出去。其实投出去了还得改，就是发表了之后，不见得就没有再需要改的地方。他这话是语重心长地教导我们后学的很重要的事情，它的重点是说，一定要把写成的文章拿给别人看。有一次，我的一位同门拿了一篇文字，说其中有几句缺少句点。陈垣老先生听了没言语，而是把这篇东西又拿给我看，说某某人讲有几句应该加句点，你认为如何？我瞧了瞧说，这是两句诗。那位老兄把两句诗当作散文，所以认为应该断开。陈老师当时就说，你别告诉他，别当面驳他,你告诉我,我将来再告诉他。后来我又见着这位把两句诗当成散文要加标点的老兄,我就说起来这件事。他说,这一定是某某大哥某某先生干的。我没敢乐,其实出错的就是他自己。自己出了错,他居然还不知道。大概陈老师后来忘了,就一直也没给那老兄说。我还看到有上海出的一本陆游的《老学庵笔记》,它里头有一句是写临安药铺的招牌。招牌上面写的是什么堂什么号专卖什么地道生熟药材,结果标点者给点成乱七八糟的几句话。后来我把我对这本书的修改意见,交给中华书局一位编辑看,说这个地方错了,不知他给那个标点的人看了没有。像这种明摆着的标点错误,真还不如不标点。不标点,你拿着原文让人看,他看得懂就看,看不懂就不看。你加了标点,点错了更麻烦,人家还不知到底是怎么回事。还有上海出的《唐语林》里把"抹胸"当"袜胸",就是繁体简体出错,而且标点也出错。我还看见一本什么书说唐朝考试,说的是作为小职员要考他的书、判、身、言。书,是写字,看他写得清楚不清楚;判,是判公文、批公文,看他说的话通不通,说得确切不确切;身,是这个人的身量。清朝还有大挑知县,大挑知县也看这个人的模样、身材。比如这个人身材矮小,又有些残疾,让他做知县。知县要升堂审案,老百姓一瞧这个知县先嗤笑,这个知县就没有威严了。言,是看他的言辞、谈吐。如果这个人说话没条理,或者有什么口病、结巴,或者发音不准等,都不利于做黎民的官。唐朝要考书、判、身、言这四门。我就看一个人标点时在"书判身"下来一杠(整理者按:指人名号),成了这人叫"书判身","书判身言"就是叫书判身的人说。这样标点还不如不标点。我曾经发现马衡先生的《凡将斋金石丛稿》里有一个地方,说:我借得一个人的书,借就用"叚"字,"真假"的"假"去掉单立人,这个字很像姓段的"段"。"叚"这个字就代替真假的"假",真假的"假"又代替"借"。我跟人借了一本书,我"叚"某人一本书。《凡将斋》里把"叚某人一本书"的"叚"印成了"段"字,成了"段某人一本书",那就完全不是原来的意思了。后来又有一位先生点校陆游的《家世旧闻》,附录了李盛铎的一篇跋,其中有"门人傅沅叔从友人叚得景写一帙见诒"这么一句话。"叚"就是"假",借的意思,"景"即是"影","叚得景写一帙"就是借来了影印抄写的一本。但这位先生点校时就在"叚得景"旁来一杠,成了这个人叫段得景,这本书是段得景的抄本。做标点的老先生是我的熟人,我告诉他您标点错了,他赶紧表示,一定在再版时做修改。再版在今天非常方便,可在古代得多少时间才能再版一次。不过,尽管现在再版很方便,可是头版五百本已经出去了,纠不回来了。你登报申明又有谁看?谁又会按报上申明的去改书中的标点呢?到时候后悔已经晚矣,至少那五百本没有办法了。就像这种字体的辨认,标点的错误,加人名号,有如药铺的招牌,搞错了都成问题。现在说整理古籍很不容易。整理古籍得有绝对的多方面的常识,不是说专门学问你钻研得多深多透,多有独到见解,不是这个问题,而是要懂得常识。那些极其普通的问题,你要不懂就随便来一杠,这就麻烦。"叚得景""书判身",你到哪儿查都没有这一条。

2.注释

整理古籍头一条是标点,第二条就是注释。注释比标点更难了。注释是要把古代人说的那句话,用现代话加以注解。《史记》有三家注,集解、索隐、正义等,《汉书》有颜师古注。为什么三家注可以同时存在?为什么不把几家注合起来印在一块儿?就像《水经注》有好几家注,有人把它合刻。因为张三校认为甲字是乙字,李四又校丙字是丁字,第三个人又校甲字不是乙字,甲字是丙字。这样多少家合起来校,合起来注。要说一人一注不就行了,毕其功于一役,一次全解决了。如果一次不能解决,别人还得多次地注，这样就很复杂了。所以说，注不是一个省事的事，像杜诗，有千家注杜——说千家有点夸张，意思是言其多。千家注杜最有意思，比如，后一个人说那一个人错了，再看更后一个人，又说他注错了。宋代人的注姑且不管是施顾注、黄鹤注，就是到了清朝初年，还有钱谦益注杜。他先委托他的老朋友朱鹤龄去注，但钱谦益看了不满意，钱谦益又注。他觉得自己是权威，自己注解的一定很好。可他注完后，后人又驳他，说他的某某注某某注错了。可见做学问、为人处世，是要十分谦虚谨慎的。孔子曾经说，"如有周公之才之美，使骄且吝，其余不足观也已"（《论语·泰伯》），有人就根据这个意思，编成了一个对联，下联说"才美如周公做不得半点骄"，一点骄傲心都不能有。你要知道今天我可以唬别人，唬完了后人，后人再唬我，那就无穷无尽了。我今天可以嘲笑、讽刺、驳斥别人，但我死后，别人驳我，我想回驳，都没机会了。

你们说古代注书就十全十美吗？恐怕不然。我听过一位博览古书的老师辈的老学者说，现在想找像颜师古那样一个学者是很难的。这话一点也没错，在今天要找跟唐朝的颜师古一模一样的人是不可能的。他注《汉书》，打楚汉之际的汉高祖起一直到西汉末年的事情都得解释，这样一个通达汉朝始末的人实在不多了。问题就在，颜师古注的有没有错？随便翻看某一个问题，看颜师古是怎么注的。难道颜师古就注得十全十美，一个错误都没有吗？那为什么《汉书》后来又有那么多人给它作注呢？到王先谦作《汉书补注》，他把清朝人曾经对《汉书》注解发生的不同意见，不同的理解，不同的注释，汇集到一起。这样，王先谦《汉书补注》到今天还被认为是比较完整的东西。要是颜师古没有一个错字，那王先谦这个书还有什么用呢？《史记》从前是三家注，集解、索隐、正义等，要是一个人注都能解决，为什么有三家一齐注？三家注之后，《史记》又有多少人补注！日本有一个人（这个人已故去,叫泷川龟太郎,现在新印本叫泷川资言),他写的书叫《史记会注考证》,中国也重新翻印了,可见它很实用,研究《史记》的人没有不参考这部书的。要说《史记》三家注就叫会注,三家注已十全十美了,那这位泷川先生为什么还要考证呢?在泷川以前考证《史记》的有若干种书,他也是把它们搜集到一块儿,再做一个综合的考证。如果某人一次注解就全解决问题,就用不着后人补注了。所以注释对于我们今天了解古书是特别的有用。因为古代话已经过去,你怎么能知道那么多的词义?如《经传释词》讲虚字的意义及用法,很有用。还有很多像后来的古代语词汇释等的书,都是专门解释古书的语词、虚字的。虚字到今天当什么讲,把它变成今天恰当的解释很不容易。像王引之《经传释词》,有许多的注解,我们后头研究又增加了多少?即使这样,我们看每一条都准确无误吗?很难说。比如说词、曲里面有大量的民间口语,大家都知道《西厢记》"颠不啦见了万千","颠不啦"是什么?后来有人证明这是蒙古语,在元朝"颠不啦"就是"宝贝",这句话的意思是"哎呀!宝贝,我见了万千个宝贝"。现代人就对"颠不啦见了万千"没办法。有一位叫张相的作了《诗词曲语辞汇释》,这个了不起。他把这种同类的词汇进行比较,先看原文,看它在上下文的意义,然后再解释这个词当什么讲。由于这个缘故,很多的古代词汇在今天得到解释,因为诗词曲许多都是口语,古书查不到,没处查。因此,张相是很了不起的。我以前注过《红楼梦》,跟几个朋友一块儿注。有一句话"不当家哗啦地",我注时就认为,既然说不当家,那就是"不了解情况",差不多就这个意思。后来看见明朝刘侗《帝京景物略》"不当家"就是"不应当","家"是语尾词,"不当家"即"你不应当这么做啊",就这个意思。我小时候总听大人说"踩门槛,不好家"。我就问:"什么叫不好家?"大人就说:"不好家就是不好家,不要问为什么,没理由。"

现在看来,"不好家"就跟"不当家"一样,是"不应当"的意思。那"哗啦地"什么意思?有的本子是"不当家哗啦子","不当家哗啦啦"。"哗啦"是后头加的语气词语尾,就是"啊"。《红楼梦》这一条到后来我才改了,"不当家"就是"不应当啊"。

古代的词语不好注释,现代的生活,现代的习惯,准都能注解得很准确吗?现代的词语也不好注释。而且越是现代口语越是难注,越难找一个确切的注解。有些人学北京口音,北京的词汇有两个特点,一个是轻音。我的一位朋友名字叫张洵如(张德泽),他是故宫博物院文献馆的成员,后来是人民大学研究档案的专家。张洵如先生有一本书《北京话轻声词汇》,专讲轻音。比如喝茶,北京东城人喜欢说"茶叶","我买一斤茶叶"。而西城的人有一种口语习惯,把"叶"字轻读,如西城有一个胡同叫茶叶胡同,没有一个人说"茶叶胡同"把重音放在"叶"字上头,而把重音放在"茶"上,"叶"是轻音。这是读音的问题。还有一个是儿化音。我小时候是在京西易县长大的,花的钱有铜元,铜子,一枚代表一个钱,还有一枚大的钱代表两枚铜元,一个大铜元叫"一个大子儿"。北京人说"一个大子儿","儿"缩到"子"里头,"子"成为儿化的子音。在易县就说"一个大铜子儿",他把这个话坐实了,念"一、个、大、铜、子、儿"。这个读音如果换一个地方就不懂了。在成都,从明朝的蜀王驻在成都,已经把北京音带到成都一部分地区。清朝驻防成都的将军所驻的一个地方叫"少成",1963年我在少成博物馆鉴定文物,就知道那一带的情形。少成已经影响了成都的语言习惯,成都的儿化音多极了,它就直接把儿音融入前一个字里,这种例子多得很。这就证明古今音,不用多古,就是现在离那时候百八十年的事情,就出现这么大的区别。

我觉得整理古籍,古代语言固然不好懂,现代语言变化更快。古代语言常常可以流传几代人。解放后，就这五十年，北京小孩说话就变了好些，比如在解放初有一个词，小孩们就经常互相说。一个小孩功课不好，或者某一件事情操作不好，另一个小孩过来就说："你真柴"，"还在这儿柴呢"。又学了一句俄语，有什么柴德洛夫斯基，于是就出现了"你真柴德洛夫斯基"，这正跟那"不当家哗啦地"一个样。刚才说的这话，又是口语又是谚语，谚语就是俗话。此外，还有成语，如不说你怎么死心眼，而说你怎么"刻舟求剑"，又如你怎么"叶公好龙"，"真龙下世你就不认得"，诸如此类。我常跟年轻人说，最好有那么一个时期书店里突然出现一大批成语词典，不是一个人编的，不是一个书局出版的。成语词典都是四个字一句，像刻舟求剑、叶公好龙、杯弓蛇影，等等。我劝人经常看看成语词典，对写文言读文言都有好处，文言文里有许多这种事情。许多成语里都有典故，成语的来源往往就是一个故事，把这个故事压缩了，就成了一个成语，然后借用。还有一种情况是借用一句话，如果那个人不懂得借用这句话的来源，就会发生很大的误会。现在还有很多这种情况。比如前些年，像我这样阶级、思想和行为处处受批判的人上讲台讲些古书，讲古典文学，甚至讲几句不相干的话，下面就有人说你又在这儿"放毒"。这"放毒"两字是在特定的时代、特定的语境，针对特定身份的人说的，这是过去时间里的常用语，现在这个词已不大用了。可是我们经过那个时候的人还常借用这个话互相开玩笑。比如，我在这讲话，一个朋友进来开玩笑说：你又在这放毒。这很自然，我们两个人同时经过什么叫"放毒"的时间阶段，说这话不奇怪。但是，如果遇到没经过那个阶段的人，不知道那个情况，没受过这种责备，对他说："你为什么放毒？"或者有一个人那个时候在外国，现在听这话会觉得：我怎么放毒？我用什么方法？装什么毒药？这就出现许多误会。像小孩说话"你真柴",我们知道很肥的鸡叫"肉鸡",肉很老的鸡叫"柴鸡"。"你真柴",小孩又不是鸡,又不吃他的肉,为什么叫"柴"呢?这就麻烦了。成语、借用语,那时的成语现在互相借用为今天开玩笑的话。在今天的语言中就如此复杂,你用它来注解古人的书就有如此的困难。

还有一个问题,叫今译,比如用今天的话来译《三国演义》。《三国演义》不管谁编的谁作的,总之是根据陈寿的《三国志》及裴松之的注来的,如诸葛亮空城计,就见于裴松之注引的"郭冲五事"。《三国演义》大部分是白话,是口语,是元明之间的白话,但那时的白话跟今天的白话比起来,还有点古雅的滋味。还有原封不动由《三国演义》原文中引下的白话,为什么原文的白话不翻呢?毛宗岗觉得当时浅近的文言在口语里可能还活着,用不着翻。有很多口语现在还活着。如我要录音,"之所以录音是因为写字麻烦,口说方便"。"之所以"就分明是古词古语,或用"其所以",但"其所以"用得不多。现在"弘扬"在口语里、文件里都很常见,"弘扬"本是佛教常用语,现在还说"弘扬祖国文化","弘扬炎黄文化"。若问"弘扬"是文言还是口语?大家一定说是口语。现在是来源于口语,往前推它是文言词。现在的今译就存在着许多的问题。有朋友让我编一套今译书,今译《史记》《汉书》《三国志》,这都好办,但今译李清照的词,今译唐诗,我就遇到了困难。李清照的词怎么译?有的词句不译还好,一今译真不知道说什么。如唐诗"松下问童子,言师采药去"。第一句没主语,宾语也不全,全句不完备。谁在松树下问童子?问什么内容?应该是:"我在松树下问童子,你师傅呢?"童子所说的"师傅"又有问题,是教书的师傅,还是和尚老道的师傅?从"言师采药去"这个叙述可以推断出,这师傅是老道,他认得药,到山里采药去了。接着又省略了这样的意思:你的师傅上哪个山?在什么地方？你找得着吗？然后童子才回答道："只在此山中。"这句又没主语，是他的师傅只在这个山里头。"云深不知处"，山里的云雾很深，不知道师傅在哪里，这里又省略了"师傅"。要是详细译全了，这首诗就没法看了，全是废话。"床前明月光，疑是地上霜。举头望明月，低头思故乡。"这诗句谁都能懂，谁都可以懂。我偏说不懂，"床前明月光"，谁的床前头有明月光？这人是在露天还是在屋里？在屋里，月光能照进来吗？月光从窗户照到我的床前，这就费事大了。看见月光干吗要想故乡？这些今译就很难了。李清照的词"独自怎生得黑"，好难译。李清照独自在屋里没点灯，感觉屋里很暗，有很孤独的感觉。"独自怎生得黑"，我独自一人"怎生黑"，"怎"，怎么，"生"不是生来、天生，"怎生"是副词，我怎么感觉那么黑呀，"生"又不等于"那么"。像这种今译是"可怜无补费精神"。现在的人纵使学富五车，才高八斗，不用说得了博士学位，就是做了几期博士后，不管他有多大学问，今译都不是很容易的事。今译不容易，并且古代许多词在今天翻译很难恰如其分地表现说话人当时的口气精神。在五十年代，有一位搞古代史的人，讲谢安淝水之战。谢玄在前线打了胜仗，军报来了。谢安正跟对手下棋，军报来到手，谢安"但摄放床上，了无喜色"，拿过军报搁在床上，可能是宽床，就搁在手边，了无喜色，照旧继续下棋。这样对手紧张了，知道前方有军报来，但不知道胜败，结果他输了。平常下棋对手准赢谢安，这天他紧张，谢安赢了。然后谢安下床，穿上有两个齿的木屐，他"过户限"，过门槛，"不觉屐齿之折"，不由得把木屐立着的木片踢折了，为什么？谢安真高兴啊，人问到底怎么样，谢安说"小儿辈遂已破贼"。这位学者讲成谢安接到军报大吃一惊，过门槛时摔掉了门牙。屐齿是木屐立的木头片，他不是吓一跳，是高兴。虽然表面很沉得住气，还赢了棋，但走过户限时还是踢断了木屐齿，说明谢安按捺不住地高兴。这不是今译，只是解释，但解释居然能出这样的错误。所以说今译不是一件容易的事情。

今译还要注意各个地方、各个民族的一些习惯的特殊用语。清朝把满语用汉字写出来，这种情形很多，比如"福晋"。在电影里演清朝的故事片，故事是编剧的人编的，演清朝宫廷历史，但他们不知"福晋"的准确读音。"福晋"不能读"福晋"，当时的用语叫"夫巾"，两字都是平声字，不是阳平的"福"，也不是去声的"晋"，电视里竟然读作"dà fújìn"。有人问：你看清朝的电视片吗？我说"我不看"。"福晋"即汉语的"夫人"，东北的少数民族如满族人，学汉语发不出这个音，"夫人"，满人的发音为"夫巾"。到清朝，特别是乾隆时，想把这些字、词汇写得古雅一些，就把这个词写成"福晋"。但是，从当时一直到清朝末年，凡是懂得这个词的意思的没有说成"福晋"的，都说"夫巾"。可编剧的人就看见书上写这两字，就念成"福晋"。再比如"将军"，这也是汉语词，武官叫将军。清朝满族人也不会念"将军"，就念成"zhāiyīn"，写成"章京"。"章京"两字跟"将军"差远了，某某将军固然是用"将军"，不能用"章京"，一般的小官就叫"章京"，如军机处章京。事实上这两个词本身是一个来源，用的时候某某将军就写"将军"，军机处中等以下的职员就叫"章京"。还有许多职员对长官自称"章京"（zhāiyīn），这是"卑职"的意思。"将军"两个字的译音有三种用法，现在电视剧里就叫"章京"，你听着特别不舒服。这只是读音的问题，而且也不是古今音，不过是两百多年以来还活着的音，还没有完全死亡的音。当时满人不会说汉语，只好按满语的发音来念，结果翻译成汉字，又写成古雅的汉字，把古雅的汉字当作当时口语的音。这中间绕了多少弯，结果还是出错了。现在看这些还不到两百年的文献，就出现了这些事。

目录、版本、校勘、文字、音韵等比较而言，版本是已经摆在那儿的情况，是已经出现和存在的现象。古写本从甲骨、木简，到宋版等，都是已经过去的产物。它已经是成品了，是死的东西摆在那儿，问题只在于后人怎么去利用它。你现在要编辑整理，就需要知道应选择什么版本，哪部书今天有用，这是目录问题；哪个本子做底本，哪个本子值得重印，重印时就需要校勘，校勘是属于还在活动的内容。校勘涉及制度，校勘这个字为什么错成那个样，为什么用那个字，很多都属于制度问题。当时朝章国典有什么意义，为什么要用这个字，民间习惯、生活范围，某一个地区为什么用那个词来表现某项生活，这个也是制度问题。古代书它为什么那样印，大到朝章国典，小到具体的这种书为什么印成这个字，都值得我们重视。用字也有问题，我有一个很好的朋友，他不但是版本学家、图书馆学家，还校勘了许多古籍。古书有"衍"字、"夺"字，在古代校勘学上，"衍""夺"是专有名词，"衍"是多出来的字，"夺"是丢了、落掉了的字。我这位朋友他整个用反了：多一个字，他写"夺"；少一个字，他反而写"衍"。这位在专门学问上是老前辈，是在外国考察过多个图书馆的，结果就在他一部分校勘札记里出现了这个问题。可是他现在已经故去了，怎么办？看起来，没有任何一个人在笔下、口中、行动上没有一点失误，这是不可能的。这就是说校勘不是那么容易。这里面涉及的，第一是制度，制度涉及一个字的用法。其他是古今文字的变化。甲骨上的字，金文里的字，行、草、楷以至今天的简化字与异体字，都有许多复杂的问题。还有声韵问题，要研究古书与声韵有什么关系。古书同音同韵的字就互相假借着来用，这样的多极了，今天声韵上还有许多这样的假借字。在规范字和异体字这个问题中，就有若干是属于形近的、音同的、韵同的，这样假借的情形非常多。不是说要求整理者在语音上辨别很细微，而是说要知道这些习惯的用法。

我们谁能保证在校勘整理古书时，都那么准确？这是不可能的。谁要说我全都知道，那就证明他全不知道。文字以及生活中的许多问题，如果不了解当时的情况，就会出错，闹笑话。这种情况在现在的电视剧里也存在。清朝头发是脑袋中间留一个圆饼，头发长长了，梳一个辫子垂下来，四周围全剃掉。这是清朝的制度和民族习惯。像辽金人是留两边，左右两个圆饼，之外的头发全剃掉，梳下来是两个辫子。电视剧里满台走的这些人只是把前面耳朵以上的头发剃一个半圆形，后面全留着。我看着就感觉很别扭，为什么？死人躺在床上找理发的人理发，只把前头剃了，因为不能把死人搬起来剃后面的头发，这样美其名曰"留后"。"留后"意思双关，既包含留下后面的头发，还包含留他的后代。其实这个词古代早就有，一个节度使下台了，有一个人接着这个节度使临时办事，这叫"留后"，即留着办理他走后的事情，所以，"留后"也成了唐朝的官名。这个词到后来就成了留他的后代，让他后代有人，这是民间口语。到清朝，人死后，把头发剃半圈，后头的头发不能剃，也美其名曰"留后"。可是满台都能跑的活人后头都留着头发，我看这样的情形很难受，就像满台跑死人，很别扭。可现在有许多人不了解清朝的历史，把这些历史故事影片当历史看。有一个演刘罗锅的电视剧《宰相刘罗锅》，他在片前写上"不是历史"，怕人们认为是写真实历史，就告诉观众这不是历史，可见编历史剧本的人也意识到很多人把历史故事影片当历史看。因为影片里面有许多浪漫主义、随意编造的东西。这就说明，和我们最接近的时代，在制度、文字、读音上也会出现很多问题，所以整理古籍就有这些复杂问题需要注意。两百年以内的事情，一直到八十六年以前（整理者按：指1911年）还活着的、实用着的事情尚且如此，要说对古书完全能够了解，这是很困难的。张相写过《诗词曲语辞汇释》，就能说他对宋金元明清诗词曲的注解都对吗？他只是考证比较得出这个结果而已。不管任何人，他有天大的学问，也有失误差错的问题。那么你今天整理古籍、注解古籍就能保证毫无错误吗？你一人错问题不大，但写成书就不同了。著作一印就是几千本。从前木版印刷，刷一次能刷二十部就不错了，但在今天，第一版就印几千本也不算多。我有一个小册子，第一次印一万本，第二次三万五千本。我的书里也有错，不但有错字，还有我底稿写错了的。这三万五千本想收回修改，很难很难。就算我现在还是中年，我也没这力量，不可能修改了。前些年流行说"流毒甚广"，这真是写一个错字要想不发生影响，是很难的，想收回也是很难的。现在看来，我从前提到的"择善而从，不出校记"这八个字非常可怕。有人刻书时，把错的都刻上了，人家不以为是他刻错了，反而以为原书就错了。因为他是名人，他是学者，甚至是大官，大官刻的书怎么会错呢？于是把错误都推到原作者身上，从而降低了原书的质量和信誉。其实哪个大官有时间一个一个抠字眼？他雇一些幕僚、文人帮他做，最后署上他的名字。大伙一看，这是某某大官，他有学问，他有功名，他刻的书当然没错。我曾在一篇文章中说过：庸医杀人是人都知道，你吃他的药送命是你自找的。比起来，名医杀人最可怕，因为他有名，他给人看病，要是吃错了药，送了命，就实在很冤枉——因为那个大夫非常有名啊。既然有名，就该医术高明。事实上，哪个名医没治错过病呢？因为他的知识就停留在他看过的范围，他没遇到过的病，他不了解的不熟悉的病，甲病当乙病来开方子的事有没有？准有。虽然我举不出例子，这种事肯定多得很。所以庸医杀人容易看到，而名医杀人最可怕。在今天有若干专家，不管你承不承认，他自己也认为自己是专家，这样的人其实有时就很危险。清代陆心源《仪顾堂题跋》卷一《六经雅言图辨跋》中,针对明人妄改乱刻古书,说过这样的话:"明人书帕本,大抵如是,所谓刻书而书亡者也。"他的意思是说,有些书不刻还好,一刻,这书就完了。因为那错字没法改,你不知道正确的字是什么。所以现在"择善而从,不出校记"这八个字很可怕。因为有专家校勘,都"择"了"善"而"从"了,他选的那个字最善、最好、最正确,没有人怀疑那个字是错的,所以就出现了在"叚得景"底下来一杠和在"书判身"下面打上人名号的情况,这都很可怕。

总的说来,我讲这么多,意思就是说,古籍整理,这个题目太厉害了。古籍整理,要把古书拿来,选择什么版本,做什么样的校勘,以至于校勘之后还得加注释,注释中用的语言和引的事迹,还是不是那个书里的内容等问题,都非常重要。还有校勘,你主观武断地"择善而从,不出校记",把错的当作善的,也是不行的。"择善而从,不出校记"这八个字是很重要的,不能随便下的。整理实践有许多方面,文字的、制度的、声韵的。比如"兰亭已矣"——兰亭已经完了;"梓泽丘墟"——西晋石崇的金谷园已经成为丘墟,"已矣"是双声字,"丘墟"也是双声字。再如"酒债寻常行处有,人生七十古来稀","寻常"不是我们今天说的"平常"的意思,他借用的就是实际的数字,是八尺为寻,倍寻为常;"人生七十古来稀","七"和"十"也是具体的数字,都不是用不相干的字来做对仗。说声韵,还附带有对偶的问题。声调有关系,对偶有关系,古书里许多都是骈体文,有上句,有下句,都是对偶。你若不了解对偶,标点古书也能出错误。制度、文字、声调、对偶,包括标点、断句、今译等,这些问题为什么要讲?就是告诉年轻的同学们要注意这些问题。你既然要做这方面的学问,也就预备做这方面的工作。只有夸夸其谈的大堆的理论,那不行,要实际面对大量的语言——古代语言、经典语言、谚语、成语、俗语、典故语等。这很费事，真正得广博，并且还要有恰合实际的理解。现在来解决古代文献中的问题，要想让它恰如其分，几方面都得符合。虽然非常不容易，但它总有一个正确的解释。注解古书，校勘古书，选择哪个字，为什么，除了它的音，它的对偶，还有虚字当实字用，就像"丘墟"对"已矣"、"寻常"对"七十"等。这些要是不了解就麻烦了。古籍整理，写起来四个字，做起来恐怕是非常不容易的事情。

附：据课堂讲授所做作业四篇

（一）用典小议

典故，即史实故事及出处可寻之词语。用典，亦称用事，旨在"据事以类义，援古以证今"（《文心雕龙·事类》）。屈原《离骚》"乱"辞曰："既莫足与为美政兮，吾将从彭咸之所居。"以彭咸二字代指史事，可谓用典之滥觞也。至若汉代大赋引"铺采摛文"之流，六朝骈文以博征广引为尚；韩文杜诗下笔"无一字无来处"，东坡、稼轩驱使庄、骚、经、史入于词。风靡历代，浸以成俗。用典，实乃我国古典诗文特有之修辞手法也。

有韵之诗，骈俪之文，囿于格律、体裁，不可随意铺张、一气说尽。援引史实故事以类比，择取古籍词语而托寓，遂可压缩句法之字数，扩充诗文之内涵，令人味之无穷，酌而不竭也。然用典也当"事如己出，天然浑厚"（《诗人玉屑》），方能语句"不隔"，无"掉书袋"之弊。

古人用典，有诸多途径。或于原义有取舍，侧面渲染；或借原义而发挥，别翻新意。或同类相连，一气贯注成章；或多义并取，指说一人一事。凡此种种，例证不难撷拾。

时代相隔，语义有变。后人涉猎古籍，往往不知所云，或者望文生义。如陶渊明文有"不求甚解"句，今人多误释"甚"

为"深",而古义实乃"过分"。《老子》曰"去甚,去奢,去泰",可以为证。于是"释事"之书应运而生,又分笺、疏、章句、集释诸体。笼而观之,古人注典,或仅列来历出处,如李善《文选》注等,或有主观去取,如不注见于经书者;或进而概括大意,如《楚辞章句》《杜诗详注》。而可供溯典寻故之类书、拈藻择句之辞典,亦随后而出。唐宋明清,历代当有纂辑。其中"囊括古今,网罗巨细",堪称古诗文典故之深渊大薮者,当推清代《佩文韵府》《骈字类编》《渊鉴类函》诸书。若备于案头,典故出处自可信手拈来。

然未见著录之掌故逸事,无书可查之俗语谣谚,实吞藏于博学之腹,吐露于先生之口,可谓夥矣。我辈数人,幸蒙启先生之教诲,得窥登堂之门径,不胜感慨。本文仅择笔记一章,小议用典种种,以谢先生之辛劳,亦望导师再赐教!

(二)索典入门

典故,即典籍掌故也。涉猎文章,举凡史实故事,辞语诗句,征引有据,来历可检者,皆谓之典故也。"据事以类义,援古以证今",实为古代文人寻常技法也。然今人倘不谙典故,则如坠烟海。故而,穷根溯源,检索典故,乃治古文学者必经之途也。

引舟待楫,斫轮备具。浩浩典故,亦有指南之书也。无论经、史、子、集,佛老典乘,皆可信手拈来焉。是书者,名之曰类书也,亦可谓之古代百科大全也。有《淮南子》,博采群书;汉书大赋,穷搜辞藻,实为类书之端也。至于魏晋,骈文盛极,《皇览》遂出,始称类书,惜其不传也。自兹以降,齐梁、唐宋至于清初,皇室私家,纂修者甚众,类书益精备,亦自成一格也。

依其内容,别为二类。其一囊括百科,网罗巨细,《艺文类聚》《太平御览》是也。其二旁立畛域,自成门户,《太平广记》《全芳备祖》是也。

究其体例,亦有二焉。或按类编排,或以韵统系,而前者尤为多也。《艺文类聚》为唐欧阳询所撰,乃我国现有最古类书之一也。是书比类相从,凡四十六部。每部之下,又详分细目;细目之下,引述条文;而事居其前,文列于后。事者,辑自经史诸子;文者,包罗诗赋诸体。检索者择部取目,依事索文,则典故出处,一览可知也。故《四库全书总目》称其"于诸类书中,体例最善"。其他按类编排者,虽不尽然,亦大同小异焉。

以字韵统系者,则有齐句尾字、齐句首字二类。前者始于颜真卿《韵海镜源》,清康熙敕撰之《佩文韵府》堪称代表。是书按平水韵之四声排列,每字之下,先注音释义;次列韵藻,各引出处;后为对语、摘句。清康熙又敕撰《骈字类编》,是书列为十三门,门下再分子目;子目下取古书中骈字,按首字相同者排列,引文遍及经史子集、诗赋杂文。此书另创齐句首字一体,可与《佩文韵府》"互为经纬、相辅互行"。凡古代诗文语句不知出处或不能解者,皆可搜求于二书也!

历代类书纷杂,难以尽陈。另举其常用者如下:唐之《初学记》,宋之《太平御览》《册府元龟》《玉海》,明之《永乐大典》,清之《渊鉴类函》《子史精华》《古今图书集成》。凡此种种,各有所长,而时代愈后者,卷帙愈繁,可适其所需所便而择焉。

此外可供查找专书字词文句之出处者,尚有专书索引,如《十三经索引》之类,甚为方便。国外尤重此体,编排数种,亦可资借鉴。

(三)文体之骈散

文各有体,古之亦然。曹丕《典论》,标举四科;刘勰《雕龙》,备言时体。夫体裁所依,不过二端。或依其内容功用,或据其用韵然否。前者门类繁多,未必尽善;后者是非有别,总摄二流。韵文者,诗赋铭赞诸体是也,后起之词曲亦属焉。非韵文者,所谓骈体文、散体文皆是也。

骈文之称,始自清朝。然骈文之体,成于魏晋。汉代扬、马、班、蔡之徒,已多平行整饰之句,实开骈文之先河。至于魏晋六朝,骈体之文大盛矣。唐宋以降,"古文"复兴,骈文遂衰。然唐宋科举所袭之律赋,亦押韵之骈文;宋人制诰笺启,仍为"四六"之体也。

举一知二,是非相鉴。骈文之特色,大致有三焉。其一,骈偶与"四六",所谓"骈四俪六"也,故骈文亦称"四六"。骈偶者,两句相同平行也;四六字句相间也。唐王勃《滕王阁序》云:"老当益壮,宁知白首之心;穷且益坚,不坠青云之志。"堪称其典范也。其二,平仄相对,即取四言、六言之合律句式,交错排列也。《滕王阁序》云"冯唐易老,李广难封",其式为:平平仄仄,仄仄平平。其三,用典及藻饰,骈文尤重雕琢,句句皆有出处,不无赘疣之弊也。

散文,即韩愈所言"古文"也。先秦诸子,太史公书,皆成佳制,垂范后人。魏晋百年,骈文取而代之。至中唐韩、柳继出,力反骈文,复兴古文,期以"明道"也。其散文不拘平仄,务去陈言;文从字顺,奇字单行,骈文之风一扫而衰。明清复古者,或尊秦汉,或宗唐宋,古文遂为大观也。

骈散之别,大概如斯,其实并不尽然也。散文亦有声调,即如韩愈,虽有意单句行文,亦有声调自合抑扬者。且中国无纯然单行散文也。再则,有韵、无韵之文,亦非截然不同。铭赞之类,实为骈体之诗也。此启功先生独到之见也,特录以资用。

(四)《书目答问》简介

陈垣校长尝有经验之谈,萧何入关,先收秦籍,以知其关梁厄塞也。欲治学问,当探典籍之库存也。① 故知入室循径,渡河问津,治学之士,必先明目录之学,方可泛舟书海也!

陈垣校长幼读经书,生吞于腹,于十三岁偶得《书目答问》,如获指面,门路豁然矣!吾师启功先生从陈校长学,再传于弟子,亦嘱吾等读书,先阅《书目答问》也。

《书目答问》者,清人张之洞所撰也,初刊于光绪二年(1876)。其《略例》有言:"诸生好学者来问应读何书,书以何本为善。偏举既嫌挂漏,志趣学业亦各不同,因录此以告初学。"撰者之用心,自可明矣。

所录书目凡二千二百有余,依《四库全书总目》之体例,别为经、史、子、集四部,按类分而录之。然亦"不尽用前人书目体例",尤以子部变易为甚,所谓"举近古及有实用者"也。各类之中又以符号标出"义例相近者,使相比附",实别为小类,特不复立名目耳。每部书下均注明著者名姓、版本出处、卷数异同,使其门路井然。而择其尤为要者,略加按语,如于郝懿行《尔雅义疏》下,注云"郝胜于邵";于朱骏声《说文通训定声》下,注云"甚便初学"等。使初学者知其轻重缓急,捷足而登。四部之外,增列丛书一类,为其"最便初学","欲多读古书,非买丛书不可",其循循善诱之心时时溢于笔端。

此书慎择约举,不好炫奇示博,不以嗜古斗胜,所录版本"多传本者举善本,未见精本者举通行本,未见近刻者举今日见存明本"。书末附以《国朝著述诸家姓名略》,分类列举著名学者之姓名籍贯,于斯可窥清代学者之大概也。

然经时历载,古籍重刊者不穷,学术新著亦多,益觉《书目答问》之不足矣。于是有淮阴范希曾氏撰《书目答问补正》，校原著之失误，补光绪以至三十年代新增书籍，致力颇勤，执《书目答问》者，不可不知此书也。

吾等年近而立，初涉古籍，逝者如斯，悔之何及。然亦未尝悔矣。百废俱兴，老少欣然。浩浩古籍皆欲拂土而出也！呼之当知其名，择之当从其善，整理古籍岂可不按图索骥乎？而《书目答问》实为案头必备之目录也！故简介如上。

注释：①陈垣：《与毕业同学谈谈我的一些读书经验》，《中国青年》1961年第16期。本文所引取其大意。

附录：启先生所留平时作业题目：

1. 文体部分：昭明《文选》赋、诗，以内容分小类而列。抄录《文选》的分类、卷、大小类。其中有不合理的，如"海"被归入"物色类"，可加几句评语，评其分类优劣。用文言写。

2. 音韵常识部分：查《辞海》，杜甫诗《秋兴八首》第一首，注平上去入。第二、第三首，注平仄。

3. 诗词格律部分：自作词、诗一首。

期末考试题目（用文言）：

1. 故宫游记（一千字）。

2. 五选四小题：

①《书目答问》的体例如何？今天有什么用处？

②古代韵书，举一二种为例，说明其特点。它与今天普通话北京音有什么区别？

③遇到古代典故到哪里查？怎么查？

④什么叫骈体文？什么叫散体文？

⑤白居易《琵琶行》，每字按古代韵标出平仄。

（1983年7月于翠玲整理）

附记：

1982年9月至1983年上半年，启功先生为古典文学专业的硕士生讲授中国古代文化常识课，即先生自谦所谓"猪跑学"。先生布置课后作业多篇，一律要求以文言成文。我在课上详做笔记，如海绵吸水；而课后作业和期末考试，先生均要求融合课堂讲授内容，练习以文言述之。上述诸篇即为期末考试之题。十九年后，我有幸再拜于先生门下，攻读博士学位。一日求教于先生，述及当年先生亲率弟子故宫之游，先生大笑。又述及先生当年有意率学生游雍和宫，因事未能成行。先生欣然答道："有时间我们还可以去雍和宫。"此刻虽在浮光掠影之楼，仿佛当年故宫之行，不禁令我感慨如潮涌来。上述作业，可见先生授课内容之梗概，以及循循善诱之方法，也足以反映先生"学为人师"之风范。故抄录以为先生从教治学惠泽弟子之纪念。

于翠玲
2003年7月23日

第四编 其他

张廷银、朱玉麒、赵仁珪等 整理

一、清代学术问题私见

从历史的记载和文献上看,清代的统治有很成功的地方,也有不成功的地方。就清朝的政治、文化、教育来说,起初一段还是不错的。刚刚开始时,他们对关内的情况还不是很了解,就重用了明朝降清的大臣。这些人了解明朝末年政治的措施,知道哪个有用,哪个没用,哪个好,哪个坏。所以,清朝初年的政治是在明朝的基础上进行的。明朝的遗民,明朝的文人、官僚、学者,都斥骂那些降清的人,对他们的行为不赞成,但清朝却重用他们,因为他们知道明朝政治措施的好处与不好处。最初清朝继续沿着明朝的路子走,当然也修改了明朝许多不利于清朝统治的地方。这样,到了康熙,就达到了最佳的阶段。

一般常说,清朝盛世是康雍乾三朝,其实这三朝很不一样。清初的国家大事由多尔衮主持,后来是顺治的生母孝庄文皇后主政。孝庄文皇后很有头脑,她先辅佐顺治帝,与多尔衮不和,多尔衮逃到了漠北即外蒙古,并死在了那里。顺治皇帝寿命很短,在位没几天。他有两个儿子,一个没出过痘,一个出过痘。当时对天花没办法,所以规定只有出了天花的人才能继承皇位。康熙出过天花,所以就做了皇帝,但很多事情都是由其祖母帮助的。康熙的儿子很多,先立胤礽为太子,不久又废了,废了之后又立,于是弟兄之间为了皇位互相争斗,最后是雍正争得了皇位。雍正在位也结合实际,做了一些改革的事情,比如实行养廉银子,用银子来培养廉洁。但该贪污的照样贪污,该腐败的还是腐败。雍正很害怕他的弟兄间的结党营私,就顾不了别的什么,把精力用在了排挤弟兄的争夺上,在这方面费了很大的心思。到乾隆,又是一种情况,下面再说。因此,现在回过头来看,比较而言,康熙的统治应该是最成功的。

我们先从春秋战国的事情说起。那时的诸侯有做得好的,有做得不好的。比如春秋五霸之一的齐桓公,就是最成功的,其中原因之一便是他重用了管仲。管仲帮他"九合诸侯,一匡天下",大家都拥护他,服从他。管仲临死时,齐桓公就问他,谁可以继承?齐桓公提了易牙、竖刁(中华书局版《二十四史》作"竖刀")、开方,管仲认为都不行,最后用了鲍叔。有了鲍叔,齐桓公还可维持一段。齐桓公的儿子争夺王位,齐桓公病死了。他尸体上的虫子都从窗户里爬了出来。齐桓公那么大的本事,结果却落了这样的下场。可见,他离了管仲就是不行。不过,管仲以经济实力来使其他国家服从齐国,"九合诸侯,不以兵车",而对于教育文化问题仍然没有能够解决。老百姓没有文化,无法学习,文化都掌握在上层贵族手里。孔子教了许多学生,号称"三千门弟子","七十二贤人",可是这些学生都是高官大族的子弟,孔子甚至连自己的儿子都没有教过。《论语·季氏》云:

> 陈亢问于伯鱼曰:"子亦有异闻乎?"对曰:"未也。尝独立,鲤趋而过庭。曰:'学诗乎?'对曰:'未也。'曰:'不学诗,无以言。'鲤退而学诗。他日又独立,鲤趋而过庭。曰:'学礼乎?'对曰:'未也。''不学礼,无以立。'鲤退而学礼。闻斯二者。"陈亢退而喜曰:"问一得三:闻诗,闻礼,又闻君子之远其子也。"

为什么孔子连自己的儿子都没有教过,我们不知道。君子远其子,又有什么可以佩服的呢?那时候,地方小,人数也少,诸侯问孔子如何搞好国家的政治,孔子回答说:"政者,正也。子帅以正,孰敢不正?"说只要你自己正直了,老百姓就自然正直了。这话跟空的一样。那时候只有竹简帛书,没有书可念,老百姓更无书可读。孔子到底怎么教学生,教什么书,现在不得而知。《诗经》有三百零五篇,之外又失佚了六篇。晋文公逃亡回来,与舅犯赋《河水》。一直以为这首诗亡佚了,但上海博物馆从香港买回的古书竹简中,就有一篇是《河水》。可见,古书遗失的很多。即便孔子给学生教过《诗经》,讲了诗的意思,但是,离人的真正的生活如何,如何按照诗的本来的精神来学,也没有交代。孔子是万世师表,可他怎么教学生,现在不清楚。

历来各代的皇帝,不管他是政治清明的,还是胡作非为的,没有一个写出来他的文教政策应该是什么,应该怎么教导青年人学习。"子帅以正,孰敢不正",这话等于没说。后来的帝王做得正派的是那么回事,做得不好的也是那么回事,结果真正的文化政策、与教育有关的政策,还是没有找出来。只有到了汉武帝,才提出了"罢黜百家,独尊儒术"的政策。汉武帝所谓的"独尊儒术",当时也只有一部《论语》。中央密藏的许多图书当时都是堆在一起的,到了西汉晚期刘向才整理出了一些,如《小戴礼记》《公羊传》等。《公羊传》有何休的注,董仲舒给它加了一些解释,作了《春秋繁露》,书中有许多奇形怪状的话。汉武帝让老百姓读《孝经》,《孝经》跟《小戴礼记》中的一些内容很像。我个人认为,它与《论语》里曾子晚年说的话有联系,可以说就是由《论语》里孔子与曾子的谈话演绎出来的书。而《大学》《中庸》则是《小戴礼记》里的两篇,与孔子没有什么关系,《孝经》也是这一类东西。但汉武帝却明确说他要用《公羊春秋》来治国教民。作为古代皇帝,明确地说用一部书来教育人民,算是一个划时代的举动。不过,还很不够,因为《春秋繁露》说的许多话很渺茫。仅仅听凭一个董仲舒,依靠《公羊传》,那还是不行的。到了刘向、刘歆把古书重新挖掘编排出来,这就是《汉书·艺文志》里的那些书。刘歆在中秘古书中看到了《左传》,认为了不起,于是就建议将《左传》列入学官,正式给学生开一门课。并和太常博士发生争论,写了一篇《移书让太常博士》,被《昭明文选》选入。刘歆认为,《左传》比《公羊传》和《穀梁传》详细多了。姑且不论《左传》是谁作的,但它作为史料,是古代一部比较原始的书。有人认为《左传》是《春秋》的内传,《国语》是《春秋》的外传,我以为并没有什么根据。大家都把它说得非常神秘,认为都与孔子有关,其实靠不住。

再回到本题上来。那么,汉武帝"罢黜百家,独尊儒术"成功了没有?并没有成功。因为他用《春秋繁露》那一套东西,用何休的解诂,这也不成其为有系统的理论。让大家念《孝经》,说"仲尼居,曾子侍",就果然有什么效果吗?《孝经》中"开宗明义章第一""天子章第二"……这种分章节带题目的做法,是很晚才有的事情。佛教《金刚经》中的"法慧因由分章第一"等,这是昭明太子编辑时才出现的。汉武帝"罢黜百家,独尊儒术"实际上是很狭窄、很浅近的,"罢黜百家"倒是做到了,但"独尊儒术"却没有做到,他并没有把儒术尊到哪里。历代皇帝中,真正对尊重儒术做得比较好的,我认为是清朝的康熙皇帝。

康熙时的文教政策很成功。康熙并不像汉武帝那样提倡"独尊儒术",他也不特别提出什么儒术不儒术的问题。汉武帝提出"独尊儒术",可他自己却最信仰方士,还是求神仙。《史记·封禅书》就记载了许多这样的事情。有人把一部天书塞到牛肚里,把牛宰了,就说牛肚里出了天书。现在拿这事来哄小孩,小孩也不一定相信,汉武帝却相信这一套。他也怕巫蛊。他的儿子戾太子诅咒他,盼他早死，他就把儿子杀了。康熙就没有这样的事。他那时也有宗教，但既不是佛教，也不是道教，而是萨满教。大约是每月一次或两次，进行一种祭祀仪式。有一本书叫《满洲祭天祭神典礼》，记录了清朝祭祀的具体过程，其实就是清朝在关外即后金国时期的祭祀活动。清朝初期称后金，但由于明朝人对后金很仇恨，只好改称为"大清"。"大清"之"大"，并不是大小之"大"，就像大不列颠，有"伟大"之意。大清是满语的音译，原来是什么意思，我也不太明白。康熙在坤宁宫祭神，将满汉大臣都召集来，让他们在此吃肉。为什么让大家一齐来吃肉呢？就是想让他们看看皇帝祭神并没有什么秘密。

清朝初年，康熙为了招揽有学问的汉人，就开科招考，这就是有名的己未词科。清朝人秦瀛曾编过《己未词科录》一书，记载此事。在这次科考中，最突出的有两人，一个是毛奇龄，一个是朱彝尊。这两个人都曾经抗击过清，在民间组织抗清武装。在己未科举中，毛奇龄考中，被授予翰林院检讨。朱彝尊抗过清，又是明朝的宗室后裔，因此他考中后，起先有人主张只授予翰林院待诏、典史等闲职小官。康熙坚决不同意，要求一定正式收录他，给他一个翰林院检讨的职位。朱彝尊在他的家书中，对此事有记载。后来，朱彝尊又到了南书房，离皇帝非常近。可见，康熙对朱彝尊是非常重用的，并不因为他是明朝的遗民，抗击过清朝，就遗弃他，或加害他。李光地在"三藩之乱"时，被康熙派往福建刺探耿精忠的情况，他却投降了耿精忠，舆论一时哗然。可是，李光地死后，康熙却赐他一个谥号，叫"李文贞公"。人们这才明白，李光地是受康熙的指派，有意去投降耿精忠的。这说明康熙对投降的问题，自有他的看法。

宋朝的儒学有程朱理学，到明朝又发展为王阳明的心学。康熙也不管什么程朱理学或王学，他只用朱熹注释的"四书"来作为科考的教材。科举的题目都是出自"四书"。有地位的人家的子弟,可以靠祖上的权势,取得荫生的资格,没地位的人家的子弟只能通过科举取得做官的资格。

金朝人很推尊孔子,念"四书",清朝沿用了这种做法。朱熹的理学在南宋被作为伪学而遭到禁止,他自己很害怕,在屋里来回转了好长时间,最后下定决心,说,自古圣人还没有被杀的。这话说得太可笑了,世上哪有称自己为圣人的道理。其实,朱熹之所以这样,大概是他已听到什么消息,知道政府对他的政策已经放松了。朱熹尊孔子,但给"四书"作注时却把《论语》放到了第三篇,这是因为程颐给宋仁宗上课,宋仁宗手书《大学》和《中庸》,分赐给大臣。有了皇帝的这个举动,朱熹就把《大学》《中庸》放到了《论语》之前。有人对康熙讲王守仁如何如何,程朱又如何如何,但康熙全不理会这些,他只规定用"四书"做科举的题目。为了表示实际上的尊孔,他还亲自到孔陵去祭孔,并封孔子为"大成至圣文宣先师"。因为古代拜师不拜王,在康熙的心目中,孔子是一个宗师,所以就完全可以接受皇帝的祭拜。后来,康熙又去拜明孝陵,明朝的遗民们于是纷纷上谢表,对康熙积极地拥护起来。康熙却回答说:我拜明孝陵,只是崇敬他的政治功绩,而你们崇拜则完全是站在比较狭窄的民族立场上。那些恭维康熙的人反倒落了个尴尬,但从心里对康熙更信服了。

康熙脑子里没有什么框框,很开通地拜了一回明孝陵,于是他的一切政策就很顺利地推行开了。黄宗羲、顾炎武是明朝的遗民。黄宗羲是刘宗周(刘念台)的学生,刘念台绝食而亡,黄宗羲却归顺了清朝;顾炎武的《日知录》总结了明朝治国的经验教训,都被康熙所吸收。顾炎武的三个外甥也很受康熙的重用。顾炎武认为理学空谈性理,对社会无用。理学实际上结合了道教、佛教甚至禅宗的许多东西,如朱熹所说的"半日静坐,半日读书"

以及流传的"程门立雪"的故事，就和禅宗很有关系，是从夷狄之学那里借来的。顾炎武就批判这种理学，认为只有经学才是真正的儒学。他在《与施愚山书》中说："理学之名，自宋人始有之。古之所谓理学，经学也。"举起了汉学的大旗，批判程朱的宋学。之后阎若璩、胡渭等研究《尚书》的学者，都是用一种经书，来表明自己是汉学或是宋学。西方的学说在明代就已经传入中国，徐光启翻译了《几何原理》等西方著作。但明朝皇帝中信奉西教的只有崇祯皇帝，他为此把皇宫里所有的佛教神像都撤换了。康熙不仅学习西方的学说，还写了《几暇格物编》，这就是他学习西方学说的笔记。康熙学习西方学术主要是通过南怀仁，他用满文拼外文，帮助康熙学习外语。康熙让一般人读"四书"，参加科举，他自己则什么都去学。

康熙对汉学和宋学的纷争也不太在乎。清朝批朱熹最厉害的是毛奇龄。他著有《四书改错》，第一句话就是"四书无一处不错"。其实错的并不是"四书"本身，而是朱熹的注解。中国有一句话，说"饿死事小，失节事大"，本来是指政治上一仆不事二主，不要投降敌人。后来变成了对于妇女的要求，妇女再嫁成了"失节"。古代公主改嫁的事太多了，怎么能在这个问题上提出苛刻的要求呢？不过，像清朝的汉学家和宋学家那样深钻学术问题的事情，普通老百姓是没有时间、精力和条件去参与的，他们只要念"四书"，参加科举就可以了。所以，对于汉学、宋学谁好谁坏，康熙都不太在意，显得较为宽松。

康熙时也有文字狱，但这时的文字狱主要是针对破坏民族团结问题的。如果有人要提出"排除鞑虏"的口号，要破坏满汉的感情，排除少数民族，康熙就不会答应。因为民族的区分越细，就越不利于民族的团结，越不利于国家的发展。

相比而言，乾隆的文化政策就不是太合理。他倡议修"四库"，表明他已经深入到汉文化里了，比如傅恒的儿子傅康安，就被他改名为福康安，运昌被改名为法式善。但乾隆动辄训斥大臣，说他们"沾染汉习"。乾隆的文字狱，搞得很没有道理，随便就可以一个什么罪名，将那人杀了或革职充军。乾隆时，修"逆臣传"，还修"贰臣传"，将明朝投降清朝的文人如朱彝尊、毛奇龄等都编入其中。其实，这是由于此时朝廷的力量已经很弱，乾隆害怕他的臣下去投降敌人，于是就拼命地批判投降过敌人的人。乾隆远没有康熙大胆使用前朝遗民的气魄了。

毛泽东在《介绍一个合作社》里说，一张白纸，好画最新最美的图画。这话用来说清朝康雍乾三代，很适合。在这三朝中，乾隆最差，所有以前积累的财富，到他手里全都抖搂光了。雍正则忙于争权夺利，跟弟兄们打来杀去，没有干什么实事，是一个中间的过渡阶段。只有康熙是在一张白纸上画画，没有什么框框套套，于是就画出了最新最美的图画。康熙所创造的比较好的局面，经过了雍正，再经过了乾隆，最后到嘉庆、道光，就彻底地被葬送了。看来，一个好的政治局势，往往是经过几个阶段的逐渐变化，慢慢走向衰败的。现在讲历史，有时比较笼统，比如简单地说康雍乾三朝盛世，就不太全面，应该有更进一步的具体分析。

（2001年在国家图书馆讲，张廷银据录音整理）

二、汉语诗歌构成的条件

对于汉语诗歌构成的条件，我预备先从字讲起，也就是讲讲字的平仄。然后再讲由字怎样构成句子。句子从一个字到九个字以上，有各种形式，不同的形式就有不同的要求。最后再讲篇的形式，讲讲律句。

汉语诗歌中的仄仄平平仄是怎么来的呢？为此我请教了各方面的专家，有专门讲诗的老学者，还有心理学家、音乐学家等。我向他们请教为什么诗歌要那么排列，仄仄平平仄，平平仄仄平，这些都是怎么来的，始终得不到一个可以解决问题的答案。后来我坐火车，听到"突、突、突、突"的响声，产生了一种感觉，我就去请教我的一个邻居，他是搞音乐的作曲家，叫乔东君。我问他，火车机器的声音应该是匀称的，不可能有高有低，为什么我耳朵听起来好像有高有低？他说，这是你凭自己的感觉来解释声音。事实上机器的声音没有高低，是一样的高低，是人的听觉习惯觉得它有高有低，有强有弱。我又问，是不是一强一弱、一高一低？他说，人的呼吸跟人的心脏的跳动，常常使人感觉到火车的声音"突突—突突"两高两低。这样人才缓得过气来，才适合人的心脏跳动的节奏。事实上，这都不是机器原来发出的声音，而是人根据自己的呼吸规律对于客观声音的一种感觉或者说错觉。听他这样说，我立刻就得到一种启发，回家后很快画出一个竹竿，按照两平两仄的规律把它截出来，就是"仄仄平平仄，平平仄仄平"，或者是"平平仄仄平平仄，仄仄平平仄仄平"。我将这个图发表之后，收到了许多讲诗歌的老师和研究者给我的来信，说我的这个竹竿图很能够说明问题。这是大约1980年的事情。（整理者按：启功先生《诗文声律论稿》最先由中华书局于1977年11月出版。）

我们说汉语的古典诗歌，当然不包括五四以后的新体诗，或者说白话诗。"白话诗"这个词不确切，因为古代的诗歌里也有白话。李白的诗"床前明月光，疑是地上霜。举头望明月，低头思故乡"，这是白话还是文言呢？我觉得叫白话诗不确切，所以就习惯称新体诗。胡适的《文学改良刍议》里有几条讲到废除用典，废除对偶。废除之后怎么样先不说，就是关于用典和对偶的产生和来源也很难解释。

为什么中华民族用汉语写文章以至于口头说话，常常有对偶的现象？为什么，我也说不出来。比如平常说话："你上哪儿？""我到学校"，或者说"我去看朋友"。问一句，总是有配搭的一句。"他要在家，我就在那儿谈一谈；他要不在家，我就上另一个地方去找第二个人。"我们生活中口头上说的话有一个上句，就会有一个下句，更不用说书写行文了。这样看来，对偶就是很自然地形成的。比如说诗歌中出现的"天对地，雨对风"，这是艺术加工，诗人非常注意字面、内容、语意、词素。不管诗歌的句式有什么样的形式，都很注意调整，让它规范，变得对偶整齐。汉语口语中互相问答时，常常出现一个上句，一个下句：一个上，一个下；一个东，一个西；一个红，一个绿。现在要推测起它的来源，怎么形成的，我没能力说清楚。这涉及心理、生理习惯，还有民族的习惯。我不懂外语，不知外语里有没有这个现象。因为外语不是一个字一个音，它的一个字可能由好几个音节组成，其中的某个音素却没有独立的语言意义。拼音文字是几个音素组成一个词素，一个词素是曲折的，声音不止一个，这样它作对偶就不太自然。

对偶在古典诗歌里很多，在古代文章（散文）里面也很自然地有这种现象。曾经有人试图撇开这种规律，比如说唐朝韩愈作的《柳侯庙碑》，又叫《罗池庙碑》。他说"春与猿吟兮秋鹤与飞"，意思是柳子厚虽然死了，他的神灵在春天和猿猴一块儿吟唱，在秋天和仙鹤一起飞翔。秋天应当是秋与鹤飞，这是很自然的，可是韩愈他偏把它改过来："秋鹤与飞"。唐朝原碑上刻的是"秋鹤与飞"，说明韩愈就是想躲开对偶。结果后来流传的刻本都变成了"秋与鹤飞"，大伙念的时候自然就把它改过来了。可见原来作者想改变排偶形状，可是后人刻书的、念书的、抄书的，都走到对偶那个道里去了。清朝初年有几个人作书，专教人作对偶，比如车万育作《声律启蒙》，李渔作《笠翁对韵》，大致都是"天对地"，"雨对风"，"大陆对长空"，"来鸿对去雁"。都押出韵来，一东、二冬、三江、四支等，都用对偶的形式编成句子，从一个字对一个字，两个字对两个字，以至多字对多字。让人念顺了，念习惯了，就容易作出对偶的句子了。可见，在古典诗歌中，对偶就是它的原料。除了韵，除了平仄，就是对偶了。这一点是必须的。了解古诗的，明白古诗条件的，就一定知道它里头准有对偶。比如八句的律诗，它准有，有从头到尾四个对联都对的，也有前后两句不对，中间四句是两对。杜甫《春夜喜雨》"好雨知时节，当春乃发生"和"晓看红湿处，花重锦官城"，这前两句和末两句就不对。中间是"随风潜入夜，润物细无声。野径云俱黑，江船火独明"，中间两句一定是对着的。也有一种用七言律诗的句调写的长诗，它中间的任何一句都不对，李商隐有一首诗《韩碑》就是这样的。不过，仍是不对的少，对的是绝大多数。这是为什么？谁规定的？很难说，我们看见的就是这些现象。我们现在翻出明朝人辑的上古到六朝的诗《古诗纪》，还有近代逯钦立重新编的从古代一直到唐朝以前的诗《先秦汉魏晋南北朝诗》，这里头就有若干对偶的语句，更不用说唐以后的了。所以，自古到五四以前，凡是用古典形式作诗歌的都遵守这个规则。说明对偶在作汉语的古典诗歌时是很重要的一个条件。对称的句子，东对西，南对北，这是同一类型的词，同一类型的字词就有对称的必要。一个是平声，一个是仄声，这就是汉语特别是汉语文学作品中常用的手法，也是应该具备的条件。所以对偶也是诗歌里常有的现象。

平时我们所说文章的"文"，就是交叉成为图案，这跟绞丝旁、纹理的纹一样。文都是有图案性的，它的句子都是有一定的形式，特别是念起来让它合辙押韵，好听好记。凡是念得好听的就好记。比如出一个告示贴在街上，要让人人都知道。这种告示常常都合辙押韵，几个字一句，整篇都一样，同时语言力求通俗。为什么这样？就是为了让人好记好懂。从前教小孩念的书，比如《三字经》说"人之初，性本善"，这是三个字一句。《千字文》说"天地玄黄，宇宙洪荒"，四个字一句，《百家姓》说"赵钱孙李，周吴郑王"，也是四个字一句，并且都有韵。从前小孩念书，用来启蒙教育的叫"三百千"，就是《三字经》《百家姓》和《千字文》，都是有韵的，都是整齐的句子。为什么这样呢？就是让小孩念起来好记。那时的小孩在书房念书，都是摇头晃脑、拿腔拿调地念，为什么？好记。有的人口吃，你让他唱戏，唱个曲子，他就不结巴，为什么？他就记住那个声调，一定要那么唱，所以唱起来不结巴。现在有人吟诵诗歌，就像唱歌一样，比如"好雨知时节，当春乃发生"，像唱歌一样把它唱出来。有人把各地的人怎么朗诵诗歌录下来，发现各地的人吟诵的都不一样。有一位老先生是湖北人，他念起诗来像唱皮黄戏一样。他们本地流行皮黄戏,他唱起来就接近皮黄戏的调,但不像皮黄戏那么有严格的声调。各地的人吟诵,他们是随便吟诵,只要唱出声调就行。为什么呢?就是好记,免得忘记。我们多少年前唱的流行歌曲、民间小调,到现在还可以唱,但前几年报纸上的文章,不管它是多么重要的文章,我们一句也背不下来,为什么?因为它是散体的,就跟随便说话一样,所以背不下来。凡是拿腔拿调的,自己念出来的自己耳朵听见的就好记。比如,我们看见在一个商店门前卸西瓜,车上的人传给车下的人,传一个就唱一句"一个哪,两个哪"。为什么这样拿腔拿调地喊?就是为了好记,旁边的人也可以听见。如果数错了,落一个,接的人和数的人,都能发现。声音的韵调在应用上就有这样的作用。因此有人想要把诗歌用音调唱出来,虽然彼此没有绝对统一的谱子和唱法,各地方都有自己的某种吟唱的习惯,但唱出来之后,耳朵听见,脑子就记住了,这叫"声入心通"。

现在再讲古典诗歌的改革或者说一个变化。有人说,现在的诗歌不用韵,不用对偶,不讲格律,《文学改良刍议》里就特别提出过。这当然很好,可以为诗歌的发展开辟一个新的境界,开创出一条新的大路。这个大路很宽,尤其是用白话来说,用白话来写。其实古人的诗歌原来也是白话,"关关雎鸠,在河之洲","关关"就是"呱呱"的叫声,"关关雎鸠",就是"呱呱"叫的雎鸠,就像现在说"喳喳"的喜鹊叫,"哇哇"的老鸦叫,这很自然的。鸟儿"关关"地叫,在哪儿?在河边。反过来说,就是:在河边上有雎鸠在"关关"地叫。之所以要把它变过来,说成"关关雎鸠","鸠"作韵脚,然后"在河之洲","洲"有个韵脚,就是为了好听,并且听起来上下两句还有关系。"窈窕淑女,君子好逑",意思是"美丽的姑娘是君子的好配偶"。这句话不论怎么翻译，都没有原句听起来那么自然。唐诗"床前明月光，疑是地上霜"，再翻就是：我的床前头，有明亮的月亮的光辉。"月光"就是基本的词汇，要翻更麻烦，光还是光，怎么说也还是觉得非常啰唆。"举头望明月"，有人说举头似乎不如抬头那么习惯，但是各地不一样，有的地方把抬头就说成举头。比如在陕西西安一带，我看见一个小孩进屋来，就问："这是谁的小孩？"本地人回答说："乡党娃。""乡党"在《论语·乡党》里就有，第一句就说"孔子于乡党，恂恂如也"。乡，同乡；一个地区几家编排在一起为党；小孩叫娃。"乡党娃"就是"邻居的孩子"。"乡党娃"，听起来古不可言，其实就是现在口语里的"邻居的孩子"。古代诗歌有许多就是当时当地的口语，你要把它变成现时的口语，还有地区和方言的限制。比如上海人说口语，北京人就有许多听不懂。"白相白相"就是"玩一玩"，"好白相"就是"好玩"。上海人说"白相"当然是口语，北京人就不知是什么意思。像《古诗十九首》中写"行行重行行，与君生别离。相去万余里，各在天一涯。道路阻且长，会面安可知。胡马依北风，越鸟巢南枝"，这样的诗到今天念起来还是生动活泼、有血有肉，有感情，有内容，有思想。《古诗十九首》是活脱脱的一组诗，今天念起来并不觉得有什么隔阂，没有什么难懂的。但是，比如"粤若稽古帝尧"，这就是十分难懂的。到了宋代李清照《声声慢》说"独自怎生得黑"，这是白话还是文言？"怎生得黑"，用现在的话照字面讲，就是"怎么长得那么黑"。但在李清照的词里，"怎生"就是"怎么"的意思，"生"不是生活、生长的生，是一个语词虚字。"独自怎生得黑"的意思是，我独自在屋里，感觉那么黑暗，那么孤独，那么苦闷。现在要把诗作得完全口语化容易，我刚才说的话就是诗，不管你是否承认，这就是我作的诗，未尝不可。可是有一个问题，我是北京人，我说的是普通话，北京音的普通话，这话要讲给广东人、上海人，他们不了解普通话，就不如说他们本地方言那么亲切，那么容易懂。所以要想推广口语的诗歌，首先一个条件要统一语言的声音，统一语言词汇，这是先决条件。为什么五四以后关于白话口语的诗歌到现在还在那里争论？我没有参加过争论，我不懂得到底怎么样，所以就没有表示赞成谁不赞成谁，只见到现在的文学理论评论文章中，还有许多人在论新体诗歌的语言应该是什么样。为什么在五四以后新体诗歌到现在还不如旧体诗歌？旧体诗歌照旧有人作，作的质量怎样，艺术性怎样，内容表达得怎样，那是另一个问题。单就说诗歌的形式，旧体诗已经形成了一整套的格式，而新体诗的格式到目前还没有形成。大家用着很自然的、方便的、人人都能吟诵的、出口就是新诗的，我们目前还没见到。

古典形式的诗歌为什么遭到新文化运动的强烈攻击？为什么胡适《文学改良刍议》要提出来改革它？原因是它也有自己束缚自己的条件。凡是作古典诗歌的，都遇到过这个问题。

第一即是平仄。平仄的格局虽说是来自自然，可是大家记起来还不是那么容易。如果有一个字不是很自然的平仄的声音，那么就会有人说它是"失粘"，就是位置粘错了。这还是局部的。在民间，民间艺人唱的还有很多不完全合乎五七言诗的格律。它最大的阻碍就是韵或韵脚。自从隋朝陆法言定切韵，到宋朝为广韵，后来又删节合并变为礼部韵（现在叫平水韵，平水韵就是宋朝的礼部韵），到清朝叫佩文韵，都是这一类的，用来讲韵脚的。比如一东、二冬，今天普通话里"东""冬"没有区别，在隋朝，"东""冬"是有区别的。"支""脂""之"今天同音，但古代读音是有区别的，后来被合起来了。但"东""冬"还分为二韵。现在作古典诗歌的人还讲这个，如果"东""冬"押在一个韵里，就会说你出韵了。这个错误观点是从哪儿来的？是宋朝考试出题的要限制用韵,限制用"东"的韵,应考人必须记得"东"这个韵有哪几个字。若出了这几个字,就算出韵了,那就不及格了。这是为难考生。南宋就有人提出反对,认为这样不对,说我们作诗就学《诗经》《楚辞》,想怎么押韵就怎么押。南宋杨万里、魏了翁都提出过这个问题,洪迈记录了这件事,说明他也赞成这个观点(整理者按:见洪迈《容斋随笔·容斋五笔》卷八"礼部韵略非理")。可见这是束缚人,是皇帝或礼部的考官特别设的圈套。举子如果注意这个问题,凑合押上这个韵,虽然语义不通也及格,若出了这个韵就不及格。现在还有人受这种习惯的影响,如果作诗把"东""冬"押在一个韵里,就会有人说你出韵了。文人作诗就很挑剔。我作的古典形式的诗歌,有的韵脚不按韵部要求,出了范围,我一定注上这个字押在什么韵脚,不让别人在这个问题上挑剔。表明我不是不知道出韵和不出韵的问题,而是不赞成出韵不出韵的拘束。这是一种阻碍古典诗歌发展的因素。

  还有一种束缚就是流派。常常有两个很要好的人甚至可以因为流派问题而绝交,因为这个人是作唐朝派的,那个人是作宋朝派的,或这个人学李白的诗歌,那个人学杜甫的诗歌。我们问:李白是学谁的?杜甫又是学谁的呢?李白最佩服谢朓,李白"一生低首谢宣城",但是李白诗有《蜀道难》,谢宣城的诗歌哪有一首像《蜀道难》那样的?没有。这是后人附会的。杜甫的诗集各种体裁的形式都有。杜甫有一首诗"强戏为吴体"(整理者按:指《题省中院壁》),到现在也不知吴体是什么,他的诗体是什么样,只知道是拗体的。其中写"掖垣竹埤梧十寻,洞门对雪常阴阴",说明是拗体的律诗。"强戏为吴体",勉强游戏学姓吴的体。(整理者按:明人唐元竑《杜诗攟》卷三说:"《愁》诗公自注:'强戏为吴体',今不知公所指吴体者为何等,读之但觉拗耳。宋方万里《瀛奎律髓》遂以拗为吴体,岂据此诗耶?强戏者,偶一为之。拗体,杜集中至多,宁独此也?当时北人皆以南音为鄙俚,公意似在半雅半俗间耳。")民国初年,有一诗社的首领喜欢学唐派,又来了一位主张学宋派,于是前一位首领退出,因为你学宋派,我学唐派,见解不一样。这就等于两人绝交。学问、艺术本来是公共的,大家都来做,有什么不能相容呢?古典流派的诗歌有韵脚的束缚,格律的束缚,流派的束缚。流派我们看起来无关紧要,可是旧时代的文人为此争论得非常厉害,甚至拂袖而去,这就阻碍了古典诗歌的发展。

那么,古典诗歌发展了没有?发展了。比如诗变为词,词变为曲子。《鹧鸪天》就是七言律诗变来的,中间有两句是三个字,是七七、七七、三三七、七七。中间抽掉一个字就算词。其实古诗里也有长短句。由诗变词,词有长调,像《莺啼序》,吴梦窗词,有四段,那就很复杂了。词又变曲,曲又变成散曲,散曲变为剧曲,直到明朝的传奇,这就是诗歌的发展变化。曲子里又掺了更多的白话,语言上是很自由随便的。到传奇时,长篇大论,比如《长生殿》《牡丹亭》里,各种曲牌的都有,有的就跟词牌一样。词牌句子多,曲牌的句子少,句子少是为了方便演唱。唐末就有词,宋朝词更多,元曲到明朝的传奇,到清朝的皮黄戏、地方戏,每一步都是诗歌的发展变化。

从前没有明确说改革,而是自然发展,诗变词,词变散曲,散曲变剧曲,剧曲变传奇,传奇变地方戏。每一种都是诗歌发展的结果,发展的结果什么样都有。现在经过文学改良后,特别提出用口语。现在用口语的诗歌不押韵,不用典,还没有形成民间大众说出来都是朗朗上口的新体诗现象。现在也有些名家,有一些著名的新体诗诗人,但还没有哪一个诗人有什么很有名的新体诗歌。我读过郭沫若的新体诗《屈原》。这首诗歌很能表现屈原这个人物形象和他的心情,但中间有两句屈原说:"我要爆炸呀!

我要爆炸！"我当时听了就有些疑惑："爆炸"这个词是很晚的，有了炸药之后的，屈原那时还没有这个词。用现代口语就有这样的问题，这个问题到底怎么办，我也不知道。现在把说出来自然成诗的叫"天籁"，也就是自然形成的声音。老百姓出口成章就是诗歌的这种形式，现在还没有形成。旧体诗歌的这种种束缚恐怕也不是旧体诗歌本身的罪过，是后来摹拟沿用古体诗歌的古典流派的人造成的。不但作诗的如此，填词的也是这样。清末有些人专学吴梦窗，有些人专学周邦彦。周邦彦有《清真词》，有人开玩笑说，咱们是奉教的，奉什么教？奉"清真"教，意思就是专门学周邦彦的。最近有个青年作词学姜白石，有一位老诗人跟我说，那个青年简直跟姜白石一个样。今天的青年作的跟姜白石一样，他以后还发展吗？姜白石没有现在的生活，现在有原子弹，姜白石不可能有这样的话。民国初年王闿运专作六朝诗，作得真好，真实在，格调、韵味完全是六朝诗的。他的《湘绮楼诗》非常高明。有人说，可惜呀，他是现代人，王闿运他要是在六朝，那就好了。这其实是在挖苦。我很喜欢王闿运的诗。他的诗里只有五言律，很少有七言律，他自己定的集子没有七言律。我曾经得到一个刻本有七言律，不多。有人说那是编者弄错了，把别人的诗放到他的诗集里了。王闿运他不作七言律诗，因为六朝人没有七言律诗。

古典形式的诗歌流传到现在，已经发展变化了许多次，只是没有明确地说。我们今天应明确提出古典派诗歌应该改革，应该发展。这个目标已经提出，但还没有见到出口成章就是新体诗的好作品。民间歌谣里有很多就是新体诗，可它没有这个名称，也没有要争新体诗的意识。比如有一个子女到父母坟上扫墓，说："哭一声，叫一声，为何娘不应。"这是做子女的真实心情的表现，没有任何别的字可以代替这句话。这句话流传了多少年，没有人承认这是最好的新诗。现在提出作新诗、诗歌要发展的口号是很必要的,但至今还没有把新诗和民间口语自然结合在一起,或者说民间的口语出口就是新诗,或新诗人作出的诗就和民间口语完全符合,谁念起来都深入心中,念起来大家就心领神会,声入心通。要达到这个程度恐怕还要一段时间,还要经过若干的磨炼,若干的创造。现在文学理论著作和文章还在讨论这些问题。

旧体诗从《诗经》到唐人的诗,已经有历次的发展,从唐诗到词、曲、剧曲,一直到今天,都是在发展中。现在继续发展,将来发展到什么样子,什么程度,现在还不知道。古典诗歌的构成要素是什么,我在前面已经讲过。比如诗歌的句子平仄、排列的次序形式等,就是这方面的问题。排偶,对称的词汇,词的意义,这都是与平仄对应着的。现在又流传一个词叫"词素",对此我有点修改的意见。音素是什么?一个词声音的元素可以叫音素。d-o-ng 三个音构成"东"这一个字,这叫音素。几个声音的原料合起来构成一个词的音,这几个音的原料就叫音素。音素就是"东"这一个基本词的声音。几个词合起来叫词汇。外国语中的一个词有词根,它是几个词拼起来,一个长的音合成一个词,比如"治外法权"那个词很长,它是许多词根构成的一个词。中国字拼成一个"东",它就是一个"东",如果"东"有另外的用处,那是"东"的词义的变化,不是内部声音的变化。所以"词素"这两个字我不愿意用。

中国诗歌有没有散文诗?我似乎觉得古代还没见过"散文"这个词,"散语"这个词倒是有。相对"文"来说有"笔",相对骈文来说有古文,可是没有"散文"的字样。而在诗歌里,我仔细比较,没有散不散的,叫它散,只是说它不对偶。古典诗歌有两个条件:一个是字跟字、词跟词之间的对偶;一个是平声之后是仄声,仄声之后是平声,这样的平仄之间的替换。还有一条是押韵，不管韵部古代怎么规定，但总有一个合辙押韵，耳朵听起来它是匀称的。"韵"字古字就是平均的"均"。均，均匀的意思，韵者，匀也，就是让它匀称，这就叫韵。汉语古典诗歌一个是对偶，一个是押韵。散语就像说白话一样。贾谊的《过秦论》本来是口语，但"秦孝公据殽函之固，拥雍州之地，君臣固守，以窥周室"这个句子念起来它还是整齐的。我在《诗文声律论稿》里举了三串人名，人名本来是没有平仄可言的，但《过秦论》里的人名都是两个字两个字的，音节都符合诗歌语言的平仄，怎么唱，怎么摆齐，又齐又不齐，这在《过秦论》中是很突出的一点。也就是说，《过秦论》可以说是散文诗。它是散句子，没有整齐对偶的句子，但它里面暗含着许多整齐的对偶，"秦孝公据殽函之固，拥雍州之地，君臣固守，以窥周室"，还是很整齐的。古文有许多内含的散文诗的性质。不一定说外国有散文诗，中国也要造一个散文诗，没有必要。中国诗歌有没有散文诗先不管，但散文里有诗的性质，这是实际存在的，没法否定的。中国有一种没有对偶的诗，比如李白的《蜀道难》"噫吁嚱，危乎高哉"，这不是诗歌的句子，但谁也不能说李白的《蜀道难》就不是诗。"浔阳江头夜送客，枫叶荻花秋瑟瑟。主人下马客在船，举酒欲饮无管弦。醉不成欢惨将别，别时茫茫江浸月。忽闻水上琵琶声，主人忘归客不发。"没有一句是对偶的，但它合辙押韵，声音是匀称的。有没有对偶，在古典诗歌中几乎退居非常次要的地位，可是一定有平仄，一定要合韵律，韵脚总要有，不管它合不合韵书的韵，它听起来要顺耳，声音要匀称。有对偶的诗歌，有不对偶的诗歌，但没有平仄韵律很特别的，因为平仄是律诗的条件，古诗可以不拘泥于这个。但不管古诗、律诗，都有韵脚。中国古典诗，即使民间歌谣，也都有韵脚。这很奇怪。中国诗歌的特点、它必要的元素，一个是对偶，一个是韵脚，一个是韵律。对偶退居其次，韵律也退居次要，但韵脚还是很重要的，就是民间歌谣老百姓顺口溜出来的也有韵脚。比如乞丐说的"打竹板，迈大步，眼前来到切面铺"。"迈大步""切面铺"，它也押韵。有没有没有韵的？有。古代的骈体文没有韵。最有意思的是陆机的《演连珠》，有五十首。《演连珠》说："臣闻日薄星回，穹天所以纪物；山盈川冲，后土所以播气。五行错而致用，四时违而成岁。"不管句子长短，都有对偶，但是没有韵脚。我把骈体文叫作辞赋的零件。陆机《演连珠》见于《昭明文选》。这五十首都不押韵，但都是两句两句对偶，句子也有一定的韵律。"日薄""星回"，"穹天""纪物"，它是仄平、平仄，仄平、平仄，有它自在的韵律。这是中国古典的文学作品。诗歌里没有歌咏的内容，没有情感，没有思想，没有意义，那还叫什么诗歌？诗歌"床前明月光，疑是地上霜"，为什么看见月光，感觉像霜？这主要是他"举头望明月，低头思故乡"，他想到的是故乡。没有故乡之思，看见明月，看见地上的霜，就与他没关系。人们看见的东西，各人的感觉会不一样，作者看见月，看见霜，是因为他思念故乡。《演连珠》是散的，讲许多内容和道理，但它不是一个问题连起来，它的句子是散的，但它有韵律，没有韵脚。这种诗叫骈体诗也可以，叫无韵诗也可以。中国古典诗歌有不对偶的，不合格律的，但既然叫诗，就不会没有韵脚。

（张廷银据录音整理）

三、沈约四声及其与印度文化的关系

中国的诗歌格律从南朝沈约开始，才有一个系统的说法。这个系统说法见于《南史》《南齐书》等书，但不知是它们抄了沈约的说法，还是都运用了同一种理论。现在都无法考证，我也不能详细研究这个问题。

齐武帝萧赜永明时期，他的一个臣下沈约提出了"四声"即平上去入，后人就认为四声是沈约创造的。后来又把诗歌的"八病"，也算作沈约的。在唐朝流传的就有二十八种病，《文镜秘府论》就是这样讲的，解释得很琐碎。我们现在看有些并不够一个病，比如同平、同仄，就叫作同声。此外，如果从头至尾都押东韵，也叫同声，或者同韵，到底指什么呢？二十八病在当时不久就没有人再提了，只剩了八病，算是沈约提出来的。但是，沈约提出来，也没有明文，他自己的著作里没有提过八病。到唐朝皎然《诗式》，也把八病归于沈约。《文镜秘府论》的作者是日本和尚空海，即遍照金刚，他是学密宗的。密宗在中国已经没有了，密宗传入西藏的是藏密，传入日本的叫东密。但在藏密里有没有八病，我不知道；空海所传的东密里，也没有人专门对八病进行研究。

在沈约撰写的《宋书·谢灵运传论》里，对八病有解说。他说了两句很重要的话："前有浮声,后须切响。""浮声"就是扬调，即平声；"切响"就是抑调，即仄声。他的意思是说,前头要是平声,后头一定是仄声。这个说法我们好理解。但是，究竟这个说法是从印度传来的，还是沈约自己理解的，他推测出来的，不知道。他又举了许多例句，"子建函京之作，仲宣霸岸之篇，子荆零雨之章，正长朔风之句"。但他讲到的也就这么多。

可是，清朝中期以后，又出现了一种说法，说四声不是沈约推测出来的，而是曹子建在鱼山听人做梵呗即佛教唱偈语时从中悟出有四声。（整理者按：杭世骏《三国志补注》卷三注《三国志》"曹植传"中"初，植登鱼山，临东阿，喟然有终焉之心"一句，引《异苑》云："陈思王尝登鱼山，临东阿，忽闻岩岫有诵经声，清遒深亮，远谷流响，肃然有灵气，不觉敛衿祗敬，便有终焉之志，即效而则之。今之梵唱，皆植依拟所造。"）这种说法就值得我们思考。因为从清朝中期以后，出现了一种现象，把什么都说成是从外国传来的。似乎中国人什么都不会，外国来的理论到了中国，中国接受了之后，就成了中国人的一个很特殊的文化发明。我今天在这里说这话，也是冒了天下之大不韪。因为这很容易被人说成是狭隘的民族主义。我们过去曾经认为，凡是外国有的，中国一定早就有了，看见飞机，就说中国早有飞机，因为我们早已会放风筝。可是，放风筝就能代替飞机吗？这个毛病是中国人自高自大的表现，我们不能讳言。

但是，另一种现象也不好：以为中国什么都是从外国来的，似乎中国连吃饭都是看某种动物吃东西才学会的。所以四声是曹子建听梵呗而来的说法我同样不能接受。假如四声真是曹子建听鱼山梵呗而来的，那离永明还有一大段时间。在历史上，只有到了永明时期，沈约等人才公开讲究作文章，而且还要在文章里加上四声的韵调，来增加文章的美感。不能说那时大家什么都不会，全都是从印度传来的。清朝中期之所以那么说，是因为那时正是有人认为中国保守不行，提倡解放思想，认为应该多吸收外国的进步的科学的办法。这个用意其实也不错,但是,他们硬说沈约的永明声律也是吸收了印度的学说,就有些不太合适了。

如果把这个问题往远些说,印度文化也存在同样的情况。亚历山大从希腊打到印度之后,在印度创立了一种希腊化的印度文化,叫犍陀罗(Gandhara)。有人就说,印度的文化都是从希腊传来的,印度人对此非常反感,对犍陀罗也非常反对。解放前夕到解放初,我教过几个印度学生,他们就这样说。印度一位讲美术史的学者,写了厚厚的一本书,就彻底地批判犍陀罗。在印度,有好多的佛像都是犍陀罗化的,是按照希腊的风格雕塑出来的,面部的肉很多。从前,北京大学有一位学者阎文儒,非常博学。他在"文革"前讲美术史,在讲稿里就处处讲,印度文化就是犍陀罗文化。[整理者按:阎文儒(1912—1994),北京大学考古学教授,著有《中国石窟艺术总论》《中国雕塑艺术纲要》等。]我对他说不是,印度人很反对有人说印度文化是犍陀罗文化。他还不服。我说,你看你用的这个插图就是印度本土的佛像,不是犍陀罗的肉很多的佛像。

改革开放了,思想解放了,我们哪些是学了西方的,哪些不是学西方的,这个都可以说,无须讳言。清朝中后期西太后等人,就是利用义和团,想把东交民巷的西洋人都杀了,就天下太平了,义和团的口号是"扶清灭洋"。但是,靠少数人能灭洋吗?把洋灭了,清朝就能够扶起来吗?像西太后这样的措施,能够使清朝复兴吗?不可能的。有一次,谭延闿去看翰林院掌院大学士、军机大臣徐桐。徐桐问谭延闿知道现在有哪些鬼子吗?谭说不知道。徐桐说,今天来的这几个人中哪几个是葡萄牙的,又有哪几个是西班牙的,其实都是那么几个人,只不过今天穿这样的衣服,冒充这个国家的,明天又穿那样的衣服,冒充那个国家的。谭延闿出来以后,坐在车上大笑不止,感慨万分地说:"吾属为虏"——

早晚要完在这帮无知的人手里。谭延闿记载此事的手卷现在就保留在我的手里。当时朝廷真是迂腐、愚昧到了极点，以为把东交民巷里的几个西洋人杀了，就天下太平了。在这种形势下，再怎么说中国的文化都是犍陀罗文化，又有多少用处呢？那时候国家有一定的苦衷，所以有人就宣传西方文化有什么用处，但当时中国人没有由此就接受了它。然而没想到，今天还有人大肆宣讲说中国的诗歌格律是印度的规律。这简直是太没道理了。

我们知道，中国的文化属于汉藏语系。有一位从菩提学会调到师大的深通梵文的学者俞敏就曾对我说，汉藏语系跟印欧语系很不一样。汉语是由多少音素构成的？如"东"有三个音素（d-o-ng），合起来组成一个音节，这个音节就是汉字。陆法言编《切韵》，都是一个一个的汉字，有二百零六个韵部。宋朝《礼部韵略》删到一百多部，一直到金朝的平水人刘渊刻的《礼部韵略》，还有一百零六部，一个字代表一个音。一个字里尽管有几个音素，但写出一个字来，就是几个音素变成一个音节，这就是汉语的特点。《四阿含经》之"阿含"两个字，印度原来读作"啊—啦—干"（agama）。可见印度的梵音，拼写一个词汇，要把几个音素都读出来。汉语把它翻译出来，几个音素能融合在一起的，就用一个字表示，把它连起来。就算永明声律是沈约吸收了印度语音的发音特点，也不见得就完全变成"子建函京之作，仲宣霸岸之篇，子荆零雨之章，正长朔风之句"，那是不可能的。再举一个比较直接的例子，鸠摩罗什翻译佛经的偈，如《金刚经》中的"一切有为法，如梦幻泡影，如露亦如电，应作如是观"，既不合中国的韵，更不合永明声律的韵。鸠摩罗什翻译的这些佛经都在永明声律之前，它是把印度的语言直接变成了汉语。沈约所谓"子建函京之作"，指曹子建的"从军度函谷，驱马过西京"。"度函谷"是仄平仄，"过西京"是仄平平。沈约在四个人里，每人举两句，一共八句。八句都是下一句是律句，上一句是配搭。现在外国有人把敦煌的残卷配搭起来，说其中有一种是诗歌，翻译过来叫"律诗变体"。印度那里有什么律调？还有人说，印度人写过戏曲理论，但他们也没法讲出它与中国的律诗有哪些密切联系的地方。沈约举的王粲"南登霸陵岸，回首望长安"，"霸陵岸"是仄平仄，不合律调，但"望长安"是仄平平，合乎律调，于是沈约认为这首诗也是合乎律调的。孙楚"零雨被秋草"，是仄仄平平仄，合乎律调。王瓒"边马有归心"，是平仄仄平平，也合乎律调。沈约举的这四个人的八句诗，有七句就是合乎律调的。他并没有举来自印度的合乎律调的句子，可见他不是受印度的影响才认识声律的。沈约再往上《诗经》的时代，中国跟印度还没有任何来往，但《关雎》中的"关关雎鸠，在河之洲。窈窕淑女，君子好逑"，就已经完全合韵了。"鸠""洲""逑"，为一个韵。"参差荇菜，左右流之。窈窕淑女，寤寐求之。求之不得，寤寐思服。悠哉悠哉，辗转反侧"，这些句子也是很押韵的，句子的末尾，也有合乎规律的间隔。"菜""之""女""之"，是平平仄平，"得""服""哉""侧"，是仄仄平仄，很注重平仄的搭配。两个平，一个仄，再一个平。或者是两个仄，一个平，再一个仄。诸如此类，还有很多。春秋战国时，印度的文化根本没有进到中国来。现在有人不但讲中国的文化是从印度传来的，还加上一句，说是印度的犍陀罗文化传到了中国来。讲中国的诗、中国的戏剧、中国的四声，是受印度的文化影响而来的，而且还说是受亚历山大传去的希腊化的印度文化影响而来的。这是更不能让人接受的。汉朝初年贾谊有一篇《过秦论》，里面有三串人名："宁越、徐尚、苏秦、杜赫之属为之谋，齐明、周最、陈轸、昭滑、楼缓、翟景、苏厉、乐毅之徒通其意，吴起、**孙膑**、带佗、倪良、王廖、田忌、廉颇、赵奢之朋制其兵。"每半句中末三字都是合律的。人的名字本来是最不容易合律的，但这里却很自然地摆在一起，非常合乎韵律。这说明汉朝初年的人，就已经比较有意识地运用韵律了。但它绝不是犍陀罗文化，也不是从印度传来的。

这里还有一个问题，诗歌的韵到底是怎么回事？现在的《佩文韵府》，宋朝的《礼部韵略》，再往前的《广韵》，都是从陆法言的《切韵》来的。陆法言为什么编《切韵》？后来作诗的人为什么都要查里面的韵部？清朝咸丰时有一个叫高心夔的，他是顾命大臣肃顺的心腹，肃顺很想让他中举。不料高心夔作了一首试帖诗，把十三元里的一个韵押成了别的韵，结果犯规了。陆法言编《切韵》，本来就是让大家对读音有一个统一的读法，大家作的诗，作的韵文，不至于念成地方的方音。他的目的不过如此。后来，考举人，考进士，押韵都必须依照这个统一标准。高心夔在考试时，就在十三元这个韵部里出了问题。当时考试的等级划为四等，相当于现在的优、良、中、劣。高心夔押韵错了，就被打到四等。两次复试，结果仍然落了四等。王闿运写了一副对联，说"平生双四等，该死十三元"，进行挖苦。陆法言编《切韵》，指出一个字在各地的不同读音。读音的不统一很常见，比如现在小孩管父亲叫"父亲"，"父"是一个轻唇音，叫爸爸的"爸"是重唇音。而重唇音是先起的音，轻唇音则是后起的读音。《切韵》就是统一这一类读音问题的。《切韵》的序里说"我辈数人，定则定矣"，但《切韵》里还有"又音"，指出一个字又读作什么音，这实在是他没有办法统一。到唐朝又加了许多的韵，成了《广韵》，宋朝用《礼部韵略》来规定科举，清朝康熙叫作《佩文诗韵》，明确地说是作诗的韵。高心夔到这时作诗还发生押韵的错误，被判为四等真是活该了。现在说诗的韵都与印度传来的文化有关，这就差得太远了。所以，《切韵》是统一文字读音的，并不是规定作诗的韵。沈约当初所说的四声，则连诗的韵都不是，只是诗句中的平仄搭配。现在的人不了解古音的发展情况,把什么都往沈约头上加,说《切韵》也是他编的。民间的人都知道沈约是浙江湖州人,于是有人就说《切韵》也是湖州佬编的。这些说法都非常渺茫。

  沈约说出了曹子建等人作诗的四声情况,有人说他是受印度文化影响才产生的,而且还说是受印度的犍陀罗文化影响;又说《切韵》也是沈约编的,这可见沈约确实是蒙受了许多的不白之冤。

(2001年10月28日在国家图书馆讲,张廷银据录音整理)

四、扬州讲演

诸位领导，诸位前辈：

我是后学，这里老前辈很多。我1982年来过扬州，后来还来过两次。这次很荣幸地受到各级领导的特别的招待，我实在是非常不敢当。现在我的眼睛黄斑病变，耳朵逐渐也听不清。今天早晨一位老先生来看我，我跟别人说起某某人，那人说对面坐的就是某某人。闹得这样失礼，非常抱歉。所以我今天先要声明一下，我现在的身体有许多的缺陷，眼睛也看不见，耳朵也听不清，所以现在就凭脑子，想到什么就说什么。

我对扬州很向往、很留恋，到这儿来都有些舍不得走，有几个地方我特别去看过。去年5月2号我住了不到一个星期，到高邮去看王念孙先生的故居。昨天又特别到了汪中先生的墓地。这都是我最敬仰、最钦佩的人，从小念书，念他们的著作，念他们的文章。所以到了王氏父子的故居，就觉得有特别的情感。昨天又到了汪中先生的墓地，还恭敬地鞠了三个躬。有朋友问我，你到那儿为什么这么恭敬？我说那是祖师爷，是我们所学东西的祖师爷。

今天我也没有什么具体题目，只是据我所知一知半解地谈谈，有什么差错，请包涵。我叫启功，是满人，满族的人，姓满洲部落的名称——爱新觉罗，可是我们打从清朝开始就没叫过这个名称。有人给我写信,叫"爱新觉罗·启功收"。我在信封上写"查无此人",给退回去了。现在到公安部管全国户口的单位,查名字,没有叫爱新觉罗·启功的。我十二岁考上小学时,贴出榜来,第四名叫启功,但他们"启"字不会写,写成了"取功"。后来大伙就开玩笑,我就更正,我说我叫"启功",从来没叫过非启功的名字,更不用说加上"爱新觉罗"了。

现在谈谈清朝的事。我是民国元年(1912)生的,清朝的事我一点儿也不知道,知道的都是从书本上学来的。1971年我从师范大学调到中华书局,参加标点《二十四史》中的《清史稿》。这样我略微知道一点儿清朝的事情,这对我来说受益很多。但西南少数民族的姓名实在弄不清,为这个请教许多人。在某一个朝代的历史上,不但是民族不同,地方语言和民间俗语都有许多不一样,这是比较麻烦的。我觉得,为了解清朝的历史、习惯、文化、武功,还是多看原书比较好。我是个满人,是东胡人,胡人所说,岂不是地道的胡说?今天我自己就胡说一点我的一知半解。

1952年,周总理在怀仁堂作思想改造的启发报告。他说康雍乾三代是清朝最繁盛的时代。总理说我们不能不感谢清朝,因为正是康雍乾三代,把中国的疆域奠定了,所以我们感谢那三代的文治武功。假定康雍乾三代的统治者还在,能听到周总理的话,一定很自豪。我们知道康雍乾三代是清朝最盛的时期。但据我看,这三代是不一样的。康熙处于开国的时期,受他祖母即顺治的生母、后来所谓孝庄文皇后的教导。顺治死了,接下来就是康熙。顺治有四个辅政大臣,他们明争暗斗,最后只剩下鳌拜。康熙八岁时,身边有几个小厮,就是陪他游戏玩耍的小孩子。鳌拜上朝时,康熙就让小厮们把鳌拜摞倒了,捆了起来。鳌拜以为小孩闹着玩的,康熙命令把鳌拜交刑部。鳌拜就这样被交刑部了。这哪能是八岁的康熙自己的主意,事实上都是他祖母在后面指挥着。

多尔衮当时俨然是皇帝的样子，发布命令，被称为"皇叔摄政王"，太后后来下嫁多尔衮。这种事情在少数民族很平常，父亲死了，父亲的小太太就归儿子管，儿子就继承父亲娶这个小太太。太后下嫁后，多尔衮又被尊为"皇父摄政王"。最后，多尔衮跑到漠北，即今蒙古国，成为古代的"林彪"，死在了那儿。最后只有一个盒子被带回来，里面装着他的衣服和骨灰。顺治死后也是火化，那也是少数民族的习俗。多尔衮就这么结束了他的一生。康熙对汉文化很熟悉，他一边托着程朱的理学，一边托着天主教的教义。他有许多儿子都入了天主教，其中一个儿子有一些学术论著，思想全是天主教的。但后来康熙对教皇的许多教条不满，觉得不应该听罗马教皇的意见。他这时候去祭孔子，拜孔陵，同时就跟教皇断了。不过，康熙并不是完全不吸收西方的先进科学知识。现在我们都用阳历，阴历按的还是西洋算法，算得很精确。康熙为学西方的东西而跟西方传教士学外语。他通过用满文译音来了解外语。曹寅（曹雪芹的祖父）病了，发疟疾，他批了个上谕，说你应该吃金鸡纳霜。"金鸡纳"是用满文拼出来的，从满文念是"金鸡纳"，这样他就用满文写出来外语的"金鸡纳"。这些传教士每天都在这儿等着，也不能随便走动，皇帝什么时候有事情就叫他们。康熙是兼收并蓄，一手托着从西方传教士传来的西方的常识理论，一手托着程朱的理学，最后才把西方的扔掉，拜孔陵。明朝的遗民都到南京谒明孝陵，像顾炎武平生谒了七次明孝陵，就是寄托他复国的想法。康熙重用的文臣很多都是明朝遗民中的大学者，顾炎武先生是其中的代表。康熙说，你们都谒明孝陵，我也去谒明孝陵。康熙去谒明孝陵时题了一个碑，说明太祖的政治高于唐宋。这一来，拜明孝陵的汉族文臣对康熙尊重得不得了，给他上了一个谢表，说皇帝肯于泯除朝代的区别，泯除皇帝的尊严，到明孝陵去叩头、去拜祭，我们非常感谢。康熙就说，你们还站在明朝立场对我称谢，干什么呢？你们本来就是我的大臣。弄得递谢表的人很尴尬。所以自从康熙四十年以后，汉臣就对康熙完全相信了，完全服从了。康熙时期也有文字狱，但并不很严厉。到了雍正，他怕他的弟兄夺他的皇位。谁要是拥护雍正的弟兄，雍正就会迁怒于他弟兄的这些党羽，就要把他们除掉。不过总的来讲，当时的范围还比较小。到了乾隆就不然了。乾隆常常对满族文臣讲，你们不要沾染了汉习。其实，乾隆自己是最沾染汉习的。他在乾隆三十七年开始修《四库全书》。最好的《四库全书》在热河文津阁，就是现在国家图书馆收藏的这一部，是最完整的，文字是最正宗的。乾隆三十七年修《四库全书》以后，白莲教已经兴起，所以乾隆后来越来越狠。他的文字狱超出了民族矛盾的范围，他认为哪句话不好，就杀，并且还凌迟，不仅杀，还剐，所以清代文字狱在乾隆三十七年以后越来越厉害，因为他感觉到自己地位不稳了。康熙四十年后，康熙的地位特别稳，大家对他特别尊重。可是乾隆的末尾是很坏很坏的，很差很差的。所以，康雍乾三代合起来算是清朝最好的时期。分开来说，康熙是一代，雍正是一代，乾隆前边还好，后来就很庸了，完全用和珅了。康雍乾正好分为三个阶段，时间不同，结果也不同，这也很自然。时代不同了，还用旧的办法统治，没有不坏的。变化是必然的，但变好变坏不一样。

到扬州来，我觉得清朝的学术以扬州最盛。明朝以前，福建泉州是中国同东南亚往来最重要的港口。清朝以来，运河运粮运盐，扬州又是泉州以后中国最大的经济中心。乾隆后期，修《四库全书》以后，他对汉文化很熟悉了，就提倡汉文化。当时像大学者钱大昕，他不只研究汉学，还懂蒙古文，研究元朝的历史、元朝的书籍，是乾隆时期了不起的大学者。钱大昕发现了戴震，把他吸收到了四库馆里，所以戴震有许多著作就是在那时候作的。

在戴震同时最有名的是王念孙,高邮人。王念孙的儿子叫王引之,官至工部尚书。王念孙被派到广东做学政。嘉庆时到广东做学政是肥差,学生拜见老师都是要送"知敬"的,就是红包。同时最有名的还有汪中,稍后一点儿是阮元(做到太傅);还有焦循、江藩,都是扬州人。扬州人第一是运米运粮的,还有就是盐商。扬州盐商向来被认为不懂文化。当然,研究古典的东西,盐商未必比得起那些学者。但是,盐商中也有很优秀的人,比如个园的黄至筠是盐商少爷,请许多文人到他家编书,叫《汉学堂丛书》。一个盐商请若干学者在他们家坐馆,即在家谈论一些事情,并著一些东西,同时帮助他儿子念书,刻出了很多本《汉学堂丛书》,这是很不容易的。另外,还有马氏兄弟的小玲珑山馆,藏书极多,影响很大。清朝有许多人挖苦盐商,其实是很不公道的。很多盐商是很尊重文人的。现在有些人用乾隆嘉庆时期扬州盐商的办法,请许多人来写东西。但扬州盐商只是刻书而没有写上自己的名字,算自己的著作;而现在有些人等书写完了就署上他自己的名字,算自己的著作,其实并不是他自己写的东西。在这一点上,现在人还不如扬州的盐商。

扬州是交通发达、经济繁荣的地方,会集了不少外地来的文化人。有许多画家如"扬州八家",他们画得稍微放纵了一点儿,挺特别的,像金农。郑板桥也算一个,很高明的。其中有的是扬州人,有的不是扬州人。像郑板桥是兴化人,金农是杭州人,但他们都到扬州来活动、卖画。他们的画都有特殊风格,所以正统画法的人都觉得他们比较怪,称他们为"扬州八怪"。事实上,我们现在看,比"扬州八怪"怪得多的人不在其数。清朝乾隆以后最重要的文化人全在扬州,像王念孙、汪中、焦循、江藩等人就云集于此。

康熙尽力收罗人才,包括使用贰臣,也就是那些曾经做过明朝臣子后来又愿做清朝臣子的人。而乾隆却修《贰臣传》《逆臣传》，因为他已感觉到政权有波动的危险了。白莲教已经起来了，所以乾隆就极力镇压对清朝不利的人，所以他修《贰臣传》。明朝的举人讲士又到清朝做官的都算作贰臣；逆臣就是反叛，投降了又抵抗的人，像"三藩"——耿精忠、尚可喜、吴三桂等人。吴三桂讨平了，尚可喜还保留。所以直到清朝结束，他们尚家人还把尚可喜称为"尚王"，可见清朝对他一直是尊崇的，而实际上他已没有实力了，什么事都不管了。清朝到了后来，有一个最大的误导，文人之间有些矛盾，有些人不明事理就跟着某个人走。清朝初年有个袁枚，学问、作品非常高明。他有个论断，说六经都是史料，《尚书》不能说是完整历史，但都是史料，只是没人理。结果后来有个叫章学诚的，说"六经皆史也"。大家就说章学诚了不起。可这些话袁枚早已说过（袁枚在嘉庆初年就死了），只是当时没人理。近代有个钱穆先生（后来死在台湾），他说，清朝学术三百年历史，章学诚了不起，并把袁枚、汪中等列入附属，说他们受了章学诚的影响。袁枚比章学诚早得很，他怎么能受章学诚的影响？所以袁枚就这样被压下去，把他压得最厉害的就是台湾的钱穆。钱穆不在了，他的学生余英时尊重章学诚的说法。更奇怪的是戴震到过扬州，于是说戴震也受了章学诚的影响。章学诚有个《章氏遗书》，木刻的，书里可笑的错误多极了。在《余嘉锡论学杂著》里，余嘉锡先生详细地批《章氏遗书》，说里面的笑话多极了。

扬州是清朝的文化、经济的一个枢纽。李斗作《扬州画舫录》，虽说是讲坐船游山玩水，事实上是写扬州的经济是什么样子，文化又是什么样子，但他写扬州文化还不够深入。我觉得现在应该到了写一本《扬州对清朝文化的影响》的时候了。清朝的文化不但是书本的文化，就连写字画画如"扬州八家"，都是有创新精神的。现在我们应该创新。书画要创新，不要被古人的套子圈住，不要被古人的套子勒死。创新就看金农、罗聘、郑板桥等，这些人很有创新的见解。"文化大革命"前北京有一位邓拓，做《人民日报》总编。他喜欢书画，说"扬州八怪"名称很不公平，应该叫"扬州八家"。这是对的。哪一个也不能叫"怪"。我觉得现在真正需要有人郑重地写一回扬州的文化、扬州的传统、扬州的经济、扬州的建设、扬州的交通、扬州的人文历史。扬州文化离开人是不行的。从前扬州只被认为是歌舞升平之地，其实不光是这样子。扬州的商人也做了许多与文化有密切关系的事，直到现在我们也离不开他们刻的那几部大书。所以现在如果在《扬州画舫录》框架之下，重新写解放后的扬州怎么样，它比以前更进一步或几步，远走多少里，多少路程，扩大多少范围，是了不起的。我觉得我人微言轻，可是昨天听我们这儿孙书记说他在规划扬州怎么样地扩建，我是很兴奋的。所以我想应该一边动手建设这个地区，一边动笔记录这些成绩。从清朝到现在，经过这么多年，写一本扬州人文成绩，是很了不起的。

我今天在这儿算是胡说八道，请诸位老前辈、诸位学者严格地指教。谢谢！

（2002 年 4 月 28 日讲演会，中共扬州市委办公室、
研究室整理，文字稍有改动）

五、乌鲁木齐讲演：少数民族与中华民族文化的关系

主席，各位同志：

我先声明一个问题。刚才主席介绍，说我有什么什么研究，当然中央下达了这个任务，我们应该热烈地、积极地响应。说"智力支边"这四个字，在我个人是非常不够的，智也不够，力更缺乏。我个人随着九三学社到这里来，是一个学习的好机会。在座的有许多老先生，老同志，其中一定会有老前辈，今天如果讲得有不对处，请予以不客气的指正。

我今天所谈的内容是"少数民族与中华民族文化的关系"。这个题目本身实际的意思是说：伟大的中国共产党领导之下的统一的中华人民共和国，是多民族组成的。中华民族的文化已有几千年的历史，它不是一个民族或一两个民族创造的，而是各兄弟民族共同创造的。对这么大的一个中华民族的文化，各民族都有贡献。这个文化形成之后，它的光辉、灿烂，反过来又给各个兄弟民族文化以影响，从而丰富了、提高了各兄弟民族自己的文化。在这一点上，我有一个想法和论点，对不对，今天有个求教、得到印证的机会。我的意思是，好比一个银行，有一笔存款，这一笔公积金是哪里来的呢？是各个兄弟姊妹去存的钱，这个钱是个人自己的，分别存在一笔公积金里。它丰富了这一笔公积金的金额和数字，但它仍然可以拿回来给每一个人去应用。它是一个相

互影响、相互丰富的关系，主要的是贡献。贡献是互相的，往来的，所以我认为它是一种相互的关系。

什么是中华？即最古时所谓中原地区，就是现在的河南、山东、陕西、山西这一带。陕西如果再往北、再往西，最古的时候也还算不上中原的地带。那个时代所说的中华范围很小很小。我们历史上说有尧、舜。舜，《孟子》上说是"东夷之人也"。在中国古代历史上那么重要的舜都是"夷"，那中华又在哪儿呢？那太小了。所以说，从前历史上因为人少，他所写的这个范围就指的那一块地方，叫中华。随着我们这个国家的壮大，我们整个中华民族的兴旺和壮大，历经若干的历史时期，一直到今天，这个中华的概念就绝不是商周时候的那个概念了。特别是在中国共产党建立政权以后，这样一个统一的、伟大的中华民族的概念，包括了各个少数民族，各个兄弟民族，所以各个民族在今天是谁也离不开谁的。不能因为说他少、他小，作用就小，那不然。比如我两只手，十个指头，拇指大，小指小，给它砍了去，我也受不了。这是极其显明的。

我自己也向各位同志报告一下我的情况。我的父亲是满族人，母亲是蒙古族人，我自己学的是汉族的古典文学。我也学过一点历史，学过一点古代文物的知识。正因为这样，所以我心中酝酿一个想法，我觉得各民族互相的关系，即体现在"中华民族"这四个字之中。中华人民共和国的人，这是一个全称，简称中国人。我说一个故事。我小的时候在一个中学里读书，有一个教师，他的父亲是我曾祖父的学生。有一天，他说他的父亲的老师叫什么什么，是个外国人。哎！我一听，是说我的曾祖父。我说，你看我是哪一国人？以前我还称他为"先生"，自此以后，我见面就称他为"外国人"。因为他称我是外国人，我也回称他是外国人。为什么？你要说我不是满人我也不怕，你说我不是蒙古人我也不怕,你就是说我是汉人也不要紧,你说我是任何一族的人,都不要紧,因为我们都是弟兄。就是说我姓张、姓李都关系不大。要说我不是中国人呢,那我非跟他生气不可,我会跟他绝交,这个道理我想大家都一样。所以我觉得我们做一个中国人,是非常自豪的,特别是我们做今天的中国人,更是如此。

中华民族的文化是各民族共同创造的,各少数民族在整部的中国历史里头,有着若干的思想家、政治家、军事家,太多太多了。但是这些我研究得不够,我只能从一些文化艺术现象上谈一谈这个问题。我们一提中华文化,就很容易想到汉语、汉文、汉字等,很容易这么联想。我要提的艺术创作是各族人民共同的功劳,即使用汉文、汉字、汉语等,也有各族共同的贡献,并不等于用汉文写的就一定是汉族人写的,这一点大家也会随处遇到。我现在可以汇报一下我想讲的几个方面:一个是音乐,一个是雕刻,一个是绘画,一个是语言、语言学、文学。

以前我还有一个不全面的想法。一提到少数民族的文学,我就联想到一定是非得用少数民族的文字、少数民族的语言写出来的,才算是少数民族的文学艺术。这个当然毫无疑问。但是,某少数民族,用兄弟民族语言写作,如甲少数民族用乙少数民族语言文字写的作品,这个作品就不完全属于乙少数民族了,而有甲少数民族的功劳了,我的意思是这个。我现在先谈音乐。

(一)音乐

音乐在中原地区、在商周时代,用的是什么乐器?是琴、瑟、笛、钟、鼓、磬。我们现在看到殷墟出土的有大的石头磬,还有石头的扁磬。鼓是用石头做的。铜做的叫金,石做的叫石,敲打的声音即所谓"金石之乐"。用金石做的乐器,敲打起来的声音不言而喻,一定比较简单。琴瑟,我看到过,也遇到过。老先生有的会弹古琴,他的手来回捋着弦,捋了半天,才弹一声。我听着十分地没有兴趣,捋的声音之大,超过了他手弹的声音。我想,古代人是否也是这个弹法?"琴瑟友之,钟鼓乐之",这好了不起!所以我就想,古代的乐谱要是存下来,就可以知道古代的雅乐多么好听!我非常相信这个东西。一次,听说日本保存着唐代流传下来的雅乐,我高兴极了。我想我几时能听见日本保留的唐代的雅乐,这可不是俗乐呀。哦!我一下子想起纪录片中的《兰陵王入阵曲》,这是很有名的古曲。说古代那个兰陵王长得太秀美了,临阵对敌,敌人不怕他,于是他就戴了一个面具来威吓敌人。这是一个历史故事。有人用这个故事编成一个舞剧,穿着盔甲,吹着一个短笛,打着鼓。这种雅乐,我也会吹,它就是一个直的声,嗯嗯嗯的。这么一来,完全跟那个木偶人傀儡的动作一个样子,看了半天,来来回回老是这个动作和声音。哎呀!原来雅乐就是这么个雅法!从此我产生怀疑。我想,过去我老觉得那个老先生弹古琴是他的手法不高,后来我才明白古代的弹法也高明不了多少。所以到了汉、唐,用的是燕(或宴)乐,在平常生活里头饮酒作乐,音乐才繁盛起来,丰富起来。再举一个例子,春秋战国时代有一个曾侯——曾本来是中原地区的一个小国,曾侯跑到楚国,住在今天的湖北随县。楚国的国君送给他一套乐器——铜编钟,从大到小,一个架子,还有一个大棍子,有些个小锤子,打起来,声音非常好听。用那个大木头棍子撞钟,声音很浑厚的;然后拿那些小锤子捶那些小钟,声音很好听,它能够打出《东方红》乐曲的声音。没想到,后来细细地考察这些音阶,发现正如许多历史书中记载的那样,古代有九个音阶。这个情况,是研究音乐的人意料不到的。现在有许多音乐家、乐理家、乐谱创作家、乐理研究家再分析,发现用它可以敲打出贝多芬的交响乐。这使搞外国乐理的人大吃一惊,说为什么这个春秋战国时的乐器,还能奏出贝多芬的乐曲来呢!其实,贝多芬又怎么样呢?是不是?

他只有两只手一个耳朵，据说晚年一个耳朵聋了。听说第几交响乐中有几个地方拐不过弯来，听着很直，可见贝多芬也有缺欠。

这个编钟在随县出土，现在陈列在湖北省博物馆里，是楚国国君送给曾侯的。这套编钟无疑是楚国人做的。我们再翻开历史，中原地区的人，认为楚国是夷狄，所谓"戎狄是膺，荆舒是惩"。苏州，现在算不算腹地？可是吴人说吴的祖先是由中原地区跑到这里来的，并说等于到了蛮夷之乡。由此可知中原地区的观念是多么狭窄，眼光多么短浅！而吴楚在春秋战国时代，都被认为不是中原民族，那别的地方就更不用说了。所以，相对于中原那个小地区的文化来说，楚国的编钟就是少数民族创造的。春秋战国时候，少数民族就有那么高明的创造，恐怕是历史学家、考古学家都意料不到的事。我们再说后来用的琴、瑟、笛，笛叫羌笛，非中原的琴叫胡琴，什么都是胡。在中原地区的人，把凡不是这一地区的人都叫胡，像我就是胡。小时候，我就说过一次"我是胡"，我祖父就骂我说："人家骂你是胡，你自己怎么也骂自己是胡呢？"我说："我自己也不知道胡是怎么一回事。"说我们是鞑子，鞑子又怎么样呢？这个没有关系，它是民族的名称，你当贬义说，我当褒义听，这有什么不可以呢！所以我今天到这里真是"胡说"了。

至于胡琴，外来的都叫胡琴，后来我们唱皮黄戏、唱京戏拉的那个不是也叫胡琴吗？两个弦的叫二胡。凡外来的叫"胡"不奇怪，后来外来的都叫"洋"，什么都是洋的。琵琶也是一种胡琴。笛，诸位都读过唐诗，"羌笛何须怨杨柳，春风不度玉门关"。羌笛、羌人其实我们随处都可遇到的。"羌"这个民族我不晓得现在还用这个名称否，反正是从西南直到西藏，有许多古代羌族的后裔。笛这个乐器，可以拿到大交响乐中去吹，但竹管做的这个笛就不同了，那是中国乐器。所以汉、唐的宴乐都是非中原民族的东西。

又如旧龟兹乐谱，是最讲究的一种乐谱。龟兹，是我们新疆的一个地方，那个地方的音乐好听。《大唐西域记》中就讲到龟兹地区"管弦伎乐，特善诸国"，所以，唐、宋两朝组织的大乐队全是龟兹乐。到了清朝，朝会大宴的时候，音乐很多，各个民族的整套整套的乐队在正月初一的大宴飨都有，可见各族的音乐是共同演奏的。

这说明各族的音乐已渗透到乐谱、乐器、乐调和作乐的方法中了，这个影响我就分不出来了，肯定是有的。现在我们随便唱一个唱腔，我也分不出来这个唱腔来源于哪一个地区、哪一个民族了，所以我觉得音乐有这样明显的证据，说明各民族的音乐丰富了我们中国的音乐——有的地方叫国乐。不管怎么样，整个中国的音乐是各民族共同创造的。

（二）雕刻

我们看见殷墟（河南安阳一带）出土的玉雕的人、石雕的人，也有立体雕的人。有一个石头雕的人，好像一个大青蛙，在那儿瞪着眼睛，有头，有身子，有眼睛，有嘴。你看不出更多的形象来，大致是一个人的模样。到了汉朝，在武梁祠、孝堂山的那些石刻，看起来都是平面浮雕，就像我们现在看的皮影戏中的皮影人，是一个扁片。这个人脸是这样子的，就永远是这样子，再翻过来没有正面的脸。汉画像是这样的，偶然有一点立体的雕刻，也非常粗糙。到了北朝，我们看见了洛阳的龙门、大同的云冈、四川的大足，非常多。北方的这些雕刻群，最早的是北魏六世纪雕的那些立体的、有血有肉的佛像。我们知道，唐宋人在庙宇中画的大批的壁画，常常把当时皇帝的像画在里头。特别是道教的影响，像宋徽宗等人，特别信道教，都著名了。宋朝信奉道教，是从唐朝继承下来的，因为老子姓李，所以李姓的唐朝特别重视道家。因此，道教的像特别多，其实有许多是吸取了佛教的特点。北魏的寇谦之改造的道教，加上了许多佛教的东西。唐宋的许多壁画中的大神仙，据记载好多都是某某皇帝的面容。所以从这个道理来看，北魏所造的那些佛像，都有真人的模特，真人的标本，是毫无疑问的。这些模特也许是当时的高级人物，或某个大师、某个和尚、某个学者等。这很难说。

那么，北魏的像呢，你看见的都是些有血有肉的人。那早期的佛像是垂着腿，后来叫结跏趺坐，两个腿这么交叉着，再就是盘起一个来，再就是两腿全盘起来了，佛像也逐渐地在演变。有这样一种说法："吴带当风，曹衣出水。""吴带当风"，是说唐朝的吴道子画的人的衣服飘带好像能飘扬起来。至于"曹衣出水"，曹是谁？有争议，我们且不管。据说他画的人都像从水里头出来，衣服沾了水，全贴在身上，露出肉来。但是从他鼓的地方还可看出来他身上穿着一件纱衣，这个就难表现了。在画里头，你把肉的颜色可以画得黄一点，纱染得白一些。石刻你怎么表现呢？我们看北魏以来的那些佛像的雕刻，极薄的纱，他能用极硬的石头表现出来。北魏的雕刻已经能达到这个水平。越到后来水平越高。不管宗教家怎么说，这些佛像所要表现的是伟大的英雄，可又说佛是大慈大悲的，又英雄、又慈悲，这个矛盾怎么统一呢？我们看那些雕刻，它能统一。你看他也很威严，可又不是瞪着眼睛，并不是鲁迅所说的"金刚怒目式"。佛有金刚怒目的，可是那个主要的佛并不是金刚怒目式的，他的威严、他的慈悲，都在这里头表现出来。这种雕刻更不用说与殷墟雕刻比，就拿汉朝雕刻比，它们远没有这样的水平。这是什么人创造的？我们知道北魏是拓跋氏，拓跋氏是鲜卑族，他们在洛阳那个地方雕刻，其中定有少数民族的工匠。从人物的脸面风格来看，肯定地说，是鲜卑人居多。鲜卑的劳动人民在里边起了主要作用，他们同其他几个民族的劳动人民共同创造了这些雕刻。

雕塑，拿一把泥，捏一个小小的人，还要用刀雕来雕去，也不容易刻好。几丈高的像，上去敲一下，雕一刀，下来再看看，就这样上上下下，要费多大的力气！我现在上三层楼还喘，要我去雕刻，连一个耳朵都雕不出来。到了唐朝，唐人雕刻的脸就丰满了。我们一看这个石刻，就可知道是北魏的、北朝的，或者是隋唐的。到了隋唐，脸就圆了。隋唐的人以圆脸为美，而胡子呢，以卷起来的为美。杜甫在《八哀诗》中说，汝阳王李琎虬髯似唐太宗。我们现在看到的唐太宗李世民的画像传为阎立本的底稿，叫《步辇图》。步辇不是套着车、套着马，而是几个人抬着一个平的座位，他坐在上头。辇就是车辇。这个李世民的像，胡子也是弯的。据记载，说李世民的胡子弯得可以挂一张弓！哎呀，这得多硬的胡子呢？我说，我们不管李世民自己是否承认他为凉武昭王李暠的后代，反正凉武昭王属于西北少数民族，这是毫无疑问的。他到了中原地区，说他姓李，是老子的后代，就是李耳老聃的后代。不管他说什么，他爱是谁的后代也不要紧，反正他的胡子是弯的。这样，我们就可知道唐朝的文化毫无疑问是多种民族文化的合成体，它是"来者不拒"。我们知道唐朝的文化是最盛的，在封建文化里唐朝是个高峰。唐朝的高峰是哪里来的呢？它是"兼收并蓄"，"来者不拒"。它为什么敢于大量吸收呢？因为它没有那个框框，没有说我是只限于这么个小地区，这里才是我的家。它不是这个想法，所以唐朝有那么丰盛的文化，有那么灿烂的成就，不是偶然的。它要脑子里有那么一个小框框，就不可能有那么大的成就。

我们现在再看一看汉朝人，很讲究！汉成帝的妃子叫赵飞燕，据说赵飞燕能作掌上舞，腰非常细。而到唐朝呢，不管那一套了，非常健康，脸要圆，腰身要粗，所以它就健康起来了。我们说，今天我们中华民族非常强盛，摆脱了"东亚病夫"的称号，这是我们伟大的共产党的功劳。可是，我们民族虽然历经帝国主义种种摧残，而仍然能够以各种斗争方式保存下来，没有被帝国主义者压倒，我们的民族精神是最大的支柱。这个民族精神与民族体力的健康也不能说毫无关系吧。我们是唯物论者，我们说这人只有精神，没有体力，不把体力考虑到里边，恐怕不行。我们要是按照汉朝的标准，腰越来越细，我们这个民族就真正危险了。我觉得我们在唐朝以后，中华民族就起了一个很大的变化，在人的体魄上、体质上我觉得也有很大的波动。中间经过元朝，经过清朝，北方经过辽金，这是一个很重要的事情，有很大的促进作用。举一个例子，在战国时候的那个赵武灵王，曾经穿上少数民族的胡服，学骑射。这是个了不起的改革，真是要强健他国家的力量了，但结果被他的儿子关起来饿死了，从中我们可以知道惰性的力量有多大。他想穿胡服学骑射，就被顽固派整垮了。而到了唐朝呢，干脆胡服骑射了。我这是有根据的，这个赵武灵王的失败，可以反映唐朝的胜利，也反衬出唐朝的伟大了。

（三）绘画

我们翻开讲绘画史的书，可以看见许许多多少数民族的姓名。姓尉迟的，姓伊索的，很多很多。如尉迟乙僧就是于阗（今新疆和田）贵族，他无疑是少数民族。敦煌壁画中，有少数民族文字记载的画工的名字，其实也不用他写上名字，只要看看整个的成果就很清楚了。它是北魏时开始画的，在河西地区，毫无疑问，没有少数民族参加，是不可能的。在绢素上作的绢轴画也流传下来很多。比如有一幅有名的天王像是尉迟乙僧画的，画的底子用些重的颜色填上去，这是少数民族的绘画法。有一个现象很值得我们注意。佛教是从印度来的，毫无疑问，佛是印度人。印度的佛教画，现在还保存一个洞窟，叫阿旃陀。这个洞窟里画的画，是表现佛怎样地说法。他的弟子伽叶拿着一枝花，拈花微笑。

我们看了这幅画，怎么也不相信它是佛教画，就像油画似的，人的形象也不是我们熟悉的佛的形象。那是印度人六世纪画的，和我们北魏敦煌壁画的时间相同。但是，我们拿阿旃陀壁画和敦煌壁画一比，截然不同。佛教的美术，从佛故事的形象、佛的理论、佛的整个宗教，全遵印度，到了中国，立刻就变成中国的佛教，佛教的美术就变成中国佛教的美术。我们新疆这里有许多洞窟，里面画着佛像，和敦煌虽然略有区别，但基本的画法仍是中国画，这种画一直往南到西藏。

西藏藏密的画，与中原地区的画、与北方地区的画法稍有不同，但是跟印度的画截然两样。东传到日本，东方的密教所传的画像，和中国的画法完全一样，而跟印度阿旃陀的画法完全不一样，这说明我们这个伟大的中华民族有多大的消化能力！这种融合的能力、建立的能力多么大啊！它到了我们这里就成为我们的营养，成了我们兄弟民族共同的风格。这种风格在国内各民族都适用，而和它的来源——佛教的老家艺术反倒不一样了。这一点很值得我们细细想一想，真足以自豪！我们兄弟姊妹有多少人，不管语言文字有什么不同，而他创造出来的是一个有统一风格的艺术品。我每次知道某地出现一个新洞窟，总愿赶快看看，看不到原东西也要看看照片。一看是中国风格，中国风格就包括各民族的风格，而跟印度的——跟它的来源风格不一样。这个真值得我们自豪啊！

再说文人画。宋朝的文人画有很多区别，别人都是那样画山，那样画水，出来一个人叫米芾，字元章，画喜欢用点子点，《芥子园画传》甚至称大点为大米（元章），小点为小米（友仁）。米芾是哪里人呢？他自己说襄阳米芾，大概祖先在襄阳住下了。他有几个特点。一天洗几次澡，洗多少回手，看看书、看看画儿就洗手。吃饭的时候和人不同席，你在这桌吃，他在那桌吃。拿个砚台给人看，说你看我的砚台好不好？有人蘸点口水研研墨，他就不要了，说你拿去用吧。因此，大家说米元章有洁癖。这是洁癖吗？不言而喻。他是哪族人？是西北的米姓，是昭武九姓之一。唐朝在西北有九个姓是少数民族的姓。

到了元朝，有个高克恭，专画米元章这一派的山水，也是点。他是哪里人？他是高昌人，汉姓也就姓高了。这个人历史上只说他是西域人，也不言而喻，他一定是维吾尔族人。而他不学别人，只学米。他的画在历史上很有名，故宫博物院藏的画就有他的，很了不起。他画的山的形势是往里头伸的画法，这种画风改革了唐宋以来的画风。说文人画，要讲宋元文人画，你不能不提到米和高。

元朝还有一个人叫倪瓒，这个倪也是昭武九姓之一，也是西北少数民族。可是，他说他是无锡人，是家住在无锡。这个人一天洗几回澡，与人不同席，不跟人家一块吃饭，老说人家脏。大家认为他有独癖，不跟随大家一同生活。试问这个人是什么民族呢？而他的画法，在元朝属于第一流。他画得非常简单。你们画很多的树才成一片林子，他画两棵三棵就是一片树林子，随随便便勾几笔就是远山，概括、简练。他这个人的行为很高尚，不同流合污，不人云亦云，有很强的个性，而又好干净，不和人一同吃饭，我们可以判断出他是什么民族。而从画风上讲，有人说是江南派。后来人们以家中有没有倪瓒的画说明自己的高明与不高明，谁家要有一幅倪瓒的画，说明他很高明，因为他有倪高人画的画。倪瓒，人称他为高师。这并不是因为姓高，而是说清高的高，大家多方面佩服他，称他为高师。在画派里有那么高的地位，被人这么尊敬，这是很不容易的。他并不是无锡的土著，他的姓是从西北去的，是西北少数民族。

在唐朝以后，元朝这个民族的兼收并蓄气魄最大了，一直到中亚、西亚地方的人都可以来到元朝这个区域里做事情。那时把西域各族人都称为色目人。而所谓的汉人是包括辽、金人在内，南人就是江南的人。它全都兼收并蓄，这是在唐以后各民族的一次大聚会。

上面我们说了元朝的画，还可说说字——书法。倪瓒也是一个书法家。还有一个书法家，他姓康里，康里部落的人，名字叫巎巎——是译音，字子山。他的草书写得非常好。大家知道有个赵孟頫，是元朝大书法家。有人问赵孟頫，说你一天能写多少？赵孟頫说，我一天能写一万字。有人去问康里子山，你一天能写多少字？他说我一天能写三万字。他写草书快极了。维吾尔族原用竹笔，蒙古人也用，写起来很快。他写字这么快，与他本民族习惯有没有关系，现在没有正面论据。我推论，必然是有关系的。

康里在哪里呢？在苏联境内的一个部落。这些人，不但在雕刻上、绘画上、音乐上有贡献，而且在写汉字、作汉文、作诗、填词上也很有贡献。我们翻开元朝人的文章、诗词，他们写得很多很多，而他们同时也能用本民族语言文字写东西，如萨都剌、迺贤等。萨都剌是个大诗人，他的名字据说是阿拉伯文，翻译出来就是"真主恩赐"的意思。我不懂阿拉伯文，在座的同志一定有知道的。他字叫天锡，"天锡崇古"，天所赐，跟名字的意思一样，他用汉文作的诗非常好。还有一个乃贤，他是什么地方人呢？葛逻禄，快读是和鲁，是葛逻禄部落的乃贤，作的诗是唐人的味道、唐人的音节。现在我们选元朝人的诗，讲元朝的汉文学史，你能把萨都剌、乃贤取消吗？讲宋、元的绘画史，你能把米芾、高克恭、倪瓒取消吗？讲书法史，你能把康里取消吗？不能，他们不但不能取消，而且还是起大作用、占重要位置的人。

（四）语言

在汉语学上，有位有绝大贡献的人是陆法言。这个人生在北朝末期,到了隋朝,他创造了一个方法,编了一本书,是专记汉语的。他是鲜卑族人,肯定会说鲜卑语,为什么知道?在颜之推著的《颜氏家训》里记载说,现在的人能够弹琵琶,会说鲜卑语就算是很漂亮了,在社会上就一定容易交朋友,一定受人重视。这就好比今天有许多人说:"我会外国语,不但能说第二外国语,还会说几国外语。"大家就说他本事大。当时在中原地区的颜之推是汉族人,他就知道许多人会弹琵琶,会鲜卑语,这是当时流行的时髦东西。那么当时的鲜卑人能够不说鲜卑语吗?

陆法言编了一本书,叫《切韵》。大家都知道这个"切",即"反切"。什么叫作"切"呢?就是用两个字拼一个字的音,比如东方的"东",用"德红"切。怎么叫"切"呢?就是把上一个字的声母、下一个字的韵母拼起来,拼出这个音。然后分部,分四声:平、上、去、入。这是一个了不起的新方法。在以前只能用同音字来注音,如茶碗的"碗",读作"晚",早晚的"晚"。这就有一个毛病,你若不认识早晚的那个"晚",你也就不认识这个茶碗的"碗"。他发明这个切韵的方法就是拼音的方法,这个方法打从隋起用到今天。大家翻翻《康熙字典》,一直到新编的许多字典,如《辞源》《辞海》,还有什么什么切,这个方法到今天还在用着。它的进步性在哪里呢?汉语的调子有四声,如"东董冻笃"。现在要用普通话,以北方话为基础,以北方音为标准的普通话,也有调号四声,比如"湾纨碗腕"是阴阳上去,"东董冻笃"是平上去入,这很清楚的。

可是,现在呢,说是用拉丁拼音,这当然应该比陆法言高明,至少晚一千三百年,我们应该比陆法言进步了,可现在拼出来呢,一大串,没有隔开,也没有调号。比如说这个"茶碗",可能读成"叉弯",我有一个刀叉,这个叉弯了。没有调号,这个词汇的意思就不明确。而现在的汉语拼音,要是把调号一律都取消了,读起来就不行。如"你上哪里去"?"我回北京",可能读成"悲京""背景"。我就问人,为什么你们不加调号?他说那不就穿靴戴帽了吗。啊!我说你穿靴戴帽?看你冻的时候穿靴不穿?戴帽不戴?人都穿靴戴帽,为什么字母不许穿靴戴帽呢?这是为什么?总觉得因为是外国人没有的,我们不能添上。其实呢,你拼的是汉语语言,不添也不行啊!我为什么说这个?就是说我们一千三百年之后的人,运用拼音的注音方法还不及一千三百年前我们兄弟民族鲜卑人遗留的办法优越。鲜卑族的陆法言遗留的这个办法,是古代没有的,后代不接受的,后代把它抛弃的,而现在古字典注古音还用这个。我们现在想推行普通话而不接受陆法言的这一点经验,这一点办法,我看推广普通话就用汉语拼音是很难的。你们看(指讲台上的扩音器),这个上面就有"浙江温州无线电十二厂"。等一会儿大家看看,这上面一大串字母,拼不出来,我不知道从哪里断。毛主席说:"有比较才有鉴别。"我经过比较,觉得陆法言在一千三百年前是我们的前辈,少数民族研究汉语的老前辈。这个方法到现在还不能随便一笔抹倒。

(五)文学

最后我谈谈文学。少数民族用本民族语言文字所写的文学是了不起的宝贵财富。前天拜访新疆社会科学院,见到许多位同志给我介绍现在正在翻译的《福乐智慧》——维吾尔语写的古代遗留下来的长诗,也是史诗。这是宝贵的财富。我听了听介绍,觉得它与许多用汉文写的诗歌词曲,在音节上有很多关系。我是喜欢搞音节这个东西的。我写过一本小册子,讲诗词的声律问题,我就想吸取一点。西洋与我们远,因为它是印欧语系,我想阿尔泰语系对于我们汉语古典文学一定有影响。我现在很盼望将来能读到汉语本的《福乐智慧》。现在我要找懂维吾尔语的同志好好学一学。用少数民族自己的语言文字写的,或用汉语写的,前边我举了萨都剌、元好问,大家都知道他们是鲜卑人。元姓是拓跋氏后裔,唐朝与白居易一起的那个元稹,就是拓跋氏了。用汉文写作,也受到若干少数民族的音律、语言、手法等多方面的影响。我们讲汉朝的挽歌、铙歌里头有许多字,只起到帮腔的作用。这些有音无义的字是什么?我很怀疑是少数民族的语言,比如铙歌里的"匪乎欷","衣乌鲁支邪",是什么意思?不知道。"匪乎欷",这分明是一个意思,是一个音。有人讲"匪"就写皇妃的"妃","乎"就写呼叫的"呼","欷"就写"豕"字旁加一个希望的"希"("豨"),这怎么会有一个王妃在那里喊猪?没有这个道理。"衣乌鲁支邪",这也是糊涂。注铙歌的人胆子真大,胡注,我觉得可能是古代哪一个少数民族语言随着乐谱过来的。我们再看《汉书》"西南夷传",西南少数民族的诗,整套地翻,翻出来给它用四个字注出来,对得很不准确,但是《后汉书》里头整篇整篇地把这些诗记录下来,很不简单。我们更不用说佛经了,佛经整个是翻译的。北齐有一个人叫斛律金,这个人不会写字。该到他签名了,他瞪眼说,我不会写汉字。别人说,你看见过蒙古包的帐篷没有?你的名字就按帐篷顶画一个就行了。他光在底下画了一个横道,算是帐篷。但中间的柱子呢?即金字中间那一道,于是他拿笔倒着往上画,算是把柱子画上了。从底下往上画,你可以知道这人汉文有多高的水平了。这不是他的耻辱啊。他作的诗虽只传下一首来,但凡是研究文学史的谁也抹不了它,就是《敕勒歌》:"敕勒川,阴山下,天似穹庐,笼盖四野。天苍苍,野茫茫,风吹草低见牛羊。""野"念作"雅"。这首诗在当时古声里是押韵的。"敕勒川,阴山下,天似穹庐,笼盖四野","天似"二句等于把七言句加了一个字,再加上"天苍苍,野茫茫,风吹草低见牛羊",整个调子是:三三七、三三七。这个节奏咱们今天数快板都用。大家都会数快板,究竟数快板是北方人学敕勒部落的人呢,还是学少数民族的语言呢，或是少数民族用汉语来写的呢？到今天还纠缠不清。对这首诗有两派意见，有说这是用鲜卑语翻译的，有说是斛律金自己写的，自己唱的。到底他会唱不会唱？是谁写的？无头案，永远没法说清，因为他死了，历史过去了，你没法证明了。可是我可以肯定一句话，在我们灿烂的中国文学史里头，有这么一位作家，伟大作家，没作别的，就这一首诗，便流传千古。

再说李白，他是中国的诗仙。他是哪族人？他和李世民是一家子，昭武九姓之一，西北地方人，流寓到四川做商人。历史上没有详细写他是哪一族和具体的族名，但是我们可以肯定，他是伟大的诗人，这一个伟大诗人是少数民族。其实我对少数民族有这样一个理解，我觉得咱们一切都应该辩证地看问题。比如甲地区某族的人到乙地区来，乙地区其他民族的人多，甲就是少数民族；乙地区某族人到甲地区，那里另外民族的人特别多，乙就是少数民族。多和少还要看具体环境来决定。总起来说，全中华人民共和国有个总数。在地区上讲呢，哥哥到弟弟家，哥哥是少数；弟弟到哥哥家，弟弟也是少数。很有意思，很亲切。李白肯定是少数民族，而他成为全民族的伟大诗人，这没有什么奇怪的。

到了清朝，有个纳兰容若，即纳兰成德，词作很有名。他是呼伦四部的人，即旧满洲地区的人，属叶赫部落。他的词很有名，为什么？他受古典的束缚很少而创造出新颖的风格。再看曹雪芹，曹无疑是原来从关内流寓到关外的，他的祖父给康熙上的奏折，康熙批语有满文。这个奏折是不许别人看的，只能皇帝和写奏折的人看。康熙用满文批，肯定曹雪芹的祖父是懂满文的。而曹雪芹呢，接受了满文化，用汉文写出来的《红楼梦》，成为古今很有名的著作。《三国演义》《水浒传》《西游记》等都是了不起的古小说。自从《红楼梦》出来，你看看，它的手法，它的成果、艺术水平是古代少见的，所以现在《红楼梦》在中国文学史上地位特别突出。为什么曹雪芹没有受到那个框框的限制？因为他有他自己独特的发明创造。《红楼梦》这个伟大的作品是多数民族创作的还是少数民族创作的？我在内蒙古见过蒙文的翻译本，大家对这很有兴趣。那么，这个财富是哪一个民族独有的财富吗？肯定是公有的财富。

上述是在文学史上，在历算天文上就不说了，那更多。元代有一个撰《万年历》的扎马鲁丁，就是回族人。元朝以后，明、清两朝有钦天监，钦天监里算历法有西洋科的。用西洋算法的是南怀仁啊！还有回回科，用算回历的办法算历法。明、清的钦天监就是用各种算天文历算的办法来求得日月运行的准确性，那么在历法上就有我们少数民族的贡献，这是大家都知道的。

最后我举个例子，大家都知道北京城，许多人都问北京城是谁修的？大家都传说刘伯温修建了北京城，到底刘伯温修了北京城没有？我也不知道。可是我知道，北京城这个城圈现在是这样，而在元代也是这个城圈，北边向北推了五里，现在北京北边有个"土城"，那是元代的旧城。元朝的城南到长安街，北到土城。明朝往南展了一里多，到宣武门、崇文门，北边缩了三里到安定门和德胜门。元朝管建筑的，设一个查的尔局（蒙古语），管查的尔局的人，叫也黑迭儿丁，又叫也黑迭儿。这个人是回族，不但他管茶迭儿局，而且他子孙四代都管茶迭儿局，元朝北京城的规划建造全出自也黑迭儿丁四代。民间有一种说法，说北京城是刘伯温造的，诸位大约却不知道出自也黑迭儿丁。这个城明朝基本上用了它，就是把墙皮加了砖。我们一提城墙，都觉得是用砖砌的。在古代城墙没有砖皮，只有到了城楼那儿，才有砖，剩下全是巷口。有人说土城是把砖除去了，不对，就是那样子，因为它厚，没有风化，没有经人损伤，于是保留下来。

我有这些想法,今天有机会在这里向诸位请教,这是我的一个好机会,希望得到批评指教。

(启先生1983年6月4日在新疆人民政府礼堂的演讲,白应东据录音整理,柴剑虹校,在文字上有较多改动)

六、《壬寅消夏录》与尉迟乙僧画

1929年至1930年间，杨钟羲［整理者按：杨钟羲（1865—1940），清末藏书家。原名钟广，字子勤，幎盫，号留垞、雪桥、圣遗居士等，满洲正黄旗人］在西单太仆寺街开雪桥讲舍，讲经史、词章之学。真正入讲舍请教的，却只有当时留学在京的两位日本学者仓石武四郎（1897—1975）和吉川幸次郎（1904—1980）。后来他们回国，成为日本中国语教学和中国文学研究方面的大师。仓石武四郎在中国两年多的留学时期，留下了最后八个月的生活实录——《述学斋日记》。这一日记反映了他与那个年代的中国学者之间的交往，具有重要的史料价值。其中几处提及《壬寅消夏录》（整理者按："消"或作"销"）这样一本书：

三月二十九日　晴
　　阅《会典》。汇文堂回信，要《敦煌县志》（十五元）。杨鉴资先生来谈《壬寅消夏录》。徐森玉先生来送《秦淮海词》十八本。是日为黄花岗纪念日，放暇（假）。

四月初一日　晴
　　赴雪桥讲舍课。拜观《壬寅消夏录》，凡四十卷，二十四本。三看封书，一无可用。到俞宅。过一二三馆，见原田助教。

时莅春节，校课放三天。

四月初十日

　　杨、吴、孙三先生课。吴先生以伦、王、傅三公为反革命，课上一趣话也。抄《壬寅消夏录》"凡例"。阅首都萃文书局目录，有王翼凤《舍是集》、夏燮《述均》、周济《求志堂汇稿（存编）》。校《雪屐寻碑录》第一本。德友堂扬送《历代题画诗类》（一百廿元）。

四月十一日　阴

　　蜀丞先生告暇（假）。拜雪桥老师，奉还《壬寅消夏录》《雪屐寻碑录》各一本。……

五月初三日　晴

　　早起访哲如先生于东莞会馆，又不值。即赴通学斋，托还《王宽甫集》三本，并嘱订《自课文》。过直隶书局，获海源阁仿宋《唐求诗集》（有"宋存书室"朱记）、姚文田《四声易知录》（一元）、《墨秋堂稿》（青浦陈琮，二元），并《北平图书馆杂志丛书（四集）拟目》，尤快人意。来薰阁送扬州、苏州府志，并《百衲本廿四史》样本。收三兄信并家信。杨鉴资先生来，赠《陈石闾诗》三部，其二部即转赠君山、湖南两师之物也。《壬寅消夏录》索价贰千，恐无法售出。点书。……

　　上面提及的《雪屐寻碑录》，也有一个重要的典籍流传掌故。《雪屐寻碑录》十六卷，清宗室盛昱［整理者按：盛昱（1850—1900），字伯熙、伯羲、伯兮，号意园等，满洲镶白旗人］著，十六卷，收录北京郊县清代碑文八百八十方，是研究满族入关前后的第一手资料，但该书在当时并未印行传世。据仓石武四郎《雪屐寻碑录の跋に代へて》［整理者按：《支那学》7卷3号（1934年8月），《辽海丛书》中有金毓黻汉译］记载：日本的中国学家内藤虎次郎［整理者按：内藤虎次郎（1866—1934），字炳卿，号湖南，秋田县鹿角郡人］从《雪桥诗话》卷一二中得知杨钟羲藏有《雪屐寻碑录》的副本，便于1929年5月致信仓石武四郎，托其在京打听，并希望得到过录本。岁末，杨钟羲遣其子懿涑（字鉴资）携该书至仓石武四郎寓所，同意由内藤虎次郎转抄并印行传世。1930年1月23日，仓石接到内藤复信，希望尽快得到转录本。因仓石居处不便，该书遂由寓居东城的吉川幸次郎请人誊录为数册，由两人先后校正，并经杨钟羲校阅，历半年而蒇事。吉川幸次郎也因此于1930年将内藤虎次郎撰写的《盛伯羲祭酒》《盛伯羲遗事》译成中文，以《意园怀旧录》为题，发表在《中和月刊》1卷7期（1940年）上，今收入《吉川幸次郎全集》第16卷（东京筑摩书房1970年7月版）中。《雪屐寻碑录》的正本和杨钟羲副本后来在国内均未见流传，因此，金毓黻［整理者按：金毓黻（1887—1962），字静庵，辽宁辽阳人］在编辑《辽海丛书》时（1936年），又据内藤本抄回刊印，方得行世。

仓石武四郎与吉川幸次郎在中国留学期间，还担负了帮助日本京都帝国大学文学部和东方文化学院京都研究所（整理者按：今京都大学人文科学研究所）购买汉籍的任务。像陶湘［整理者按：陶湘（1871—1939），字兰皋，号涉园，江苏武进人］所藏的丛书类善本，即由二人介绍，为东方文化学院京都研究所购去。但是《壬寅消夏录》这样一部书，根据《述学斋日记》的记载，似乎因为开价太高，当时并未流失东瀛。而在国内所出的各种清人著述书目中，又并未有该书的一点记载。（整理者按：郑伟章

《文献家通考》"端方"条称"缪荃孙为其撰《消夏录》稿本四十册，今在故宫博物院"；尚小明《学人游幕与清代学术》据李葆恂的《有益无益斋读画诗·自序》著录为《壬寅消夏记》。均似未见原书。）

非常巧合的是，该书在解放初期，曾经我手，由收藏家苏厚如先生处售归国家文物局。《述学斋日记》的整理者持以相询，因将与该书相关的故实记述如下。

（一）《壬寅消夏录》及其递藏

《壬寅消夏录》是清末端方收藏的书画目录。端方（1861—1911），字午桥，号匋斋等，满洲正白旗人，亦署浭阳（今河北丰润）人。光绪八年（1882）中举，历官陕西按察使、湖北巡抚、湖广总督、江苏巡抚、两江总督、湖南巡抚等。宣统元年（1909）夏，调任直隶总督。同年底，因在东陵拍摄慈禧葬礼，被劾免官。1911年起用为川汉、粤汉铁路督办大臣。同年，四川保路运动起，由湖北率新军赴川镇压，行至资州，为起义军所杀。在今人的评述中，端方被称为清政府干练的官员，并认为其在地方致力于近代化事业，如设立学堂、创建图书馆、资助青年出洋留学等。

端方在公余，好事收藏，因其官职所在和踪迹所至，成为清代有数的收藏大家之一。举凡甲骨青铜、碑拓钱币、印章玉器、典籍字画，无不在其收罗之列。他的收藏主要通过其幕府中的文士代为鉴别，并由他们撰辑成书。这样就有了《匋斋藏石目》《匋斋吉金录》《匋斋吉金续录》《泰西各国金币拓本》《匋斋藏石记》等书的刊印。因此，当其收藏在身后散佚之后，这些著录书籍便成为后世研究的重要资料。

《壬寅消夏录》与以上收藏著作不同的是，它在端方生前并未印行流传，因此也不像以上著作那样经见。而它著录的又是端方收藏品中数量最多的名家字画，所以受到其后诸多书画研究者的关注。据李葆恂《有益无益斋读画诗·自序》的记载，该书画目录是由樊增祥、缪荃孙、李葆恂、程志和等代撰，凡四十卷、二十四册。端方被杀之后，其遗物由端四太太抵押，至赎取日，未能取回，遂为当铺散出。其中藏品多为恒永、景贤所有，景贤的《三虞堂书画目》（景贤撰、苏宗仁编，有民国二十二年排印本二卷）中，许多收藏品即为《壬寅消夏录》中物。但《壬寅消夏录》稿本，却不在此流失范围内。该书在端方生前，就为杨钟羲借观，1911年端方不测后，遂为杨氏所有。从《述学斋日记》中可知，1930年杨氏曾拟售与日本而未果。但此后，该书抵押给了苏厚如。苏宗仁，字厚如，安徽太平县人，曾任职于浙江兴业银行，亦好收藏。解放初期，书画鉴定家张珩（1915—1963，字葱玉，浙江南浔人）前辈颇疑《壬寅消夏录》中有重要的资料线索，遂由国家文物局从苏氏处购得该书稿本，今则归中国文物研究所收藏。其书在当时夹有大量出自缪荃孙等人之手的笺条，但归诸文物局时，许多笺条已不存。今《续修四库全书》"子部·艺术类"（上海古籍出版社2000年）第1089册第255—679页、第1090册第1—296页影印出版了该书，题作"端方撰"。

（二）《壬寅消夏录》与尉迟乙僧画

《壬寅消夏录》中著录了大量珍贵的历代名人字画，后世评述多有归功于其幕僚之精鉴者。但应该说，正是由于端方过分相信了这些幕士的文化水平，而忽视了他们在字画鉴别方面的专业能力，反而使其收藏鱼目混珠，赝品充斥其中。今就其最为得意的压首作尉迟乙僧画论之。

《壬寅消夏录》中的"壬寅"当为光绪二十八年（1902），系端方编定该书的年代。在他编就《壬寅消夏录》之前，一直以未能有一幅稀世珍藏作为开卷而遗憾。有蒯若木者，为蒯光典［整理者按：蒯光典（1857—1910），字理卿，亦作礼卿，号季逑，室名金粟斋，安徽合肥人］侄，光典无嗣，故遗产均归之。一日，光典携尉迟乙僧《天王像》往访。尉迟乙僧为唐于阗国画家，贞观初入唐，授宿卫官，封郡公，与父尉迟跋质那均以画驰名中原，号大、小尉迟。乙僧善画外国事物与佛像，其画尤以重于设色的表现方法而迥异于中朝画风。流传下来的所谓尉迟乙僧画亦仅数幅，故弥足珍贵。所以，当端方见到这幅《天王像》时，觉得《壬寅消夏录》的压首之作就在眼前，因而对蒯若木说：室内的藏品凭君所选，唯独此《天王像》必不再出其间。传云蒯若木亦有备而来，假作推诿之后，便取走了一幅赵孟頫的《双松平远图》。端方获得尉迟乙僧画的这一经过，闻诸张玮。玮曾娶白俄女子为妻，而任俄罗斯领事职，"文化大革命"时以里通外国罪被系，瘐死狱中。现在看到的《壬寅消夏录》，因为按作品年代排列的缘故，《天王像》题作《唐尉迟乙僧刷色天王像卷》，在第一卷中，但不是第一篇，而第一篇《出师颂》也非真迹。《双松平远图》题作《元赵文敏双松平远图卷》，在第八卷中。

但无论是尉迟乙僧的《天王像》，还是赵孟頫的《双松平远图》，经过民国以来的辗转递藏之后，现在都流传到了海外。尉迟乙僧画实际上是一幅赝品，现在美国华盛顿弗利尔美术馆，推篷装，有项子京、张丑跋，1999年曾亲去目验之。赵孟頫的《双松平远图》却是一幅真迹，现在美国大都会艺术博物馆。原有乾隆题词，后被刮去，致留下白色斑点。但现在经过重裱之后，弥补了白斑，颇见裱工手段。

（朱玉麒据启先生2001年4月12日、25日谈话整理）

七、书法二讲

（一）入门与须知

不管从事什么工作，都须先对它有一个正确的认识，学习书法、欣赏书法当然也如此，这似乎是一个无须多言的话题。但问题是这里面有许多看似简单的问题实际并不简单，看似不成为问题，实则大有问题。特别是有些"理论""观点"是自古传下来的，有很多还是出于权威的书法家、书法理论家之口，看似金科玉律，颇能唬人，其实大谬不然，必须正名。否则必将被这些貌似权威的理论所欺，走入歧途。

1. 书法的特点和特殊功能

这里所说的书法指汉字书法。字是记录语言的，而汉字又是由象形等的方块字组成的，较之其他文字最具有图画性，因而它才能形成所谓书法这一门艺术。作为文字，它有它基本的功能，即以书面的符号形式把语言记录下来给人看。这时文字就代表了语言，书面的功能就代表了口头的功能。比如在古代，你要与远方的朋友交流，就不能靠语言，因为他听不到，所以只能通过写信靠文字传达。又比如古人要与后人交流，也不能靠语言，因为它不能保留，所以也只能把它们转变为能长期保留的文字符号。这是文字的一般功能和普通功能。

但文字，特别是汉字还有它的特殊功能，即它能非常鲜明地反映书写者的个性。比如某甲所写的字就代表了某甲的个性、具备某甲的特点，而某乙所写的字就代表了某乙的个性、具备某乙的特点。二者绝不会混同，即使互相仿效也绝不会完全相同。比如某乙学某甲的签名，虽然写的同是一个"甲"字，但写出来的效果总与某甲写的"甲"字不同。这是为什么呢？因为文字只要是由人拿起笔写出来的，而不是由统一的机器印出来的，它就必然带有人的个性。人与人手上的习惯、特点总不会完全相同。比如结字、笔画，以至用笔的力度等都会有所不同，再刻意地模仿也总会露出破绽，不会完全一样。正像哲学家所说的，世界上没有绝对相同的两片树叶；刑侦学家所说的，世界上没有绝对相同的两个指纹。所以用文字来签字、签押、押属才会有法律效用。文字如果没有这种功能，银行绝不会凭签字让你领钱。否则，那岂不是乱了套吗？当然，不认真判别，有时的确能蒙蔽某些人，但这不是文字本身所具有的不可混淆的个性出了问题，而是辨别文字时出了问题，其实只要认真辨别总会发现它们之间的差别。五十年代有人妄图冒充某领导人的签名到银行支取巨额现金，最终还是没能得逞，就是一个很好的例证。同样，契约、合同也都需签字后才会在法律上生效，也是基于书写的这种特殊功能。更有趣的是，对不会写字的文盲，照样可以让他们签字画押，名字不会写，就让他们画"十"字。比如连当事人、经办人、保人一共有好几个，但最后画出的那些"十"字没有一个相同。"十"字尚且如此，何况较之更复杂的文字了？所以从这个意义上说，汉字所具有的这种独特的个性尤为鲜明。

明乎此，就可以明白临帖时可能出现的一系列问题。临帖的人如此，教人临帖的亦如此。其主要表现有三：

（1）常有人失望地问我："我临帖为什么总临不像？"我总这样回答他："这就对了。不但现在像不了，再练一辈子也像不了。不像才是正常的；全像了，不但不可能，而且就不正常了，银行该不答应了。你大可不必为临得不像而失去临帖的信心。"这绝不是安慰之语，更不是搪塞之语。试想，为什么自古以来书法流派那么多？字的不同写法那么多？同一个"天"字能写出那么多样？为什么一看便知这是这个书法家所写，那是那个书法家所写？为什么不会把某乙有意师法某甲的作品就误作为某甲的作品？其根本的原因就在于每个书法家手下都有自己独特的习惯和个性。这些个性是永远不能划一的，正所谓"性相近，习相远"也，这样的例子非常多。

如苏东坡的弟弟苏辙苏子由，及东坡的儿子都有几件书法作品流传下来。我们看他们的作品，虽与东坡有若干相近之处，但总是有明显的不同。又如米友仁，不但是著名的书法家，而且是著名的鉴定家。宋高宗特意让他来鉴定秘阁所藏的法书，鉴定后都要在作品的后面留下正式的评语，足见其有极高的鉴赏能力，对书法流派烂熟于心。但他写字也未完全继承其父米元章的风格，明眼人一看便知米元章就是米元章，米友仁就是米友仁。这正应了曹丕《典论·论文》中的那句话："虽在父兄，不能以移子弟。"因为每个人写文章的观点和构思都不一样，兄弟父子之间都很难完全传授。写字尤其如此。文章有时还可以偷偷地抄袭一番，但字却无法抄袭，因为抄也抄不像。既然高明的古人想"移"都移不了，我们就大可不必为临得不像而苦恼了。当然，对老师责怪你临得不像，你也大可不必放在心上。

（2）有人常懊悔地对我说："我写字没有幼功。"这就涉及如何对待教小孩子学习书法的问题了。有的人索性认为小孩子根本不必临帖。说这种话的人都是自己已经临过帖了，他已经知道帖上的笔画是如何安排的了，所以他才觉得再没必要了，但对小孩子却不然。比如你告诉他"人"字是一撇一捺，但他不看帖就可能写成同是一撇一捺组成的"八"字、"人"字、"乂"字。所以必须让他看看字样，这就是临帖。临帖的目的并不是让他从此一辈子练那些永远模仿不像的前人的字形字体，也不是让他通过这种办法将来当书法家，而是让他熟悉字的基本结构、笔顺等。如写"三"要先写上面一横，再写中间一横，最后写下面一横；写"川"先写左面的一撇，再写中间的一竖，最后写右面的一竖。让他养成正确的习惯，写得顺手，写得容易。这对刚刚接触汉字的小孩子是必要的。我小时常遇到因写字不对而遭到老师惩罚的时候，惩罚的办法就是每字罚写几十遍。其实，老师的目的不在这几十遍，而是让你通过反复的练习去记住它应该怎样写。

于是又有些人认为习字必须从小时开始，进而认为必须天天苦练，打下"幼功"才行。这又是一种极端的认识。写字不同于练杂技和练武术。杂技与武术确实需要有"幼功"，因为有些动作只能从小练起，大了现学根本做不出来。但书法不是这么回事，什么时候开始拿起笔练字都可以，不会因为你没有"幼功"，到大了手腕僵得连笔都拿不起来。不但不需"幼功"，我认为小孩子没有必要花过多的时间去临帖、练字。因为一来如前所云，帖是一辈子也临不像的，在这上面花死工夫，非要求像是没必要的。二来书法既然是艺术，就要对它的艺术美有所体悟才行，而这种体悟是需要随年龄的增加、随见识的增广来培养的。小孩子连字还认不全，基本结构还弄不太清，他是很难体会诸如风格特点这些更深层次的内涵的。如果再赶上教小孩子"幼功"的是一位庸师，那就更麻烦了，那还不如没有"幼功"。

（3）随之而来的问题是应该用什么帖。这里面又有很多误解需要辨明澄清。有人说临帖必须先临谁，后临谁，比如先临柳公权，再临颜真卿，对这种说法我实在不敢苟同。因为所谓"帖"，不过就是写得准确、好看的字样子而已。只要它能达到这样的效果即可，不在于笔画的姿势、特点。尤其是对小孩子更是如此，只要求其大致准确即可。相反，如果非执着学某一家，反而容易学偏。有人学柳公权，非要在笔画的拐弯处带出一个疙瘩，学颜真卿非要在捺脚处带出虚尖。出不来这样的效果怎么办？就只好在拐弯处使劲地按、使劲地揉，写出来好像是"拐棒儿骨"；在捺脚处添上虚尖，好像是"三尾蛐蛐"。殊不知，柳公权、颜真卿这样的效果是和他们当时用的笔有关系，后人不知，强求其似，岂不可笑？

还有人认为要按照字体产生的次序练字，先学篆书，篆书学好后再学隶书，隶书学好后再学楷书（实际应叫"真书"，所谓"楷"本指工整，后来习惯用来代指真书），楷书学好了再学行书，行书学好了再学草书。这更是谬说。照这样说，古人在文字产生以前靠结绳记事，难道我们在练字之前先要练好结绳才行吗？再说什么叫学好了？标准是什么？这和一年级上完了再上二年级是两码事。以篆书为例，它又分大篆、小篆、古篆等。有人写一辈子篆书，如清代的邓石如，更何况有些人写一辈子也未见能写好一种字体。照这样推算，什么时候才能写上隶书和楷书？其实，在隶书之后，唐代的颜、柳那类楷书之前，已经有了草书。汉代与隶书并行的就有草书（章草），后来在真书、行书的基础上才有了今草。古人并没有这样教条，可现在有些人却如此教条，岂不愚蠢？总而言之，字体的发展次序与我们练字的次序没有必然的联系。

还有人更绝对地认为临帖只能临某一派，并说某派是创新，某派是保守，只能学这一派而不能学那一派，学那一派就会把手学坏了。难道不学那一派就能把手学好了吗？这样只能增加无谓的门户观。须知，临帖只是一种入门的路径，无须为它成为某派的信徒。你的风格喜好接近哪一派，你就可以临摹学习哪一派，如此而已，岂有他哉？千万不要受这些所谓"理论"的摆布。

2.关于写字时用笔的方法

其实写字的方法并没什么一定之规，没什么神秘可言，不过就是用手拿住笔在纸上写而已。其实往什么上写都可以，比如移树，人们习惯在树干朝南的方向写一个"南"字，以便确定它移栽后的朝向；又比如盖房，人们习惯在房柁上写上"左""右"，以便确定它上梁后的位置。不用毛笔写也可以，只要用一个工具把字写在一个东西上都叫写字。所以一定不要把写字看得太神秘。当然要把字写好也要有一定的技巧。元代大书法家赵孟頫曾说："书法以用笔为上，而结字亦须用工。"玩其口气,他虽然二者并提，但是把用笔的技巧放在第一位，而把结字的艺术放在第二位。这种排列是否恰当，这里暂且不谈，先谈一谈所谓的"用笔"。因为有些人一把用笔看得太高，就产生种种误解，种种猜测，以此教人就会谬种流传，贻害无穷。

（1）关于握笔的手势

现在我们用毛笔写字的握笔方法一般是食指、中指在外，拇指在里，无名指在里，用它的外侧轻轻托住笔管。但要注意这种握笔方法是以坐在高桌前、将纸铺在水平桌面之上为前提的。古人，特别是宋以前，在没有高桌、席地而坐（跪）写字时，他们采用的是"三指握管法"。何谓"三指握管法"？古人虽没有为我们特意留下清晰的图例，但我们还是可以根据一些图画资料推测出来："三指握管法"是特指席地而坐时书写的方法。古人席地而坐时，左手执卷，右手执笔，卷是朝斜上方倾斜的，笔也向斜上方倾斜，这样卷与笔恰好成垂直状态。此时握笔最省事、最自然，也是最实用的方法就是用拇指和食指从里外分别握住笔管，再用中指托住笔管，无名指和小指则仅向掌心弯曲而已，并不起握管的作用。这就是所谓的"三指握管法"，与今日我们握钢笔、铅笔的方法一样。这样的图画资料可见于宋人画的《北齐校书图》（现藏美国波士顿博物馆）。画面上有校书者执笔的形象，即如此。另外，敦煌壁画上也有类似的形象。日本学者根据敦煌壁画所著的《敦煌画之研究》就影印出敦煌画上一只手握笔的形象。现在有些日本人坐（跪）在席上写字仍如此，我亲眼看到著名的书法家伊藤东海就是这样握笔，与唐宋古画上一样。

但有些人不知道这种握笔方法的前提是席地而坐，左手执卷。在宋初高桌出现以后，在高桌上书写时，纸和笔本身已经成垂直的角度，所以，这时握笔最自然的方法就是本节一开始所说的方法。如果仍坚持这种"三指握管法"，反而不利于保持这种垂直的角度，这只要看一看现在拿钢笔和铅笔的姿势都是与纸面成斜角就能明白。为了使这种握笔的姿势与纸保持垂直，就只好凭想象，凭推测，把中指也放在外面，死板地用拇指、食指、中指的三个指尖握笔，并巧立名目地把三指往掌心收，使其与掌心形成圆形，称之为"龙睛法"；把三指伸开，使其与掌心成扁形，称之为"凤眼法"。这十分荒唐可笑。最可笑的是包世臣《艺舟双楫》所记的刘墉写字的情景：刘墉为了在外人面前表示自己有古法，故意用"龙睛法"唬人，还要不断地转动笔管，以致把笔头都转掉了。刘墉的书法看起来非常拘谨，大概"龙睛法"握笔在其中作祟是重要的原因之一吧。

（2）关于握笔的力量

由握笔的姿势又引出一个相应的问题，即握笔需要多大的力量。这里又有误解。有人以为越用力越好，还有根有据地引用这样的故事：说王羲之看儿子（王献之）在写字，便在后面突然抽他的笔，结果没抽下来，便大大称赞之。孙过庭的《书谱》就有这样的记载。包世臣据此还在《艺舟双楫》中提出"指实掌虚"的说法。这种说法本不错，但也要正确理解。指不实怎么握笔呢？

特别是这个"掌虚",本指无名指和小指不要太往掌心扣,否则字的右下部分写起来很容易局促。比如宋高宗赵构的字就是如此,他的字右下角都往里缩,就是因为这造成的。但因此又造成误解,有人说掌应虚到什么程度才算够呢?要能放下一个鸡蛋。指要实到什么程度呢?包世臣说要恨不得"握碎此管"才行。这又无异于笑谈。其实,王献之的笔没被抽出,是小孩子伶俐和专心的结果。有的人就误认为要用力,而且力量越大越好。对此,苏东坡有一段妙谈,他说:"献之少时学书,逸少(王羲之)从后取其笔而不可,知其长大必能名世。仆以为不然。知书不在于笔牢,浩然听笔之所之而不失法度,乃为得之。然逸少所以重其不可取者,独以其小儿子用意精至,猝然掩之,而意未始不在笔,不然,则是天下有力者莫不能书也。"苏轼的见解可谓精辟之至。

(3)关于悬腕

有些古人的字,尽管笔画看起来不太稳,但并不影响它的匀称灵活,其原因就是笔尖和纸是保持垂直的,不管是古人席地而坐的"三指握管法",还是后来有如现在的握笔法。否则,把笔尖侧躺向纸,写出的笔画必定是一面光而齐,一面麻而毛,或者一面湿润,一面干燥,不会匀称。古人有"屋漏痕""折钗股"(有人称"股钗脚")之说。"屋漏痕"说的是,笔画要如屋漏时留在墙上的痕迹那样自然圆润;"折钗股"虽不知具体所指(大约指钗用的时间长了,钗脚的虚尖被磨得圆滑了),但意思也是如此。为了达到这个目的,于是有人就特意强调写字要悬腕,并认为此也是古法。殊不知,在没有高桌之前,古人席地而坐,直接用右手往左手所持的卷上书写,右手本无桌面可倚,当然要悬腕,想不悬腕也不行。但在有了高桌之后,情形就不同了。不可否认,悬腕运起笔来当然活,但也带来相应的问题,就是不稳、易颤,因此要区别对待。在写小一点的字的时候,本可以轻轻地用腕子倚着桌面，只要不死贴在上面即可。写大字时自然要把腕子离开桌面，不离开笔画就延伸不了那么远，特别是字的右下角部分简直就无法写，所以死贴在桌上当然不行。但也无须刻意地去悬腕，这样只能使肩臂发僵，更没必要想着这可是"古法"，必须遵从。一切以自然舒服为准则，能将笔随意方便地运用开即可，即使用枕腕法——将左手轻轻地垫在右腕之下——也无不可。

还有人在悬腕的同时特别讲究"提按"。这也是由不了解古人是席地书写而产生的误解。古人席地书写，用笔自然有提按，但改为高桌书写之后情况又有所不同。很多人不把提按当成是一种自然的力量，而当成有意为之的手法，这就错了。反正我个人有这样的体会：如果想我这回要提按了，这字写得一定不自然。

所以顺其自然是根本原则。古代的大书法家并没有我们今天这么多的清规戒律，并不像我们今天这样机械死板地非要悬腕，非要提按，都是根据个人的习惯而来。比如苏东坡就明确地说过自己写字并不悬腕，所以他的字显得非常凝重稳健，字形比较扁；而黄庭坚就喜欢悬腕，所以他的字显得很奔放，撇、捺都很长。苏黄二人曾互相谐讽，黄讥苏书为"石压蛤蟆"，苏讥黄书为"枯梢挂蛇"，但这都不妨碍他们成为大书法家。

与此相关，宋人还有这样一种说法，叫"题壁"。比如大书法家米元章就主张练字要采取题写墙壁的方法，认为这样可以练习悬腕的功夫。其实，古人席地执卷书写就类似题壁，只不过题壁的"壁"是垂直的。古人左手所执之卷是斜的，右手所执之笔也是斜的，而斜笔与斜卷之间又恰成垂直的。这种垂直是很自然的，便于书写，即使写很长的竖亦便于掌握。而题壁时，笔要与墙垂直，腕子就要翘起，难免僵直。特别是写长竖时，笔就有要离开墙壁的感觉。所以这种练习方法也有问题，它带给人的感觉与古人席地而坐的悬腕终究不太一样。看来到了米元章时代，已经对唐和唐以前的人如何写字不甚了了，甚至有些误解了。米元章的字有时给人以上边重，下边轻的感觉，如竖钩在写到钩时就变细了，这可能与他平日的这种练习方法有关。

总之，千万不要像包世臣在《艺舟双楫》中所记的王鸿绪那样，为了悬腕，特意从房梁上系下一个绳套，把腕子伸到套里边吊起。腕子倒是悬起来了，但又被绳子限制在另一个平面上，不能随意上下提按了。这岂不等于不悬？这种对古人习惯的误解，只能徒为笑谈。

我在《论书札记》中有一小段文，可作这一观点的总结：

> 古人席地而坐，左执纸卷，右操笔管，肘与腕俱无着处。故笔在空中，可作六面行动，即前后左右，以及提按也。逮宋世既有高桌椅，肘腕贴案，不复空灵，乃有悬肘悬腕之说。肘腕平悬，则肩臂俱僵矣。如知此理，纵自贴案，而指腕不死，亦足得佳书。

（4）关于回腕和平腕

由悬腕又引出回腕和平腕。有些人不但强调悬腕，还强调回腕，且又错误地理解回腕。其实回腕是为了强调腕子的回转灵活。古人在席地而坐书写时，由于自然悬腕，所以腕子可以自然回转。有如我们现在炒菜，手都是自然离开锅台，所以手可以随意来回扒拉，这就是回腕。但坐在高桌椅上之后，有些人不理解回腕的真正含义，就望文生义地把"回"理解为尽量把手指往里收，笔往怀里卷，腕子往外拱。何绍基在他的书中还特意画出这样一幅示意图。试想，这样死板拘谨地握笔还能写出好字吗？如果和所谓的"龙睛法""凤眼法"并列，我可以给它起一个雅号，叫"猪蹄法"。

还有人强调要平腕。古人席地而坐书写,当然只能悬腕,而谈不到平腕。改在高桌椅上书写后,有人不但坚持要悬腕,而且还要把腕子悬平。这显然是违反常态的。按现在正确的握笔方法,腕子是不可能平的,要想平,只能把肩臂生硬地端起来。有人教人写字,要用手摸人的腕子平不平,更有甚者,训练学生要在腕子上放一杯水,真是迂腐得可笑。试想,让人手作"龙睛法"或"凤眼法",掌中还要握一个鸡蛋;腕作"猪蹄法",还要翻平,上放一杯水。这是写字乎,还是练杂技乎?

随之而来的是如何正确理解所谓的"八面玲珑"和"笔笔中锋"。古人席地而坐时书写都是自然地悬腕,写出的字不会出现一面光溜,一面干的现象,自然是八面玲珑。到了后来米元章仍强调写字要"八面玲珑"。古人所说的"八面"本指东、西、南、北、东南、东北、西南、西北,米元章这里是借以形容要笔笔流转。米元章的字也确实有这一特点,如他的《秋深帖》"秋深,不审气力复何如也"十字,一气呵成,真可谓"八面玲珑"。他还曾临过王羲之的七种帖,宋高宗曾让米元章的儿子米友仁为此作跋。米友仁跋中称赞的"此字有云烟卷舒翔动之气",亦是从这种观点立论,而他的这些临本确实比一般的刻本自然流畅。能达到这种效果是因为他能把笔悬起来灵活自如地使用,如果腕子死贴在桌面上自然不会有这样的效果。要只注意悬腕,写起来灵活倒是灵活了,但掌握不好字体的美观也不行。

还有人认为,要想达到"八面玲珑"的效果,就要"笔笔中锋"。这又是一种误解。只要笔画有肥有瘦,就绝不可能是纯中锋。瘦处是将笔提起来,只将笔的主毫着纸,这才叫"中锋";但只要有肥处,就说明在按笔时,主毫旁边的副毫落在纸上了。如果要笔笔中锋,就只能画细道,打乌丝格,就不成为字了。这和刻字一样,如果只拿刀刃正面刻,就只能刻细道,要想刻出粗道,只能用双刀法。我曾看过齐白石刻字,他就是斜着一刀下去,结果是一面平,一面麻,但他名气大,可以不管这一套。因此,对中锋的正确理解是笔拿得正,不要让它侧躺,出现一面光,一面麻的现象,而不是只用笔尖。但由此又生出误解。当年唐穆宗问柳公权怎样才能笔正,柳公权说,心正才能笔正。这其实只是对唐穆宗心不要邪的一种变相劝告,有人拿它大做文章就未免迂腐了。文天祥心最正,字未见有多好;严嵩心最不正,字不是写得也很好吗?

3. 关于书写的工具

书写的主要工具不外乎笔、墨、纸、砚,即所谓的文房四宝。这其中最主要的当然是笔。

从出土文物可知,笔产生的年代相当久远。笔一般都用动物毫(毛)制成,诸如兔毫。白居易有《紫毫笔》诗,描写的就是兔子毛制成的毛笔,因此这种笔又称紫毫笔。还有狼毫,这里所说的狼毫指的是黄鼠狼(学名黄鼬)尾上的毛。还有鼠须及鸡毫,最常见的是羊毫。还有兼毫,如七紫三羊、五紫五羊、三紫七羊等,书写者可以根据自己的喜好来选择。另外还有用特殊材料制成的笔,如茅草和麻等。也有在羊毫中加麻(蓖麻)的,称"笔衬",可以使笔更加挺括。总之,这里面的讲究很多,但好的笔工往往秘而不宣。如果写特别大的字,大到用现在的抓笔都写不了,那也不妨用布团蘸墨写,写完之后再用笔描一描即可。对笔的选择完全要看个人的喜好和需要,什么顺手就用什么。苏东坡有一句名言,使人不觉得手中有笔,就是最好的笔。比如我写小字喜欢用硬一点的狼毫,写大字喜欢用软一点的羊毫。我有一段时间喜欢用衡水出产的麻制笔,才七分钱一支,也很好使。用什么笔和学习书法的过程没什么关系,与书法造诣的水平更没什么关系。对此也有误解,比如褚遂良曾说"善书者不择笔",于是有人就说不能挑笔,一挑笔就是水平低。这毫无道理,不同的习惯、不同的手感当然可以选择不同的笔。又说某某能写纯羊毫,就好像多了不起;又说苏东坡的《寒食帖》是用鸡毫写的,所以本事大,这是没有任何根据的。

现在我们可以根据有关的记载得知唐朝人制笔的方法:先选择几根最长的主毫,放在正中;然后选择几根稍短一点的做第一层副毫,扎在主毫周围;再选一些稍短的做第二层副毫,再扎在周围。在层与层之间还可以裹上一层纸。依此类推就制成了半枣核状的笔。日本有《槿笔谱》一书,就记载了这一过程。笔的这种制造工艺直接影响到字的书写效果。有人特意学颜真卿写捺时的"三尾蛐蛐"式的虚尖,其实他的这种虚尖是与他所用之笔的主毫比较长有关。有的人不明白这个道理,故意去添虚尖,很可笑。有人对泡笔时是否全发开也定下讲究,认为哪种就算高级的,哪种就算低级的。这也毫无根据,完全由个人习惯而定。

古代没有现成的墨汁,所以很讲究用墨。现在有了墨汁还有人非要坚持磨墨,这似乎没必要。但墨汁的好坏直接影响到装裱时是否洇纸,所以要有所选择。现在北京出的一得阁墨汁,安徽出的曹素功墨汁都很好用。

纸的种类当然很多,难以一一列举。用什么纸与书法水平也没有关系。我是得什么纸用什么纸,有时觉得在包装纸上写似乎更顺手,因为没负担,越用好纸越紧张。我这种感觉和很多古人一样,当年很多人都不敢在名贵的印有乌丝格的蜀缣上写,只有米元章照写不误,看来还是他的本领大。

至于砚就更无所谓了,如果用墨汁,它简直就可有可无。砚对现在书法而言大约工艺价值远远超过使用价值。

总而言之,这讲讲的问题虽多,但中心思想却是一个,即不要被那些穿凿附会、貌似神秘的说法所蒙蔽。不管这种说法是古人所说，还是权威所说。这些说法很多都是不了解古代的实际情况而想当然，然后又以讹传讹，谬种流传。不破除这些迷信，就会被他们蒙住而无法学好书法。

（二）碑帖样本

上讲说过写字不见得都需有幼功，临帖也不必都求其全似，因为本来就不可能全似，但对学习书法的人来说，临帖是非常必要的，它是一种最基本的方法的练习。正像练钢琴，没有一个不是从基本曲目开始的，总是随手乱弹，一辈子也成不了钢琴家。写字也一样，总是随手写来，即使号称这是"创新"，也成不了书法家。书法中的横、竖、点、撇、捺、挑、折，就相当于西洋音乐中的1、2、3、4、5、6、7，中国音乐中的合、四、一、上、尺、工、凡、六、五。音乐中只有把每个音节都唱得很准了，音节与音节之间的组合变化掌握得都很熟练了，才能唱出优美的乐章。同样，只有把基本笔画的基本形状及其组合都掌握得十分准确、十分自如，才能写出好字。这就需要临帖，因为帖就是好的字样子。小孩子临帖，并不是让他三天成为王羲之，也不能奢求他对书法艺术有多高的理解，而是让他熟悉笔画的基本形状、方向，以及字的结构布局，从而打好基本功。大人也需要时时临帖，即使达到了相当的水平也如此。正像钢琴演奏家在演出之前也需练习一样，它可以使你越练越熟。更何况它是一项很好的文化娱乐活动，是一项很好的审美创作练习。当你把写出的字挂起来欣赏的时候，你会从中发现很多乐趣。

那么，临帖需先搞清哪些问题呢？大概有以下几点：

（1）先要认清碑帖上的字相对原来的墨迹有失真之处。因为碑帖上的字是我们模仿的字样子，所以很多人就认为它是最准确的了，认为当时书法家写到石碑或木版上的就是那样，因而对碑帖上呈现出的每一细微处都觉得是必须效法的。其实并非如此。

刻出来的字与手写的字不但有误差、有失真，而且有好几层误差与失真。这只需搞清碑帖的制作过程就能明了。

第一道工序是用笔蘸朱砂写在石头上，称"书丹"。因为朱砂比墨在石头上更显眼，便于雕刻。

第二道工序是刻。刻的时候就以红道为据。我曾在河南的"关林"看到很多出土的碑，因为书丹时有的笔道很肥，刻完之后，刀口的外面还残留着朱砂的颜色。可见刀刻的痕迹与第一道工序——书丹的痕迹已不完全相符了。有的可能没到位，有的可能过头了，这是第一次失真。再好的刻工也不能与书丹时完全一样。在流传下来的碑刻中，刻得最好的是唐太宗的《温泉铭》。现在见到的敦煌的《温泉铭》，笔锋及其转折简直就和用笔写的一样。我在《论书绝句》中曾这样称赞它："细处入于毫芒，肥处弥见浓郁，展观之际，但觉一方黑漆版上用白粉书写而水迹未干也。"但这样的精品终究是极少数。从道理上讲，刀刻的效果总不能把笔写的效果全部表现出来。比如，不管是蘸墨也好，蘸朱砂也好，色泽的浓淡、笔画的干湿，以至笔势的顿挫淋漓就是刀工所不能表现的。用笔写的时候可能会出现"燥锋"和"飞白"，即墨色比较干时，笔道会随运笔的方向出现空白。这就不好刻了，没办法，所以定武本的《兰亭序》就只好在这地方刻两条细道，表明此处是由燥锋所出现的飞白，其实原字的飞白并不止两道。我曾拿唐人写经中的精品来和唐碑加以比较，明显感到写经的笔毫使转，墨痕浓淡，一一可按，碑经刻拓，则锋颖无存。两相比较，才悟出古人笔法、墨法的奥妙。又曾看到智永的《千字文》真迹，其墨迹的光亮至今还非常鲜明，这是碑帖无论如何也表现不出的。

第三道工序是拓碑。拓时先用湿纸铺在碑上，然后垫上毡子往下按。这样，碑上凹下的笔画就在纸背上被按成凸出的笔画了。再在上面刷上墨，凹下的地方因沾不上墨，所以就成为黑纸白字了。但按的时候力量不会绝对均匀,力量不到、按得不瓷实的地方就会使拓出来的笔道变细。这是第二次失真。刷墨的时候也不会绝对地均匀,再加上墨如果比较湿,或者纸比较湿,就会洇到凹下去的部分。这样笔画的粗细与形状也会与原字不同,这是第三次失真。

第四道工序是把纸揭下来装裱。裱时要将纸抻平,这样一来笔道又会被抻开,这是第四次失真。碑帖流传的时间过长会破旧损坏,需要重裱,这是第五次失真。

而更糟糕的是有的碑也会损坏,如毁于战火、毁于雷电,或者被拓的次数过多而将碑面损坏,于是只好根据现有的拓片重新翻刻。拓片已经失真,根据失真的东西翻刻岂能不再次失真?这是第六次失真。当然,好的翻刻本也有。如乾隆年间无锡秦家,根据宋拓本翻刻《九成宫》,在当时可以卖到一百两银子一本。因为当时的科举考试非常重视书法,当时书法的标准为"黑大光圆",于是人们就不惜重金来买好碑帖。

试想,轮到你手中的碑帖不知已失真多少次。最好刻的真书尚且如此,不用说更富于使转变化的行书与草书了。如果你还认为古人最初写的真书、行书、草书本来就如此,甚至把走形失真之处也揣测成是古人力求毫锋饱满、中画坚实,于是一味地亦步亦趋、死板模仿,以致有意求拙,以充古趣,岂不过于胶柱鼓瑟?

碑如此,帖亦如此。好的帖讲究用枣木版,硬,不易走形损坏。帖刻的工艺也有好有坏。如著名的宋代的《淳化阁帖》,本身刻得很粗糙,但宋徽宗的以《淳化阁帖》为底本的《大观帖》却刻得十分精致,几乎和写的一样。它们的制作工艺与碑大致相同,故而再好也无法表现墨色的浓淡、干湿,并存在多次失真的情况。总而言之,不管碑也好,帖也好,我们千万别以为古人最初的墨迹即如此,否则就会把失真与差误的地方也当成真谛与优长加以学习了。其结果只能像我在《论书绝句》中所云:"传习但凭石刻,学人模拟,如为桃梗土偶写照,举动毫无,何论神态?"

这里需顺便指出的是,有人对碑与帖的关系又产生了一些无意或有意的误解,如认为,碑上的字是高级的,帖上的字是低级的;写碑是根底,写帖是补充。比如康有为就特别提倡"尊碑"。他所著的《广艺舟双楫》中就专有一章谈这方面的内容。他写字也专学《石门铭》。还有人从而又生发出所谓的"碑学"与"帖学",好像加上一个"学"字,就成为一种专门的学问了。这是无稽之谈。对于初学写字的人来说,碑由于字比较大而清楚,且楷书居多,学起来容易掌握;帖行草居多,经常有连笔和干笔带来的空白,对连字的基本形状结构都还不很分明的人来说,自然更难掌握。就这层关系而言,临碑确实是根底,但有了一定的基础后,二者就无所谓谁高谁低了。究竟是临碑还是临帖,全看自己的爱好了。再说,碑里面因刻工技术的高低、拓工水平的好坏也有优劣之分。如柳公权的《神策军碑》刻得非常好,虽然干湿浓淡无法表现,但笔画字形刻得极其精致周到;但同是柳公权的《玄秘塔碑》就刻得相对粗糙。又如颜真卿,楷书大字首推《告身帖》,所谓"告身",就相当于今日的委任状。按情理说,颜真卿不可能为自己写委任状,故此帖肯定是学他书法且学得极其神似的人所写,但此帖的风格与颜真卿的《颜家庙碑》《郭家庙碑》等都属一类。我们随便拿一本宋拓的碑,远远不如《告身帖》看得这样分明真切。所以真假暂且不论,仅从学习写法来看,《告身帖》要优于一般的碑。又如古代有所谓的"嚮(向)拓本",所谓"嚮(向)拓"是指用透明的油纸或蜡纸蒙在原迹上,向着光亮处,将它用双勾法将原迹的字勾出来,再填上墨。唐人已有这种方法,宋人也用这种方法,但不如唐摹得精细。有的唐摹本相当好,如《万岁通天帖》和神龙本的《兰亭序》,连碑中不能表现的墨色的浓淡干湿都能有所表现。但这都属于帖类，谁又能说它比碑低级呢？

我虽然始终强调"师笔不师刀"——强调临摹墨迹比临摹碑帖要好，并在上文列举了碑帖的那么多问题，但并不是一概地反对临摹碑帖。因为一来好的墨迹原件终究不是所有人都能见到的。当年乾隆皇帝曾拿出过一次秘藏的王羲之的《快雪时晴帖》给大臣看，大臣无不感到受宠若惊。大臣尚且如此，何况一般的平民百姓？二来即使有了好的墨本真迹，谁又舍得成天地摩挲把玩？三来好的刻本终究能表现出原迹的基本面貌，尤其是字样的美观，结构的美观，终不可被某些局部的失真所掩。即使是这样，我们也一定先要明白碑帖与原迹的区别。正如我在《论书绝句》中所云："余非谓石刻必不可临，唯心目能辨刀与毫者，始足以言临刻本。否则见口技演员学百禽之语，遂谓其人之语言本来如此，不亦堪发大噱乎？"如果你看过一些好的墨迹本，并能在临碑帖时发挥想象，"透过刀锋看笔锋"——透过碑版上的刀锋依稀想见那使转淋漓的笔锋，那就更好了。那就如我在《论书绝句》中所说："如现灯影中之李夫人，竟可破帏而出矣"——当年汉武帝非常思念死去的李夫人，方士云能将李夫人的魂魄致来，届时汉武帝果然在帏帐的灯影中见到李夫人——只要我们能将本来死板的碑帖借助感性的想象，把它看活，将它尽量变成一幅活的墨迹就成了。

以上所说都是以现代影印术尚未出现为前提的。古时人们得不到真迹做范本，怎么办呢？最好的办法是找勾摹的拓本。但这也很难得，所以对一般人来说只好凭借好的刻本，再等而下之，就只好凭借翻刻本了。有的人称好的刻本为"下真迹一等"，这已是夸奖的话了。陶祖光甚至更夸张地说，好的拓本可"上真迹一等"，因为真迹已死无对证，无从查找了。在现代精良的影印术发明之后，好的影印本确实可"上真迹一等"。因为一来它确和原迹一模一样。包括墨色的浓淡干湿、枯笔的飞白效果与原件毫无二致，这一点是"锡（向）拓本"无法比拟的。二来便于使用。你可以将它置于案头随时把玩，不必担心它的损坏，因此它的收藏价值虽不如真迹，但实用价值确实大于真迹。我家长年挂着影印的米元章和王铎的作品，要是真迹我舍得随便挂吗？因此，现代影印术的发明，真是书法爱好者的一大福音，它为我们轻而易举地提供了最理想的范本，这可是古人梦寐难求的啊。

（2）何谓碑？何谓帖？"碑"字从"石"、从"卑"，原指坟前的矮石桩。最初上面还有一个窟窿，原用于下葬时系棺椁用，也可以用来系葬礼时的牺牲品，如猪羊之类。后来在上面刻上墓主的名字，碑石也变得越来越大，碑文也变得越来越多，内容也越来越丰富。不但可以用来记载死者的有关情况，而且凡纪念功德的纪念性文字都可以书碑。汉代有著名的《石门颂》，北魏时有《石门铭》，记载褒斜一带的有关情况。到唐代，开始多求名人书写，甚至皇帝自己写。唐太宗就写过两个碑：一为《温泉铭》，歌颂他洗澡的温泉如何好，如何有利于健康，此碑早已不存，现有敦煌的孤本残帖；一为《晋祠铭》，纪念周成王分封其幼弟叔虞于唐之事，晋祠即指叔虞的庙。后来李唐王朝之所以称"唐"，是因为他们自视为叔虞的后代，所以，《晋祠铭》兼有歌颂大唐王朝立国之意。唐高宗效法其父，写过《李勣碑》。武则天则为其面首张昌宗写过《升仙太子碑》，硬说他是仙人王乔王子晋的后身，立于河南缑山。此碑现在还有，碑旁已砌上砖墙加以保护。

碑的歌颂纪念性质决定它多以郑重的字体来书写，这样也便于读碑的人都看得清。汉时多用隶书，唐时多用楷书。我们今天见到的虞世南、欧阳询、柳公权、颜真卿的碑无一例外，全是用楷书来写，字又大，又清楚，所以便于成为后来人学习楷书的范本。

只有皇帝例外，他们至高无上的地位可以不受这一限制，爱怎么写就怎么写，所以，唐太宗、唐高宗就用行书写，武则天甚至用草书写，草得有些字都很难辨认。

帖，最初指古人随手写的"字帖子"，也称"帖子"，实际上就相当于今天所说的便条、字条、条子，所以写起来比较随便，字往往很少，有的就一两行，如著名的《快雪时晴帖》就三行。《淳化阁帖》中有很多这样的作品。用于拜见主人时，称"名帖""投名帖"。最初是折起来，因而也称"折子"，里面就写一行字，说明自己的姓名、身份，后来变成单片的，称"单帖"。我见过清朝人的单帖，官越大、头衔越多的，字反而越小，官越小的字反而越大。外边还可以用一个皮夹子装着，称"护书"，由跟班的拿着。到了被拜访人的家，由跟班的拿出来，交给门房。门房收下后，举着到二门，朝上房喊"某大人（或某老爷）到"。主人听到后说声"请"，然后门房回来也向客人说声"请"，便可以领着他去见主人了。如果是下级呈递上级的公文，则称"手本"，按一定宽度折成一小本。还有信，其实也属于帖。比如现在流传的王羲之的几种帖，大部分都是他当时写的信，《快雪时晴帖》实际上也是信。有时写给大官的信，大官可能在信后随手批几句批语，有如皇帝在大臣的奏折上批上"知道了"云云，那也属于帖。《书谱》记载，王献之曾郑重其事地给谢安写过一封信，并自认谢安"想必存录"，但没想到谢安只是于原信上"批尾答之"，令王献之大为失望。在古人看来，这些都属于帖。《兰亭序》虽然比较长，但它仍属帖。因为它是文稿子，上面还有改动涂抹的痕迹。因此我们可以给帖下一个广泛的定义：凡碑之外的、随手写的都可称帖。后来这些帖不管用勾摹的办法，还是刻版的办法保留、流传下来，人们仍然称它为"帖"。有人说竖石叫碑，横石叫帖，这并不准确，其实，墓前的横石也叫碑。

既然是便条的性质，所以写起来就比较随便，文辞既很简单，所用的字体也大多属行书或草书。当然，帖中也有用较正规的字体的，如王羲之的《快雪时晴帖》，正像碑中也偶尔有用行草的。因此碑与帖的区别主要是当初用途的不同，与由此而来的所选用的字体的不同。碑是竖立在醒目的地方供人看的，它唯恐别人看不清，所以字往往选用又大又清楚的楷书、隶书；帖多数是一个人写给另一个人的，只要两人之间能看懂即可，所以字体可以随便。在秘而不宣时（这种情况是很多的，如有人在信中附上一句"阅后付丙"——阅后请烧掉，就是明证），恨不得写出的字除对方外，谁也看不懂，像密码一样才好。

现在有人从碑和帖字体的不同引出"碑学""帖学"这一概念，这其实并不准确。如果我们把研究碑和帖是怎样来的，又是怎样发展变化的，里面有多少种类，汉碑是怎么回事，魏碑是怎么回事，称为"碑学""帖学"尚可，但如果把研究碑上的字称为"碑学"，把研究帖上的字称为"帖学"，就不准确了。还有人把研究写经上的字称为"经学""经体"，这就更不准确了，经学哪里是指这个？不管是研究碑上的字，还是研究帖上的字，或是研究写经上的字，都是书法学。我们不能把碑上的字与帖上的字，或写经上的字截然分开，然后一个称"碑学"，一个称"帖学"，一个称"经学"，这容易引起歧义。

（3）对碑帖及临写碑帖时的一些误解。在本讲第一节中我已指出由握笔等书写方法的误解而造成的书写时的一些错误，这里我想再着重谈谈由对碑帖的误解而造成的错误。这些错误大致又分为两类。

第一类是由于不知道碑帖的失真而造成的对碑帖死板机械的临摹。

比如，你如果不知道墨迹本来是很圆润的笔画，只是经刀刻以后才变成方笔，于是不加分辨地机械模仿，把笔画都写成"方头体"，甚至把它当成古意和高雅来刻意追求，这就错了。有人还因此把没拓秃的魏碑称为"方笔派"，把拓秃了的魏碑称"圆笔派"。这就更属无稽之谈了，他们不知道像龙门造像中的那些方笔其实都是刀刻的结果。龙门那里的石头很硬，不好刻。比如要刻一横，只能两头各一刀，上下各一刀，它自然成为方的了。古人用毛锥笔是写不出来那么方的笔画的。清末的陶濬宣（心耘）就专写这种方笔字。还有张裕钊（廉卿）写横折时，都让它成为外方内圆的。真难为他怎么转的笔，我把它戏称为"烟灰缸体"。碑帖中确实有这样的字体，但外边的方是刀刻所致，里边的圆可能是刀口旁剥落所致。他不知道这一点而去机械地模仿就很无谓了。更令人遗憾的是，有些人还专门学张裕钊的这种写法。他的很多学生——有中国的，也有日本的，专跟他学这种写法，至今已流传两三代了。我还曾遇到过这样一件事。一天，一位自称老书法爱好者的人驾临寒舍，称他收藏有最好的欧帖，并终生临摹不已。他边说边打开一摞什袭包裹的碑帖，我一看真为之惋惜。他自认为最好的这些碑帖，实际不过是专出《三字经》《百家姓》《千字文》（合称"三百千"）之类的"打磨厂"（北京的一个地名，内有一些印制碑帖、年画、红模子的小作坊）一级的东西，粗糙得很。笔道都是明显的刀刻方头，字形都已明显变形。试想，以此为范本用功一生，还自谓得到了欧体的精华，岂不可惜？

又比如有的碑上的字，字口旁有缺损剥落，于是拓下来的字便会在字口旁出现一些多余的部分。有的人不明白这是怎么回事，便在临摹时在笔道旁故意出一些刺状的虚道，我戏称它为"海参体"。又如碑上的细笔道在拓时因用力不匀或用墨过浓，都容易拓断。有人认为古人在写时原本如此，在临摹时也跟着故意断。这种断笔、残笔在小楷的碑帖中更易出现，因为原本刻得字就小，笔道就浅，拓多了自然更易模糊。如宋人刻过很多附会为王羲之的小楷帖，像《黄庭经》《乐毅论》《东方（朔）画赞》等。这些帖中，"人"字一捺的上尖往往拓不上，于是变成了"八"字，"十"字一横的左半部分拓不上，于是变成了"卜"字。我小时曾看到兄弟俩一起面对面地坐在桌子的两旁认真临帖，都用我前边说过的自认为颇具古意的"猪蹄法"握笔。而且每写到碑上出现拓残的断笔时，哥儿俩就互相提醒，嘴里还念念有词"断，断"，显然是把它当成一种古人有意为之的特殊笔法加以模仿。当时我还小，不知怎么回事，只觉得很奇怪。后来弄清楚怎么回事后，觉得这兄弟俩真可笑。其实，不用说一般人了，就连很多书法家亦如此。比如明代的祝允明、王宠等就有意这样写，因此，他们的字往往有这样的断笔。

第二类是概念上的错误。有些人因看到碑上的字多是方笔，为了刻意仿效它，就制造出一些莫名其妙的书写理论和书写方法，以期达到这样的效果。还有人因看到碑上的字多是方笔，便误认为所有的字都应如此，不如此就连是否是真的都值得怀疑了。

如清朝的包世臣在其所著的《艺舟双楫》中记载他曾从黄小仲（黄仲则之子）那里听说过一个关于用笔的很高深的理论，叫"始艮终乾"。当他想进一步向黄小仲请教何谓"始艮终乾"时，黄小仲笑而不答，以示高深。其实，这是一种想把笔画写成方笔的用笔方法。如果我们把一横看成是三间坐北朝南的大北房（古人的地图是上南下北），那么，按照八卦的排列，它的西北角叫乾，正北叫坎，东北角叫艮，正东叫震，东南角叫巽，正南叫离，西南角叫坤，正西叫兑。所谓"始艮终乾"指从东北角艮位下笔，往上一提，描到东南角的巽位；然后平着从中间拉到西边，把笔提到西南角的坤位；最后将笔落到西北角的乾位。这样一来，就能把笔画描成方的了。这不叫写字，这叫描方块儿，比"海参体"

更等而下之了。总之，想要硬用毛锥笔写方笔字，必定会出现很多怪现象。

又如清朝还有一个叫李文田的人，专门学写碑。他曾在浙江做考官，在回来路过扬州时，为汪中所藏的《兰亭序》作了一大段跋。其中心观点是，《兰亭序》不是王羲之所写，理由是晋朝人的碑中没有这样的字。他不知道晋朝的碑本来就不可能有这样的行书字，因为那时碑上的字都是工工整整的，一直到唐朝欧、柳等人莫不如此，只有皇帝老儿的碑才偶尔有行书字。不用说古人的碑了，就是现在人在门口贴一个"闲人免进"的条，也要写得工工整整的才行，才能达到让人看清从而不进的目的。否则，写得太潦草，岂不是还要在旁边加上释文？换言之，他们不懂得书写的形状和书写的用途是有密切关系的。我们知道，汉朝郑重的字都用隶书，而现在看到的出土的汉代永元年间的兵器簿全是草书，敦煌发现的汉简中，有关军事的也全是草书。为什么？因为军中讲究快，为了这个目的，所以就要选用与之相适应的字体。直到今天亦如此，比如报头为了美观醒目，可以用各种字体，但到了里面的正文，必定还用最易辨认的宋体或楷体。《兰亭序》本来是书稿，它当然会选用行书字，而不用当时工工整整的正体。正像我们今天随便写一个便条，谁会把它描成通行于书报上的宋体字呢？因而，岂能用碑中没有这样的字就说《兰亭序》是假的呢？他还用《世说新语》所引的注与《兰亭序》有出入为据，来论证《兰亭序》为假。殊不知古人以引文作注本来可以撮其原文之大意，他不说所引简略，而反过来怀疑原文，更是无知。

这种观点后来又得到某些人的发挥，他们看到南京出土的晋朝的《王兴之墓志》等都是方块笔，认为《兰亭序》也应该是这样的才对。还说如果真有《兰亭序》，其笔法必定带有"隶意"才对。如果没有"隶意"，必定是假的。殊不知这些碑的方笔画都是刀刻出来的效果，当然会是刀斩斧齐。但拿毛锥笔去写，无论如何是写不出这样的效果的。再说唐人管楷书就叫"今体隶书"，《唐六典》中就有这样的记载。唐朝的《舍利函铭》的跋中就有"赵超越隶书"之语，而所用之字，全是标准的楷书。虽然都叫隶书，但汉隶和唐隶是名同实异的。李文田要求晋朝的行书要有汉碑的隶书的笔意，这也是一种误解。我们不能死板地理解这些名词，应该根据具体情况去正确理解。比如张芝曾写过这样的话："匆匆不暇草书"，这里的"草书"实际应是起草的意思。如果把它理解为草体书，说我来不及了，不能写草书了，只能一笔一画给你工整地写楷书，这合逻辑吗？又比如某人小时挺胖，大家都管他叫"胖子"，但到大了，他不胖了，我们能说他不是那个人了吗？同样的道理，如果还把这里的"隶"理解为蚕头燕尾式的笔画，硬要从《九成宫》，甚至《兰亭序》中去找这种隶意，找不到就瞎附会，看到那一笔比较平，就说那就是隶意，岂不可笑？

（赵仁珪据录音整理）